教学语言艺术

陈之芥 著

山西出版集团 山西人民出版社

图书在版编目（CIP）数据

教学语言艺术 / 陈之芥著. ——太原：山西人民出版社，2009.12（2012.1 重印）
ISBN 978-7-203-06704-7

Ⅰ. 教… Ⅱ. 陈… Ⅲ. 教学—语言艺术 Ⅳ. G420

中国版本图书馆 CIP 数据核字（2009）第 236384 号

教学语言艺术

著　　者：	陈之芥
责任编辑：	王晓珑
出 版 者：	山西出版传媒集团·山西人民出版社
地　　址：	太原市建设南路 21 号
邮　　编：	030012
发行营销：	0351-4922220　4955996　4956039
	0351-4922127　（传真）　4956038（邮购）
E - mail：	sxskcb@163.com　发行部
	sxskcb@126.com　总编室
网　　址：	www.sxskcb.com
经 销 者：	山西出版传媒集团·山西人民出版社
承 印 者：	太原红星印刷厂
开　　本：	890mm×1240mm　1/32
印　　张：	11.25
字　　数：	283 千字
版　　次：	2009 年 12 月　第 1 版
印　　次：	2012 年 1 月　第 2 次印刷
书　　号：	ISBN 978-7-203-06704-7
定　　价：	26.00 元

如有印装质量问题请与本社联系调换

序

陈之芥先生的《教学语言艺术》一书出版了，这是一件值得祝贺的喜事。

教学语言的研究无论在理论还是实践方面都具有重要意义。教学语言的研究受到相当广泛的重视和关注，研究成果也不能说不多，但综观研究现状，零碎的、停留在经验感性层面上的并不在少数。教学语言的论著，有的考察角度不够高远，有的对规律的揭示不够深刻，还有的在融会贯通系统性方面显得不足，诸如此类的问题在不同程度上制约和影响了教学语言理论建设的进程。尤其需要指出的是，教学语言研究是教学研究不可或缺的重要组成部分，它与教学观念的更新、教材的变革、教学方法的改进、教学程序的编制、教师课堂机智应变能力的培养等，都应该是教学研究的重要课题和内容，但在有些教育工作者眼中，教学语言与其他课题相比，似乎处在较低的次要地位，有意、无意地被忽视了，其实，这是种很大的误解。教学语言是教学最为重要的媒介，任何改革脱离了教学语言，都是空中楼阁，其研究成果对于提高教师的课堂语言表达水平和教学质量具有切实、有效的指导意义。

《教学语言艺术》一书的特点，我以为大体可以概括为三个方面：

第一，理论视野开阔。作者注重在宏观上探讨、发掘、揭示、描述教学语言的规律。该书所涉及的是教学语言的基本规律，涵盖的面

相当广阔,从不同方面作了多角度论述。值得称道的是,作者不是就教学语言论教学语言,而是借鉴、运用了语言修辞学研究的新老成果,以语言修辞学的一般理论观照教学语言,以教学语言的特殊规律丰富语言修辞学成果,拓宽了研究的视野,这就使得教学语言的论述具有新意和深度。例如,"教学语言的层次性"一章,将教学语言划分为一般、较好、审美三个层次来分类研究和具体指导,这就打破了传统研究不加区分的一锅端现象,更为符合实际情况。再如,将信息差的概念引入教学语言,较好地解释、描述了教学过程中师生之间的语言交际活动的特殊性,使人耳目为之一新。确实,教学语言是交际语言的一种,只有将教学语言置于交际语言的大背景下,才能洞察教学语言的真谛。

第二,紧密联系教学实际。这主要表现在两个方面:一方面,作者搜集了大量的著名教师的教学资料、案例,从严筛选,例证丰富、典型、生动。事实是第一性的,观点应该从事实性的材料中来。典型的例证加强了理论的说服力,精彩的例证又加强了可读性。另一方面,作者密切关注教学改革的新理念、新趋势、新动态,理论的探索、描述紧紧追随教学改革的进程。教学改革的深入推进必然在教学语言上留下鲜明的印记。"教学语言的融合""教学语言的创新"两章,集中反映了作者结合教学改革来探索教学语言的良苦用心。

第三,注重运用辩证法。教学语言表面上是教师的语言表达,实际上关涉到林林总总的主客观因素,特别是教学对象学生对教师语言的得体性制约和影响颇大。作者是深深懂得其中的道理的,所以很重视、很注意在错综复杂的各种因素平衡中论述、分析教学语言。"教学语言的辩证性质"一章,阐述了"主导性和承转性""控制性和发散性""连贯性和片断性"三对主要矛盾,纲举目张,切合教学矛盾的运动轨迹。

  之芥先生是语文特级教师，副教授，现任无锡高等师范学校校长，还兼任无锡市语言学会会长等不少社会职务，工作无疑是非常繁忙的。但无论是从教还是从政，30年时间里，从未间断过教学工作。在长期的语文教学实践中，他勤于实践，善于学习，勇于创新，谦虚待人，追求真、善、美的统一，形成了自己鲜明的教学风格。陈之芥老师曾经多次面向无锡市、江苏省各学校上过示范课，无论是朗读还是讲述、提问，都充满了激情，抑扬顿挫，循循善诱，特别注意与学生的情感融为一体。他的教学语言为人们赞赏，或许由此激发起他对教学语言的研究兴趣，也给他的研究打下了良好、坚实的基础。

  之芥先生在此书成稿之前，曾经撰写并发表了教学语言的系列论文以及其他教育、教学方面的不少文章，笔耕甚勤，成果颇丰，我们相信并衷心祝愿他今后在科研事业上取得更大的成绩！

郑荣馨

2009年金秋季节

目 录

第一章　教学语言概论

　　第一节　教学语言概述 / 1

　　第二节　教学语言研究的意义 / 12

第二章　教学语言的层次性

　　第一节　一般教学语言 / 19

　　第二节　较好教学语言 / 27

　　第三节　审美教学语言 / 33

第三章　教学语言的信息差

　　第一节　教学语言信息差的基本类型 / 47

　　第二节　教学语言信息差的形成原因 / 53

　　第三节　教学语言信息差的调控方法 / 57

第四章　教学语言的辩证性质

　　第一节　主导性和承转性 / 62

　　第二节　控制性和发散性 / 68

　　第三节　连贯性和片断性 / 76

第五章 教学语言技巧的基本类型

第一节 根据达成教学目标的分类 / 90

第二节 根据学生思维指向的分类 / 101

第三节 根据师生位置关系的分类 / 112

第六章 教学语言技巧的运用原则

第一节 目标性原则 / 122

第二节 认知性原则 / 125

第三节 适切性原则 / 128

第四节 人文性原则 / 134

第七章 教学修辞艺术

第一节 语言组合的有序性 / 147

第二节 策略设计的启发性 / 155

第三节 手段遣用的多样性 / 160

第八章 教学语言的融合

第一节 教学语言融合的美学特征 / 168

第二节 教学语言融合的主要类型 / 184

第三节 教学语言融合的追求途径 / 197

第九章 教学语言的创新

第一节 问题情结 / 203

第二节 开放意识 / 215

第三节　融合趋向 / 223

第十章　教学语言风格

第一节　教学语言风格的形成原因 / 235

第二节　教学语言风格的基本类型 / 238

第三节　教学语言风格的培养途径 / 259

第十一章　教学语言的评价

第一节　沟通性标准 / 263

第二节　理解性标准 / 271

第三节　艺术性标准 / 282

第十二章　教学语言评点

一、《登高》教学语言评点 / 295

二、《我应该感到自豪才对》教学语言评点 / 310

三、《吃西瓜》教学语言评点 / 323

四、《面积与面积单位》教学语言评点 / 332

五、《比热容》教学语言评点 / 342

主要参考文献 / 348

后　记 / 349

第一章 教学语言概论

第一节 教学语言概述

　　教师担负着教书育人的重要职责,课堂是履行这一职责的主要场所。其中完成课堂教学任务,需要多种媒介。多媒体的兴起,大大拓宽了教学的渠道,但是不论如何变革,手段如何丰富,都离不开教学语言,所以,语言是教学中不可缺少的媒介。

　　教学语言是教师在课堂教学中进行教育、传递知识等信息的工具和载体,是一种接近演讲体的交际语言。它既有一般交际语言的特点,又有行业性的特殊要求。

　　·演讲语言是演讲者面对听众进行宣传鼓动时所使用的语言。演讲语言是演讲者与听众面对面的交际语言。演讲语言可以事先作书面准备,还可以预先试讲,从这些方面来看,它与教学语言有相似之处。演讲基本上是单向交流,即一方讲,一方听,除偶尔提问应答的插入外,演讲者一般根据事先准备好了的内容,按照自己的思路进行,对听众通常也没有硬性的要求,听不听,听后的效果如何,演讲者不必负什么责任。这些又是有别于教学语言的。

　　著名修辞学家王希杰先生在《修辞学通论》中则指出:语言的"得体性指的是语言材料对语言环境的适应程度。"并且指出,修辞学的最高原则是得体性。

　　语言材料指的是交际语言自身,当我们讨论语言是否得体的问题时,常常要根据语言事实说话。时下流行的对语言环境的解释包括了时间、地点、对象、事件、背景等客观因素和语言使用者的身份、年龄、职业、修养、思想、性格、心情等主观因素。从大处来区分,有文化的、心理的、物理的不同类型的语境。适应程度是语言材料对语言环境适应而显示出来的得体的层次;适应程度是语言材料、说写主体、语言环境三者矛盾运动的产物,矛盾运动达到相对平衡的标志;适应程度是富有层次性的弹性概念,包括了语言得体的各种复杂情状。

"东西"一词,在汉语中是最为普通的词儿之一,中国人不专门学习也会懂会用。但外国人学"东西",真是不胜其烦。王德春先生在1991年第2期《读者文摘》上有篇《学"东西"》的文章。汉语教师告诉外国留学生:"东西"泛指事物,凡物质和精神各因素均可指"东西",有时可指人。这一解释相当明确、规范。但一进入会话,问题就接连不断了。老师问:"什么是东西?"学生答:"桌子是东西,椅子是东西,我是东西,你是东西。"老师提醒:"不对,不对。"学生连忙纠正:"啊,对不起,你不是东西。"老师再次提醒:"更不对了,不能说'你不是东西',这是骂人的话。"学生愕然:"那么你到底是不是东西?如果是东西的话,你是个什么东西?"老师连忙耐心解释:"不行,不行,'你是个什么东西?'也是骂人的话。'东西'这个词一般指非人的事物,指人时有严格的语用和修辞限制,一般不说肯定句'张三是东西';否定句和疑问句则带有贬斥、责骂的意味。……如果再加感情修饰词语,则修辞色彩更为丰富。如'你这狗东西!''你这老东西活得不耐烦了。''你这个鬼东西,尽跟我捣蛋。''你真是个笨东西,我讲了三句话,你有两句听不懂。'"老师语重心长地说,"所以语言这东西不是随便可以学好的,非下苦功不可。"学生更惊奇了:"语言也是东西?"老师说:"语言也可称为'东西',前加个'这',表示强调。"最后,学生若有所悟,感叹道:"'东西'这东西真是个怪东西!"

这一例中,外国留学生学习汉语中一个非常普通的词"东西",如此艰难不易,是因为"东西"一词渗透进了丰富的、奇妙的文化内容,充满了特殊性,只抓其中的一端,就无法得体表达。由此可见,语言交际一定要适应包括文化在内的各种语境因素,才能做到得体。得体的内涵异常丰富、深刻。

教学语言是交际语言的一种,必须遵循得体性的最高原则、必须顾及各种各样复杂的语言环境因素,但又有自身的特殊要求。

一、科学性

教学语言的科学性是最基本的要求。教师所教的各门学科的知识,都必须借助于科学的教学语言来表达。科学性主要包含语言的准确、规范、严密等要求。

准确,就是教师的语言必须符合客观事物、事理。各门学科的教材内容,都是由一系列科学的概念、术语、命题、原理及客观事实等为主干构成的知识体系。因此,在课堂教学中,向学生传授知识,对概念、定义的表述,所作的论证,引述的事实等,教师的语言表达都要准确无误。如果教师信口开河、随心所欲,学生接受的是错误教育、错误知识,那岂不误人子弟?要知道,教师在学生心目中的地位是其他人不能代替的。

准确性的要求在自然学科的教学中表现得特别明显。例如在生物课上,以一般的生活习惯用语来表述科学现象是不恰当的。如在"检测生物组织中的糖类、脂肪和蛋白质"的实验课上,教师将"轻轻振荡试管"说成"慢慢摇晃试管","轻轻"与"慢慢"的含义是有差别的,不能互换。又如在"探究酵母菌细胞呼吸方式"的实验课上,将"闻到有酒精的气味"说成"闻到有酒精的味道";把"有机物氧化分解释放能量"说成"有机物氧化分解产生能量"。生物学告诉我们,与形成味觉有关的感受器在舌表面的味蕾里,而感受气味物质刺激的嗅觉感受器在鼻腔壁的嗅粘膜上;"产生"与"释放"的词义也是不完全相同的,味道是尝出来的,气味才是闻出来的。一个教师的 PPT 演示中有以下一段话:"为使温室、大棚中蔬菜或粮食作物丰收,要补充二氧化碳,增加温室或大棚中二氧化碳的浓度。"严格说,这段

这话是错误的。补充二氧化碳要适当,二氧化碳浓度过高必定会影响植物正常的生理活动。

  在社会学科的教学中,教学语言同样必须讲究准确的要求。词语的释义,在特定的年级可以借助于形象化手段,但不能全靠形象化的感知,教师解释必须以规范的词典为依据,学生接受也必须达到理性的认识,不能总是停留在感性层面上,因为感性的认识有其局限性。讲"牺牲"这个词古今义不同时,有时同学会把今义简单解释为"死",教师应该向学生强调"牺牲"的今义是指"为正义事业而献身",而不能解释成"为革命事业而战死",那样讲解词义不准确。当然,社会学科的准确性有时表现为一个弹性的区域,同一个结论可以用不同的方式来表达,具有灵活性,但这并不能由此忽视语言表述的准确性。必须注意度的把握。如果超越了度的限制,就是错误的。

  下面是特级教师支玉恒执教《飞夺泸定桥》的一个教学片断:

师:谁能讲一下"浩浩荡荡"?

生:"浩浩荡荡"就是气势浩大。形容人数多,气势浩大。

师:人数众多,气势浩大。我给你举个例子吧。比如今天老师们来听课,人数很多,气势也挺大。"浩浩荡荡"地坐了满屋子的老师。行不行?

生:不行。

师:为什么不行?这不是人数多,气势很大吗?你(刚才发言的同学)的错出在哪儿自己纠正吧!

生:"浩浩荡荡"还得是行动着的。

师:还得是行动着的。这点补充得对不对?

生:对。

师:对是对了,不太准确。我再举个例子:自由市场上人多不多?

生:多。

师:自由市场上人来人往,熙熙攘攘,"浩浩荡荡"。行不行?

生:不行。

师:错误出在哪儿了?

生:还得是行走着的。

师:自由市场上的人也没有躺下呀?(笑声)

生:还得是整齐的。

师:不一定是整齐的。

生:还得是形成队伍的。

师:有点道理了。

生:还得是向同一目标去的。

师:对,有方向性。大家行动一致地向一个方向,这才叫"浩浩荡荡"呢。那么,我再举个例子,"长江之水,浩浩荡荡流向东海。"这回可没有人了啊,行不行?

生:行。

师:谁说行?你说为什么行?

生:因为长江是向东海流去的,是有一定目标的。

师:对,有一定目标。规模大不大?

生:大。

师:没人行不行?

生:行。

师:其实这个词原来就是形容水的!你看"浩"字有没有三点水?

生:有。

师:"荡"字有没有三点水?

生:有。

师:对了,原来就是形容水势浩大的,后来把它借用来形容声势浩大的群众运动呀、行走的队伍呀,等等。

在这一教学片断中,支老师凭借其细腻、准确的感受能力,敏捷而灵活地点拨,目的是引导学生准确理解"浩浩荡荡"的意义,使学生既有了形象的感知,又有了理性的认识。

规范,就是教师的语言必须符合语言文字的规范。包括合乎汉

字的音形义的规范,语法、修辞的规则等,其中遵守遣词造句的规则是十分重要的部分。

教师应该使用规范的普通话。规范语言是大家都能懂的字句,它有着统一的语音、词汇和使用规则,无论来自何地的学生都能很快地理解。而方言俚语本是某一地域或社群世代口耳相传的语言,具有浓郁的地域文化和民俗习惯色彩,在语音、词汇和使用规则等方面有其特殊性,对其他地域的交际对象很容易造成歧义和误解,从而增加在接受知识时的障碍。如果老师用自己的方言俚语或夹杂一些方言俚语进行教学,势必很难达到传道、授业、解惑的目的。

日常口头语言具有即席性、偶发性的特点,讲话常常没有准备,随遇随发,边想边说,中间有岔断后续的现象,表达不连贯,出现不规范的省略。教学语言常常貌似日常口语,但却是在充分准备、熟悉教材、了解学生的基础上进行,虽然不能苛求教师语言字字句句规范,但应该努力追求,严于律己,不应该作为随心所欲的借口。

严密,就是教师语言必须严谨、周密,尽量避免疏漏。

教学是一种通过口头语言进行的交际活动,疏漏虽然不能绝对不出现,但要保证交际的质量,教师输出的信息一定要力求严密,尽可能少出现或不出现疏漏。有位教师教《精彩的马戏》,解释"移动",说"移动"就是一点一点地往前蹭,这是根据课文内容来解释的。这一解释就不够严密,缺少覆盖面。"移动"如果都是照这个意思解释,按此类推,难道说"移动"电话就是一点一点往前蹭的电话?有位教师教《古井》,解释"老是湿漉漉的",说就是"晒干了以后又湿了"。"老是湿漉漉的",是指没有晒干的时候,要是有干的时候就不能说"老是湿漉漉的"了。教师教《古井》,导入时说:"在农村,每一户人家都有井。"在农村,难道每一户人家都有井吗?很多地方一个村子只有一口井,有的可能还没有井呢。还有的教师评价学生对问题的回答,说"基本上很好",也是自相矛盾,"基本上"就不是"很好","很好"就不是"基本上"。

二、启发性

教师在课堂上的教学任务不但是教给学生系统的知识,而且要引导学生积极思维,主动地去学习和探索科学文化知识,提高学习的能力。从某种意义上说,"导"比"教"更为重要,为了调动学生的积极性,使学生主动有序、有效地去学习和探索科学文化知识,教师必须注意引导学生。"满堂灌"的教学方式已经远远脱离时代、社会的要求了。启发性教学主要是通过教师的教学语言体现出来的。因此,教学语言必须具有诱导性、思考力、包蕴空间,耐人寻味,发人深省,能激发学生思考,给学生留下思维想象的空间,充分调动学生学习的积极性和主动性,引导他们积极活泼地学习。有的教师有种误解,认为启发性教学语言,无非是在课堂上多问几个为什么,多提问几个学生而已。其实这样做,会使教学语言显得单调、肤浅。如果教师在课堂上连珠炮似的向学生问个不停:"为什么呀?""对不对呀?""好不好呀?"这种是或非的问答,学生可能会因为问题的过于简单或无趣而不愿意积极思考,无助于学生知识的掌握和创造性思维的发展。

教学语言启发性突出地表现在大量运用疑问句。教师常常运用疑问句来提出问题,得体的提问是种高超的艺术。不可否认,教师课堂上所使用的疑问句有部分是直觉性的,学生只需要简单思考就能够作出回答。这类疑问句起着激发兴趣、调节气氛、组合知识、提示重点、过渡衔接等作用,不可缺少。教学语言尤其需要具有不同程度的思考性疑问句。如果一节课上,教师没有多少精彩的思考性疑问句,语言的魅力必然大打折扣。

下面是钱梦龙老师《死海不死》的教学片断:

师:今天要和同学们一起阅读的是一篇说明文。先请同学们打开课本,看一下目录的第一页。这一页共列出两个说明文单元,我们要阅读的说明文就在这两个单元里,同学们还不知道是哪一篇,现在给你们一个条件：这篇文章的标题很能引起人们阅读的兴趣，你们猜是哪一篇，看谁猜得快猜得准。

（学生看书后纷纷举手）

师：看来同学们都知道是哪一篇了，你们真聪明！好，你来说。

生：《死海不死》。

师：完全正确！但你能说明一下为什么你猜是这一篇呢？

生：这个题目叫"死海不死"，既然是"死海"，可又为什么说它"不死"，这就在读者心里造成悬念，引起了阅读的兴趣。

师：刚才好多同学都举手了，你们猜的也是这一篇吗？有猜别的课文的吗？

生：（众）也是这一篇。

师：（指一学生）那你同意刚才那位同学的意见吗？

生：同意。我认为这个标题本身包含着一对矛盾"死"和"不死"，使读者产生疑问，急于想去读文章，弄明白究竟是怎么回事。所以这个题目对读者有吸引力。

师：有不同意见的同学请举手。（无人举手）有补充意见的同学请举手。（无人举手）哦，英雄所见略同，看来你们一个个都是小英雄！（众笑）不过，我还有个问题想考考各位英雄：标题上有两个"死"字，它们的意思一样吗？

生：前一个"死"字指没有生命，第二个指淹死、死掉。

师：完全正确。你课前有没有看过这篇课文？（生摇头）那你怎么能回答得这样正确？

生：我在地理课上学到过。

师：啊，真好！地理课上学到的知识，用到了语文课上，这叫知识的迁移。（板书：迁移）学习中经常注意迁移，知识就学得活了。现在请同学把书合拢，暂时不要看课文，大家回忆一下地理课上学到的关于死海的知识，比一比谁的记忆力好。（指一在偷偷看课文的学生）哈，你违规了，不许偷看！

（学生思考、回忆，片刻后陆续举手）

新课开始，揭示题意，教师常常运用疑问句促使学生思考，在上述片断中，钱梦龙老师的提问尤见功力。似乎很简单的猜课文题目，其实体现出老师的匠心，一发牵全身，为课文的深入学习作了很好的铺垫。一个接一个的问题，调动起学生高涨的学习热情，延伸到词语的理解、知识的迁移，学生的理解能力也得到了训练和提高。

教学语言的启发性并非仅仅表现在提问上，教师学生一问一答，陈述性的语言同样应该具有启发、思考的力量。生动形象、浮想联翩的描述，贴切恰当、新鲜独特的比喻，激情洋溢、纵横驰骋的宏论，促人猛醒、发人深省的警言，春风化雨、娓娓道来的引言，余味无穷、如食橄榄的结语，等等，都有可能引发学生创造性思维，使学生有所追寻，有所领悟，有所思索，有所收获。

一位数学教师给学生上《指数》一课。指数，实际上就是同一数的连乘积。课的开头，教师先讲述了一个有趣的故事：从前有位国王与国际象棋冠军下棋。国王问他："如果你赢了，希望得到什么奖赏？"冠军回答："希望陛下赏我大米。"国王问："你想要多少呢？"冠军说："请陛下叫人在棋盘上放米粒，第一格放一粒，第二格放两粒，第三格放四粒，第四格放八粒……就这样按照后一格比前一格多一倍的规律放下去，一直放到最后一格为止。"国王心想，这小棋盘一共才那么几十格，能放下多少粒米！就爽快地答应了。几盘棋下来，国王输了，马上命人抬来一袋米，对冠军说："你赢得也不容易，多给你一点算了，就免得在棋盘上放米粒的麻烦了。"冠军不同意，坚持按原先讲好的办。国王不能当众食言，只好叫人数着米粒按棋盘的格子放，不多久，一袋米就放完了。国王命一位懂数学的大臣算算到底需要多少米？算出来的结果把国王吓坏了，就是将全国粮仓中的米都搬来也还差得很远！第64格连乘的结果大约等于922万亿粒，如果将前面的63格里的米粒也算在内，总数还要近一倍！难怪国王不知所措了。这时，冠军挥挥手笑着说："我宣布放弃国王陛下赐予

的奖赏,其实我并不在乎这点米,只想借此机会显示一下指数的威力!"教师讲述这一故事,不但引起了学生学习相关知识的浓厚兴趣,而且拓展了学生思维,对学生追寻科学知识起到了良好的作用。

三、指向性

教学语言的指向性,是指教学语言具有鲜明的目的性、针对性。通常的交际语言并非没有目的,但由于教学担当着教书育人的重要任务,教师的语言就必须紧紧围绕着这一总目的。又因为教师面对的交际对象是学生,学生对象相对稳定,但不同年级、不同班级、不同个人的学生各有特点,所以教学语言必须针对学生的实际情况,语言再美再好,不符合教学对象的实际,也是低效或者失败的交际活动。

教学语言的思想性是由教师教书育人的职责决定的。教师的语言应该具备思想品德教育功能,要健康、文明,有利于学生形成积极向上的心态和品格,有利于学生的健康成长和进步。不能低俗,不能消极。而且,教学语言的德育功能在大多数情况下是自然渗透在知识传授的过程中。如果教师只满足于向学生传授知识,淡化思想教育功能,不把做人的教育引导渗透和体现于教学语言中,那是与教育的宗旨背道而驰的。

教学语言必须服从教学目的,为完成教学任务服务。教学大至每一学年、学期、阶段,小至每一课时、每一片断、每一环节,都有明确的任务和目标,脱离了这一基点,教学语言就谈不上得体。有时候看起来教师的语言似乎很随意,像是拉家常;有时候看起来似乎违背常理,出错了,实际上都是蕴藏着特定的目标的。

下面是特级教师薛法根《卧薪尝胆》的教学片断:

师:小朋友们好。

生:老师好。

师:(画一幅画)请大家猜一猜它是什么?

生:鱼骨头。

师:很好,很富有想象力。

生:这很像一个"王"字。

师:你说。

生:我觉得它很像一个鱼钩。

生:对,就是鱼钩。

生:我觉得它像镰刀。(众笑)

生:我觉得有点儿像矛。

师:像大船上的铁矛。小朋友们,可能看到这幅画,每个人想象得都不一样,这是非常正常的。小朋友们,这幅画其实在古代,就是一件兵器。这件兵器叫"钺"。(板书生字:钺,并注音)这是古时候打仗用的。看武侠小说的同学可能看到过这样的兵器,在战场上,谁拿着"钺"这种兵器,谁就是指挥官。它有权力,后来这个(指画面)就成了一种权力的象征。在春秋战国时代,有这样权力的被称为"王",(板书:王)刚才有个同学说这幅画像"王",很有想象力。还有一个字念"皇",(板书:皇)大家知道中国的第一个皇帝是谁呀?

生:秦始皇。

师:对了。秦始皇之前的各个小国家的国君,只能称为"王",今天我们要学的这篇课文当中主要写了哪两个"王"?

生:主要写了吴王和越王。

师:知道他们的姓名吗?

生:吴王叫夫差,越王叫勾践。

这一例,老师在黑板上画画,让学生猜一猜它是什么,学生七嘴八舌,答案不一,表面上似乎是个小游戏,其实老师是通过猜想,从"物"切入,引导学生进入课文,认识主人翁,"王"的称谓和地位一下子就明白了。同时,也创设了良好的课堂氛围,为深入阅读课文、理解内容打下了很好的基础。

因材施教的原则,其中包含着应该针对不同学生对象运用语言的要求。儿童与青少年，优秀生与后进生，男学生与女学生，家庭条件优裕的学生与家庭经济困难的学生，他们之间存在差异是必然的，教师的语言也应该因人而异，指向有别。

一位教师在上鲁迅的《风筝》一文，当她讲到"我"把小兄弟的风筝抓断，又将风轮掷在地上，踏扁了，并傲然走出，而弟弟则绝望地站在小屋里这一情节时：

师：请同学们想象一下小兄弟后来怎么样。
生：小兄弟很生气，又做了一个风筝来放，以表示对哥哥的反抗。
师：同学们，你们觉得小兄弟会这么做吗？
生：不会。因为他怕哥哥。
师：对。如果小兄弟真这么做了，哥哥的心就不会一直沉重了。
生：小兄弟可能会伤心地把风筝埋了。
师：这个设想倒是可以的。
生：(一个男生阴阳怪气地)小兄弟后来发疯了。

这个男生的恶作剧回答，引得全班同学哄堂大笑，目光全都投向了女教师。眼看着课堂要出现混乱的局面，可是这位教师并没有发火，而是温和地说："同学们，你们知道鲁迅先生在课文中写到的小兄弟是谁吗？他就是周建人。"然后，她简略地介绍了周建人成年后的一些成就，这样一来既补充了课外知识，又轻松地否定了这个男生的荒唐的说法，把学生的思路拉了回来，稳定了课堂的教学秩序。如果这位女教师当时板着脸厉声批评："严肃点！这是在上课！"即使这位男生不会说什么了，但我们也可想象到全班学生会哑然失色，整堂课的气氛就可能沉闷。这位教师对待学生的语言就很有针对性和艺术性。

第二节　教学语言研究的意义

教学语言的研究无论在理论上还是在实践上都具有重要意义。

一、促进教学语言理论的深化

教学语言的研究受到普遍的重视和关注,研究成果也不能说不丰富,但考察目前的研究现状,我们发现不少的研究比较零碎,还停留在经验感性层面,通常只是指出教师的语言表达要注意什么,有哪些要求,有的考察角度还不够高远,有的在融会贯通系统性方面尚需努力,这些问题在不同程度上影响了教学语言理论建设的进程。

例如,有篇研究教学语言的文章是这样论述的:"教师可以根据课堂学习的不同阶段分配学生的注意力,精心设计教学内容和环节,循序渐进地实施教学目标,教学气氛要舒缓和谐,不能因教学的难度给学生造成心理压力。应紧紧抓住学生课堂学习中的注意点和学生对所学知识的兴趣,要集中精力、时间,迅速、合理、科学地实施教学目标,使教学节奏呈现高度的张弛美。""教学速度的快慢行止是课堂教学语言艺术的关键环节。众多课例表明:讲课过快,会导致学生'消化不良',进而思维受到阻碍;讲课速度过慢,容易使学生的思维松弛,注意力分散,昏昏欲睡。久而久之,学生会厌恶老师所教的学科。所以,教学速度的快慢行止,应根据教学内容而定;以有利于学生接受知识为前提,应按表情达意的需要而定。当教学内容与教师感情产生共鸣、执教者感情奔放时,教学语言速度应加快加急,学生的情绪也会受到感染;当教学内容需要凝神思考,感情舒缓平静时,速度要慢,要留给学生思考、咀嚼、消化的余地。教师应做到速度舒缓而不浪费时间,节奏紧凑而不迟缓。""此外,还要保持声音与音速的错落有致,保证在座的人都能清晰入耳。要巧妙地使用'变换型'语调,使讲课语调千变万化,有起有伏有波澜,使课堂语言声调亲切、柔和、富有律感。不要使语调过于高亢、抑制、平缓,造成语言单调乏味。如果教学语言随教学内容和教学实际的需要富有节奏感,时轻时重,时缓时急,抑扬顿挫,有板有眼,那么,就能保持学生的兴奋情绪,顺利达成教学目标。相反,如果教学语言平板单调,在一个平面上滑动,易使学生产生厌倦、疲乏之感,其教学效果也是可想而知的。"按照这样的思路探讨,不是说不正确、没道理、没益处,而是说还只是停留在微观的层面,需要进一步深入发掘,揭示深层的规律。

现代语言修辞学还不断发展,并有了许多新的成果。例如语体理论的不断深化、细化,口语语体的研究日益受到重视;语言得体理论的蓬勃兴起,语言修辞研究更加贴近语言交际现实,等等。这些研究成果完全可以而且应该运用到教学语言的领域之中。教学语言并不是孤立的领域,而是从属于语言修辞学学科,如果在研究中能够借鉴、运用语言修辞学的成果、规律,那么必然会拓宽教学语言的视野,深入揭示其基本规律,大大提升教学语言的理论层次,推动教学语言理论的发展。

二、促进教学质量的提高

教学语言研究是教学研究的重要组成部分,它与教学方法、教材处理、教学程序编制、教师课堂机智应变能力等,都是教学研究中的重要课题。教学语言研究对于提高教师的课堂语言表达水平和教学质量具有重要意义。

衡量教学的标准很多,学生知识掌握的情况、能力训练提高的状况无疑是必须考虑的重要方面。教学质量的问题,从某种意义上来说,也是教学语言的问题,因为无论是学生积极性的调动、智力的开发、思维的训练,还是知识的获得,都不能脱离语言的媒介。表达不清楚的、不规范的、缺乏启发性的语言何以能够完成教学任务?何以能够保证教学质量?

下面是特级教师于永正引导学生造句的一个课堂教学片断:

师:先看看"寻找"在哪一句话里,找出来读一读。

生:(读)森林里,有一只老虎正在寻找食物。

师:大家注意,我说上半句,看谁能接着说出下半句,要求用上

"寻找"这个词。在茂密的森林里,有一个猎人——

生:在茂密的森林里,有一个猎人正在寻找食物。

师:他饿了吗?(笑声)"食"改成什么字?相信你会想出来的。

生:(改正)在茂密的森林里,有一个猎人正在寻找猎物。

师:看脑子多活!再听。不过,这次要求大家不说寻找食物。在茂密的森林里,有一只小鹿——

生:在茂密的森林里,有一只小鹿在寻找它的妈妈。

师:它跑丢了,是吗?找到了没有?接着往下说。

生:它找呀,找呀,终于找到了。

师:找到了就好,我们放心了。(笑声)还可以找别的吗?

生:在茂密的森林里,有一只小鹿口渴了,到处寻找小河。

这一例中,于老师的教学目的主要是让学生真正懂得"寻找"的词义,并能够造句运用。对低年级的小朋友来说,"寻找"一词,虽然理解起来并不很困难,现实生活中用到"寻找"的情景也不少,但要学生即时想出贴切、符合语境的也不是很容易的事情。于老师设置了"森林"这一特定的场所,拓展思路,使人物由"老虎"变为"猎人""小鹿",寻找对象由"食物"变为"猎物""妈妈"等,在学生情景描述出错时及时点拨,在学生造句过于简洁时予以提示,从而给句子赋予了生动的情节,给造句赋予了生动的情趣。完全可以断言,这样的教学,不但使学生牢固地掌握了词语知识,而且思维得到了很好的训练,学会了运用,收到了良好的教学效益。

三、促进教师素养的提升

教学语言是教师综合素养的外显形式,并不单纯是语言技巧问题。所以任何语言艺术水准的提高,实际上也是教师思想素养的提高、教学观念的转变、教学设计的革新。不能设想,一个思想素养低下、教学方法陈旧、知识浅薄、修养不高的教师,其教学语言却是高质量、高水平的。教师的语言表达对概念、定义、定理等知识点的阐释若不够明确,仅围着教材教参绕来绕去的,不能做到由远及近,深入浅出,不会生动形象说明,学生理解起来必然会很模糊、吃力。这就反映出教师的专业修养存在着明显的局限性,未能做到融会贯通。如果教师在课堂上不恰当地过多地使用关联词语,例如"因为……所以……""如果……那么……""不但……而且……""无论……都……"等等,不但啰嗦拗口,而且表现出教师思维修养等方面的弱点。

从素质教育的高度来认识,高质量的人才应是知识、能力、思维等的和谐完美统一。从人才培养的角度来认识,在传授知识、培养能力的同时,应该更加注重学生素质的全面提升,解决好如何做人的问题,只有将做事与做人有机地结合,既使学生学会做事,又使学生学会做人,才是理想的教育。所以教学语言艺术的提升,必须从根本上做起,顺应时代的要求,体现素质教育的观念,而不是仅仅在技巧上转圈子,形式上作调整。这就对教师的素养提出了更高、更新的要求。

上海市特级教师贾志敏对学生的评价语言非常有艺术性。贾老师对学生朗读的评价,也丰富多样。"你读得很正确,若声音再响一点点就更好了。""老师、同学又没追你,你干吗读得那么快?要注意呀!""读得真好听,老师要感谢你的爸爸妈妈给了你一副好嗓子,不过要是加上表情就更加能传情达意了,不信,你再试一试!""读课文应大大方方,别缩头缩脑呀!""这个字念得不够好,跟老师再念一遍。""读得真不错!""大家听了都在佩服你念得好!""这个句子你读得真好呀!请你再读一遍,大家仔细听听!""老师都被你读得感动了。""你念得比老师还要棒!""到目前为止,你是念得最出色的一个!""老师觉得,你长大肯定能当一个播音员!"这样的评价语言既准确又得体,因人而异,具有针对性,而且还恰如其分地提醒或纠正了学生的不足。如此生动、亲切的语言,学生听后怎能不被深深感动!怎么会不大受激励呢!这绝不单纯是训练了朗读,同时也是对学生思想上的促进、胆量上的培养、精神上的激励。只有牢固树立了正确的教书育人观念,才可能涌现出精彩纷呈的评价语言。

教学改革是社会的需要、时代的呼唤,是历史赋予的重任。教学改革必须通过教师的自觉行为才能真正落到实处。教学改革是全方位的,其中包括了教学语言的优化。任何教学改革的举措,都与教学语言息息相关,都要在语言形式上表现、反映出来。反之,教学语言的变革、优化也集中体现了教学改革的进程。

教学语言不能停留在表面的师生问答上,而是要做到真正地互动,体现出对学生的关爱、尊重,"修辞立其诚",师生的语言高度融合,呈现出审美的魅力,这与教学观念密切相关。课堂教学提倡和谐,和谐需要师生真正平等民主,说到底就是在教学过程中必须贯彻"以人为本"的思想观念,让学生感受到课堂学习的进步、成功的快乐和自尊。这也就对教师语言提出了相应的要求。

著名特级教师华应龙有个"下岗"的故事。

一次他来到了一年级,开门见山,就和孩子们聊上了:"小朋友们,我姓华。现在呀,你们每个人都可以向我提问,想了解我一些什么?"教室里举起的小手如林,谁肯放过这种机会呢。"华老师,你为什么姓华?""他爸爸姓华呗。""小东西"们纷纷抢着问。"你多大了?""猜猜看?""20。""猜年轻了,再猜!""40。""老了。""那就35吧。""这还差不多。""华老师,你结婚了吗?"全班学生哈哈大笑。"我儿子都上五年级了。""哈哈,肯定结婚了,要不然怎么会有儿子啊!""聪明,推想正确。"平常人看来傻得好笑的问题,华应龙却还饶有兴致地陪着这帮稚气的"小东西"尽兴地聊着。最前面一排的×××,满脸严肃地站起来,"华老师,你是不是下岗了?"华校长(他担任副校长)愣了一下,"为什么你觉得华老师下岗了?""我听别的老师叫你华校长,你不呆在校长办公室里,是不是你下岗了,所以到我们这边来上课了。""噢,原来如此。那华老师得好好做好校长的工作,也要教好课,免得真的下岗了,哈哈。"

下岗的故事还在延续着。

教学生写数字"4",大概是现在的写法比以前讲究了,撇折与一竖之间的顶端要空着,而华校长习惯连着。有学生指出,华校长表扬其观察细心,并表示一定好好练习。又一堂数学课上,华校长前半堂课一直注意着"4"的书写,课末布置作业时,却又忽略了。一学生站起,"华老师,'4'字又写得不漂亮了。""好,从今天开始,老师回家练'4'字,一定将它写漂亮。免得真要下岗了,哈哈。"华老师对全校上了一节公开课,整整一节课,他写的那"4"字,用孩子的话说,可漂亮了。课结束时,华校长问学生可有收获,——说过之后,×××忽然站起,"华老师'4'字写得非常非常漂亮了,一个都不错,华老师,你再也不会下岗了。"教室里笑声四起。事后,大家才知道,华老师那几天每天都练写"4"字交给孩子们。

类似的语言在华应龙的教学实录中比比皆是,亲切、自然、温暖的语言,充分体现了教师的民主精神,实现了教师与学生在课堂上地位的平等,显然渗透了教改新理念。

第二章 教学语言的层次性

教学语言的研究日益受到人们的重视,许多研究者从不同角度对教学语言提出了这样那样的标准,给人启迪。但是,其中有一个比较突出的问题值得关注,即根据自己的角度,期望以统一的、固定的标尺严格要求教师,而一旦教师达不到这些标准,就予以否定或排斥,或者不屑置评。这些标准从总体上看,显得零散杂乱。

教学语言研究应该从教学现状、教师实际出发,区分层次,分类要求,这样研究的针对性就较强,实事求是,指导教学实践才能取得扎扎实实的效果。层次按照不同的标准有不同的分法。我们设想,以合格为起点,按照教学语言的水准、境界,可以划分成一般教学语言、较好教学语言、审美教学语言三个层次。它们的标准各有不同,或许不很完善,但都不应轻易否定,而是应该在肯定的基础上,鼓励教师逐步登攀高层次的语言境界。

第一节 一般教学语言

一般教学语言是基本的、起点的层次,教师必须达到的层次。教师的合格不合格,从教学语言角度,也可以用这一层次的标准来判别、论定。我们应该清醒地认识到,处于一般教学语言层次的教师面广量大,同时,低于这一层次的也大有人在。因此,弄清其标准,有助于教师自觉检讨其语言表达水平,以恰当定位,促成其转化、提升。

一、传递信息正确

传递信息正确,就是要求教师不犯或少犯科学性错误,教学语言是具有鲜明的目的性、针对性的比较特殊的语言。按照韩愈的看法,教师是以"传道,授业,解惑"为己任的。如果在教学过程中,教师语言屡出差错,又视而不见或者缺少清醒的认识,岂能完成教学任务?这里所说的"传递信息正确",具有一定的弹性空间,我们很难要求教师的语言表达全部正确无误,事实上也不可能这样要求。差错的出现是不可避免的。不过,差错的性质、大小情况是不相同的。有些差错对教学目标完成没有什么大影响和负面影响,可以忽略不计;但教学的重点处、过程的关键处、讲解的结论处则容不得差错。如:"平移"与"旋转"是全日制义务教育数学课程标准新增的知识内容,在物理学中是指机械运动的两种基本形式,在数学中是指图形(点集)的变换。而在小学阶段,从课程目标的价值取向上看,"平移"与"旋转"仅是学习认识图形、处理图形的一种手段,并学习使用这种思维方式进行简单画图和图案设计活动。因此,小学数学新教材中上述两概念的引入,并不要求构建严谨的数学语言表述,而是通过对物体运动的观察来说明的。这就需要教师借助生活中典型的实例和写实性的描绘使小学生们逐步认识"平移"与"旋转"的正确表象,即用儿童的语言描述明白而不出现科学性的错误,保证传递信息正确。有的老师在课堂教学中往往作如下表述:"同学们,物体沿着直线运动,我们把它叫做平移。"这种表述就不够科学,给学生造成一个错觉,信息传递不正确。实际上无论是以物理的眼光,还是从数学的角度,物体沿着直线运动既不是"平移"的必要条件,也不是"平移"的充分条件。正确的表述应根据低年级学生的特点,在用写实性的描绘介绍"平移"时,淡化运动过程,忽略运动轨迹,强调物体本身没有发生包括方向的任何变化,将进一步确保教学内容的科学性,有利于"平移"概念的正确建立。有些教师头脑比较清醒,表达过程中善于留心、反思,一旦发现了失误,常常采用重讲、追补、强调等方式改正错误。有些教师自己没有意识到出现的差错,但由于学生的介入或其他因素的影响,忽然发现了,于是实事求是地承认,并采取有效措施补救,这也可以视为传递信息正确。这里,最重要的衡量标准是看最后落实到学生头脑中的印象是否正确无误。

在下面的教学片断中,该教师就非常正确地传递了信息,使学生联系生活经验,理解了"循环"的含义:

师:同学们,现在是什么季节?用一个字表达——

生:春。

师:春后面呢?请大家接着说下去。(学生说着说着,你看我,我看你,终于有学生向老师提出:这样说下去,永远说不完的)

师:(结合学生回答板书:春夏秋冬春夏秋冬春夏秋冬春……)请同学们想一想,春夏秋冬是怎样出现的?

生:春夏秋冬是依次出现的。

生:春夏秋冬是轮流着出现的。

生:春夏秋冬是依次不断地出现。

生:春夏秋冬是循环着出现的 。

师:你能说说循环是什么意思吗?

生:循环就是按着次序出现了一遍又出现一遍,这样不停地出现。

二、语言形式规范

语言形式的规范可以从广义上理解,即不仅指符合字词、语法、修辞的规则,还包括语言的纯洁和健康等要求。

字词、语法、修辞的规则是必须遵循的,是教师教学基本功的重要标志。如有的历史教师将"五四运动后,马克思主义在中国得到了广泛的传播"一语中的"马克思主义"说成"马列主义"或"马克思列宁主义",这一术语的运用就不够规范了,因为当时还没有"列宁主义"这个名词。语言的各种规则对教师来说,是得体传情达意的基本

保证条件;对学生来说,还影响到学生语言、思维的正确发展,绝不能忽视。当然,我们也很难,事实上不可能要求教师字字句句都合乎规则,还是要从主导倾向上来衡量和判别。读错字音、写错字形,说话颠三倒四,偶然有之,尚可原谅,但倘若屡出此类错误,那就不可原谅,连一般教学语言层次也尚未达到,应判为不合格。这些规则是硬性的,当从严把握。

修辞规则有相当的弹性、模糊性,但不能误解为没有规则。修辞学的规则众多,但最高原则是得体性原则。得体性可以区分出不同程度,对一般教学语言来说,修辞手段的运用只要达到基本得体即可。例如,一位教师上数学课,在黑板上算了密密麻麻一片,回过头来询问学生:"懂了吗?"大家异口同声地回答:"懂了!"教师摇摇头说道:"我表示怀疑。到考试的时候,你们呀却都变成了暖瓶了,倒水时发出'扑通扑通'(不懂)的声响了。"这位教师所用比喻虽不精彩,但也有一定的生动形象性,提醒那些滥竽充数的学生不要不懂装懂,基本得体,不必苛求。

纯洁、健康是语言形式规范的重要标志。这是由教师教书育人的特殊身份、任务决定的。语言必须负载必要的礼貌信息,尊重、爱护学生,保护学生的积极性、主动性。以下是化学课《定量认识化学变化》中的一个教学片断:

师:化学变化中有新物质生成,前几章我们主要从物质种类的角度研究了化学反应,那么,化学反应后物质的总质量是否发生改变呢?

生:总质量会减少。比如说:蜡烛在空气中燃烧,什么都没有了,蜡烛燃烧发生了化学变化,所以化学反应后物质的总质量减少了。

生:总质量会增加。举个例子吧,我们可以做这样的实验,取一根铁钉,称量它的质量,并记录它的数值,然后让它生锈,再称量它的质量,会发现质量增大,这样的实验我亲自做过。

生:总质量不会改变。我们学过,盐酸能使紫色石蕊试液变红。

应该是化学变化吧?(不确定的疑问,教师加以肯定:是)那么化学反应前盐酸的质量加上石蕊试液的质量就应该等于反应后的总量,不信你就试一试。(说的时候很幽默,学生笑)

师:好!同学们的思维很敏捷,思路也很开阔,想法不太一致,今天我们就研究一下化学反应前后物质总质量的变化。所谓的"定量"就是从质量方面研究化学反应。请同学们把书打开到96页,仔细阅读"活动与探究"的上半部分文字,并将相应的内容填好。

生:这个空(指总质量如何变化)应该怎样填?

师:应该按照自己的想法填写。比如,你认为化学反应前后总质量增加,就填增加;你认为总质量会少,就填减少。明白吗?

生:明白了。

师:哪个小组派一个代表说一下你们的答案?

生:(第二组代表提出假设)物质发生化学反应前后,其总质量一定改变,假设的依据是物质发生化学反应时,不是产生气体,就是和空气中的某些物质反应。如果产生气体,气体会飞到空气中,(生笑)导致总质量减小,如果吸收空气中的气体,反应后物质的总质量就会增加。

师:好!有自己的见解,请坐。哪个组还有其他的想法?

生:(第一组代表)我们组认为物质发生化学反应前后的总质量不会发生改变,因为是它们所有的物质放在一起称量的。

师:请坐。同学们都有自己的想法,这样是很好的。观点不一致,没关系,下面我们要通过实验来探究一下化学反应前后物质总质量是否发生改变。请同学们观察下面两个实验的实验装置图,并以小组的形式讨论出具体的实验方案……

该教师在整个教学过程中,没有以一个"裁判"的身份出现,而是运用得体规范的教学评价语,不断鼓励学生发表自己的见解,并自主寻找依据加以论证。看似简简单单的几句话,教学民主却一览无遗,有效地培养了学生的情感、态度、价值观等非智力因素。

课堂教学严禁使用粗俗语言、侮辱性语言。例如:"人家为什么回答得出,你为什么回答不出?耳朵装到粪桶上去了!""脑筋真笨,笨猪一个!""给我站到教室外边去,清清头脑!""看你的所作所为,与社会上的小流氓一样!""你怎么写的?写的什么作文?狗屁不通!""给我罚抄20遍!"这些话语与教师的身份极不相称,是不合格的语言。当然,出于对学生的严格要求,有时说话严厉一些,方式方法有欠缺之处,只要不出格,则还是可以视作符合一般教学语言层次要求的。

三、语言明白易懂

不论教材内容如何高深,不论教师知识修养如何深厚,教师语言表达必须让学生听得清楚、弄得明白,并能够顺利接受教师传递的信息。至于艺术技巧之类则另当别论。这个道理其实是很简单的,理论人人都懂,但在教学实践中却并不是所有教师都能自觉、清醒地意识到的。

明白易懂,要求教师吐字出句清清楚楚,把握好恰当的表达速度。教师可以借鉴话剧、电影、电视中的人物对话的清晰性,虽然我们可能达不到那样的水准,但也不能用平时随随便便闲聊的语言方式去上课。教师语言的表达速度具有个人的习惯印记,不能强求一律,有的速度、节奏都比较快,但前提是保证绝大多数学生能够懂得你传递的信息内容。教学中要让学生有个适应的过程,如果发现学生接受有困难,那就要注意调整语速,甚至故意停顿、留下空隙,以便于学生思想上有缓冲的机会,有思考的时间,弄清弄懂。

明白易懂,要求教师语言有条理。先讲什么,再讲什么,最后讲什么,都要经过设计和安排。如果是一般教学语言层次,可以不必计较各部分之间是否存在有机的、紧密的内在联系,但每部分话题要明确,一层一层向前推进则是必须做到的。语言表达的条理性,在流动的教学过程中最易受到学生语言、活动的干扰,合格的教师必须能够排除干扰,把握教学进程的既定方向,保持语言的条理性、连贯性。

明白易懂,还要求教师的语言基本上做到口语化。这种口语化有别于日常交际语言中的口语,而是在保证正确性、规范性的基础上用适合学生接受水平的口语表达。书面语言、句式可以用,有些时候不能不用,但特别要注意客观条件的限制。过长的句子一般情况下不宜使用,要善于合理碎分,又不失完整性、正确性。专门的术语使用是不可避免的,但解释、说明必须清楚,有的可作通俗化处理。省略句式是常用的,但也应该注意使用的对象和场合,小学低年级的学生要注意完全句的训练,科学性强的内容则往往需要完整表述。适当插入提示语、激励语是很正常的,也是很必要的。

以下是九年义务教育六年制小学实验课本《现代小学数学》第11册中《百分比》教学的部分课堂实录:

师:同学们,喜欢踢足球或看足球吗?(展示韩日世界杯足球赛上有中国队参赛的录像片断)2002年的世界杯上终于有了咱中国人的身影!虽然比赛成绩不尽如人意,但"足球是圆的!"我们相信中国队会有灿烂的那一天!假如在下届世界杯上,我们中国队获得了一个宝贵的罚点球的机会,你是总教练的话,将会安排哪位球员来主罚这个点球?

生:郝海东!

生:祁宏!

生:范志毅!

师:你为什么安排郝海东来主罚?

生:郝海东在十强赛中进球最多!

师:那你为何让祁宏来主罚?

生:祁宏的脚法最好!

师:(看着学生)请说说你的理由。

生:范志毅是三朝元老,心理状态最稳定。

师:三位都言之有理。那究竟安排哪位主罚呢?我想,作为主教练会比较一下球员中罚点球最好的那几位的成绩,然后再定夺。你们认为呢?

(同学们点头称是。教师出示以下表格)

球员代号	罚点球总数	进球数
1号	25	22
6号	20	18
15号	50	43

师:看了这个表格,你认为几号球员去主罚最好?为什么?

(学生大多说"6号")

生:我觉得应让6号来主罚,因为他踢球最稳、最准。

生:我觉得哪位失球最少,就该让哪位主罚,所以安排6号去踢。

师:有道理。1号失球数是25-22=3,6号失球数是20-18=2,15号失球数是50-43=7,这样看来是应让6号踢。同意这一理由的,请举手。

(全班学生都举手了)

师:考虑好了吗?不改啦?

生:(齐说)考虑好了!不改啦!

师:按这样的说法,如果我罚点球的成绩是罚1个球,可踢飞了。我的失球数是1-0=1,最小,那个点球倒该我去踢了不成?

(学生们都笑了。笑过之后是思考,少顷——)

生:我会安排6号来主罚。因为1号踢25个进了22个,照这样计算,1号踢100个会进88个;6号踢20个进了18个,那么,6号踢100个会进90个;15号踢50个进了43个,那么,15号踢100个会进86个。这样一比较,我会安排6号去踢这个点球。

师:是个好主意!乍看不明白,照这样计算之后,都踢满100个球就一目了然。

生:(抢着说)应算进球数与罚球总数的百分比。1号是88%,6

号90%,15号是86%,所以应让6号去踢。

（学生们眼睛一亮,颔首赞同）

师:好主意!为什么要算百分比呢?如果不求进球数是罚球总数的百分比,而是求几分之几,行不行呢? 这88%、90%、86%又是怎么算出来的?和最后两位学生的想法有联系吗?请前后桌四人小组讨论讨论。

（学生们热烈地讨论起来）

上述教学片断中,该教师结合孩子们喜闻乐见的生活实例,运用明白易懂的口语化教学语言:"如果你是主教练,你安排哪位球员去主罚这个点球?""为什么要算百分比呢?如果不求进球数是罚球总数的百分比,而是求几分之几,行不行呢?" 巧妙地把教学内容隐含其中,让学生们准确地领悟了百分数的意义,抓住了本节课的教学重点。

第二节 较好教学语言

较好教学语言是教学语言的第二层次。所谓"较好"是相对于"一般"而言的,除了达到第一层次的标准外,还有进一步的要求。这也是作为一个好教师的语言素质标志。

一、传递信息准确

"准确"的程度要比"正确"高。一般教学语言不是说没有"准确"的表达,而是说其准确的亮点不及较好语言多,比重不及较好语言大。教学语言的准确性是教学深度的标志,是教师较高水平和扎实功底的反映。如特级教师霍懋征讲课十分注意用词的准确性,从不含含糊糊。霍老师在讲《我的伯父鲁迅先生》一课时,和学生有这样一段对话:

师:什么叫"呻吟"?

生:就是声音很微弱地说话。

师:那你们小声说话叫"呻吟"吗?上课回答问题声音很小,老师说你怎么呻吟呢?行不行?什么叫"呻吟"?

生:在非常痛苦的情况下,小声地自己哼哼。

师:对,生病了,或是哪儿痛了,哼哼叫呻吟。

可见,霍懋征老师具有高超的教学艺术,她讲课时用词非常贴切,并能把学生的含糊理解引导到准确的思路上来。

在语文这一类社会科学性质的学科中,"正确"和"准确"程度的差别比较明显。许多问题的答案不是唯一的,而是丰富多彩的、富有弹性的。这主要是因为答案、结论都是依附于特定条件上的,具有动态性质。对诸种条件认识、把握的情况不同,就表现出"正确"和"准确"的差别。

例如,小学语文教材中有篇《荷花》课文,其中有这样一句话:"看看这一朵,很美,看看那一朵,也很美。"教师出示自己设计的另一个句子:"看看满池的荷花都很美。"然后请学生比较哪一个句子好。学生一致认为课文中的句子好。教师追问好在哪里。学生踊跃回答:"好在写得形象具体。""好在写得生动美丽。""好在写得栩栩如生。"……接下来,我们设想教师的两种语言表达方式。

A.全部肯定、赞扬学生的意见。例如:"大家说得多好啊!""几位同学把句子的好处都说出来了。"B.肯定、赞扬学生的动脑筋积极性,然后指出:最突出的是课文中对荷花描写的句子比改动的句子要具体,前者看的是个别荷花,后者看的是满池荷花;前者的"这"和"那"既是指个别,又非实指,由此可联想到满池的荷花是如何美。

两相比较,A种表达方式可说"正确";B种应是"准确",要比A说得深刻到位。

"准确"与"正确"的差别还表现在教师语言的辩证上。如果教师能够从对立统一的高度透彻说明、讲解,融会贯通,必然会有深度,显示出准确性。一位教师上政治课,讲到"事事有矛盾,时时有矛盾"这个矛盾普遍性原理时,有学生提出:"事事有矛盾?那么'0'是否有矛盾呢?"教师说:"乍看起来,'0'就是无,似乎没有矛盾。其实不然,从'0'的产生上说,'0'是无和有的统一。'0'是在公元9世纪时印度人为了解决记数法中的进位问题而被逼首先使用的。在印度语中,'0'是空无的意思,并且从'0'对任何一个数的否定上说,'0'就是无。但是,把一个'0'写在一个正整数后边,就是原数的10倍……并且'0'作为唯一的中性数还有划分正数与负数的特殊功能;在几何学中,'0'在坐标轴上是实实在在的点,即坐标原点;在物理学中,0℃不是没有温度,它是标准状态下水结冰的关键点;在时间中,'0'不表示没时间,反而是一天开始的时间。可见,'0'不是纯粹的无,而是无和有构成的矛盾统一体。在世界上万事万物中,像'0'这个极特殊的东西都是矛盾的,那么,矛盾是普遍的,没有矛盾就没有世界的道理,岂不是不言而喻了吗?"这位老师对"0"中包含的矛盾分析得头头是道,多角度透视,充满了辩证法,准确程度较高。

二、随机应变灵活

较好的教学语言在表述条理清楚的基础上进而要求具有随机应变的灵活性。教师的语言表达的设计在课前可以而且应该明确制订,有的还细致地撰写了讲稿,但在实际的教学过程中,不确定的、偶发的因素是很多的,随时有可能出现。有经验的好教师与一般教师的区别之一就在于能够做到临乱不惊、细察明辨、正确判断,以恰当的语言化解、处置,或借题发挥,或展开深化,或暂时搁置,或巧妙转移,灵活随机应变,而不是视而不见或采取硬压等方式。

有位教师上语法课,走进教室,看到讲台上有许多粉笔灰,又堆放着好些杂物。于是就问:"我们教室里最脏的桌子是哪一张?"同学们笑着异口同声回答道:"讲台桌。""你们有点偏心!自己用的课桌都擦得干干净净,却让我用'最脏的桌子',这不是有点'虐待'老师吗?"老师故意强调了"最脏的桌子"几个字,并在黑板上写了下来。大家哈哈大笑,感到有点不好意思。"请大家分析一下,'最脏的桌子'有几个词?""四个。""哪个词是这个短语中最主要的部分?""桌子"。"对!其余都是修饰部分,这种以名词为主体的短语,称为名词短语。这就是我们今天要讲的主要内容。""最脏的桌子"这个偶发事件,教师既委婉风趣地批评了班级值日学生,又借此发挥作了这节课的导言,一举两得,表现出这位教师较强的应变能力。

又如小学数学课《能被3整除的数》的部分课堂实录:

师:我们怎么开始研究呢? 想想,我们以前是怎样研究这类问题的?

生:我们在学能被2、5整除的数时,是先找出一些2、5的倍数,再找它们的一些规律,我想研究能被3整除的数也能这样。

师:说得真好!这是我们最近研究数的问题时经常用的方法。现在黑板上就有一些3的倍数,请你仔细观察、分析类比,大胆猜一猜,什么样的数能被3整除?

(学生作出猜想,教师及时把猜想逐条写在黑板上)

师:不错! 同学们敢于猜想,不过猜想是否正确还需要验证。

师:现在黑板上有4种猜想,赞同第一种猜想的同学围坐到第一小组,赞同第二种猜想的同学围坐到第二小组……对以上猜想都不赞成的坐到第五小组。各就各位后,同学们一方面检验一下你认可的猜想是否正确,另一方面验证其他的猜想对不对。

(学生自由选择小组入座,其中选择第一小组的人数相对较多,第五小组一个人也没有,其他小组人数均匀)

(小组之间辩驳)

师:(问第一小组的同学)你们还坚信自己的猜想吗?

(第一小组的同学不好意思地笑着说:"不信了")

师:为什么?

生:(第一小组学生代表)我们通过验证发现有些数个位上虽然是3、6、9,如23、46,但它们不能被3整除,所以我们否定了这个猜想。不过现在我们又有了新的发现,只要个位、十位上是3、6、9的数,都能被3整除。(老师把原来的猜想补充成新的猜想)

师:是吗?对这一发现有没有检验过?

生:(第一小组学生代表)我们检验过了,是对的。如33、36、39、63、66、69……(该生列举出一长串的数)都能被3整除。

(此时其他组同学纷纷举起手来表示反对,于是就展开了第一场激烈的争辩)

生:(反方)我反驳,他们的发现是不对的。如136,个位、十位上是3的倍数,但不能被3整除。我发现这个规律只适用于两位数,在三位数中不适用。

生:(正方)反驳!有许多三位数也符合条件呀!999、696、333不是都能吗?

生:(反方)但还有许多数不能呀!193、133都不行。(该生一边说一边用计算器计算)

生:(反方)而且你们的观点是个位、十位上是3、6、9的数,都能被3整除。(该生把"都"字读得特别响)

师:有时虽然能举出许多正例,但不能说明这个猜想是正确的。只要举出一个反例,(如193这个数个位、十位上是3、9,但它不能被3整除)就能把这个猜想推翻!

师:(问第一小组的同学)你们信服吗?(第一小组的同学点头认可)允许你们重新作出选择,可另外选择小组就座。

(第一小组的同学们纷纷走下座位,有两个学生坐到第三小组,其余的都坐到了第五小组)

从中不难看出,对猜想的验证是学生进行自主探究的核心,也是老师最难驾驭的教学环节,往往放得开,收不拢。在这节课中,授课教师不仅给学生留下了足够的自主探究、合作学习空间,还关注学生的思辨过程,根据实际情况变换问题方式,不断调整原有的教学语言的设计。在组与组之间反驳逐条验证时,用灵活机智的教学语言及时介入,选择重点加以讲解或引导学生探究,使仔细观察、分析类比、举例验证、去伪求真等数学思想方法都有意识地渗透进了小学生的脑海,做到适时适度地调控探究进程。

三、吸引诱导学生

较好的教学语言不但明白易懂,而且进一步要求语言有一定的吸引力,能够抓住学生的注意力;还能通过得体的语言调控学生的情绪状态,设置问题情境,并运用语言表达技巧,诱导学生积极、主动思考。

如初中学生读《孔乙己》,不易体会蕴藏在笑声后面的悲剧含义。教师便用启发诱导的语言提出问题:"孔乙己叫啥名字?"学生们不假思索地回答:"叫孔乙己。"教师又问:"是吗?'孔乙己'是从何而来的?"学生继而一想:不对呀,这三个字是从描红纸"上大人孔乙己"上挪用的绰号。教师再追问:"那么,他的真名字到底叫啥?""不知道,大家不知道,连孔乙己本人也可能不知道。"学生于是理解到一个人一生中连自己的名字都给剥夺掉了,反映出他的命运悲惨到了什么地步。引导领悟了其中的悲剧含义,并举一反三地对全文情节去作由表及里地分析,诱发性教学语言的激思作用由此可见一斑。因而,这一层次的教学语言比较亲切自然,抓住了学生的心理特点,符合教学实际的曲折性、规律性。

下面是一位语文教师上《最后一课》的片断:

师:"我——我——"老师的声音哽住了,说不下去了!韩麦尔先生透过它讲出了千言万语。但是,老师转身朝着黑板,有没有留下书面语言啊?

生:(齐)法兰西万岁!

师:韩麦尔先生是怎样写的?

生:(齐)使出全身的力量。

师:你们看,"我——我——"的内容多么丰富啊!韩麦尔先生从哪几个方面告诉同学啦?

生:对自己的国土充满了爱。

师：还有呢？

生：爱和恨相反相成，也表现出对侵略者充满了恨。

师：嗯，爱和恨。好的。韩麦尔先生的心情是沉重的，但是他写的"法兰西万岁！"几个大字，还表示了什么呢？

生：热爱自己的祖国。

师：再想想。

生：对国土充满了信心。

师：对，希望、信心。所以，我们可以讲"我——我——"此时无声胜有声了。有三个方面的内容：第一，对国土的爱；第二，对敌人的恨；第三，对祖国充满了信心，充满着希望。

这一片断将学生注意力吸引、集中到体会、理解"我——我——"这句没有表述完整的话的含义上，教师通过韩麦尔在黑板上留下的"法兰西万岁！"书面语言，分三个层次逐层启发、诱导，最后得出完整、全面的结论，符合学生认识的规律。

第三节 审美教学语言

教学语言的第三层次是审美教学语言。这一层次的教学语言要求更高，除了达到前面两个层次的要求之外，还必须具有审美的品格和魅力，耐人寻味，令人赞叹。换句话说，即具有教学语言风格美的特色。语言风格是语言运用成熟的标记，优秀教师在长期的教学语言实践中，刻苦钻研，善于反思，勤于积累，自然而然地形成了鲜明的语言特色，这也是优秀教师有别于一般教师的重要方面。教学语言风格美的品类是丰富多样的，这里简要论述三种。

一、严谨之美

严谨之美，就是指教学语言具有高度的准确性、严密性、科学性。这不仅仅是指个别词句、个别片断，也不仅仅指准确、严谨的亮点有多少，而是从整体上考察教师在宏观与微观的结合上驾驭、调控语言的能力，整个教学过程按部就班，丝丝入扣，首尾呼应，巧妙衔接，浑然一体。

如果要有力说明严谨之美，那势必要列述相对完整的教学流程，如一节课。为了简洁举证说明，我们以一则板书为例。板书也是教学语言的一种形式，浓缩了教师对教材的理解、教学的思路和方法等。下面是一位小学语文教师执教《林海》一课的板书：

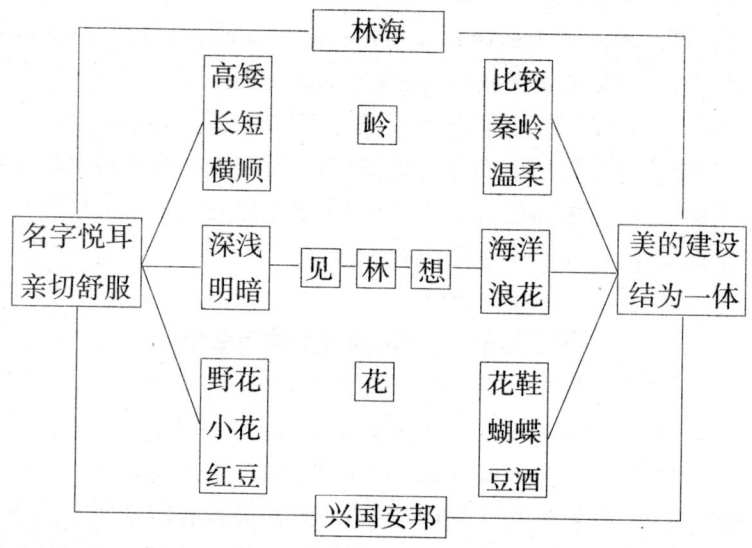

这则板书，教师精选词语，从"见"和"想"两个方面来展示大兴安岭的岭、林、花的景物特点和作者的感受及联想，非常注意揭示内在联系，最后以封闭形式使之成为一个有机整体，给人以严谨的审美感受。

用量角器来度量角的大小是小学数学教学中一堂常规的技能教学课，下面是其中的一个教学片断：

师：现在，请大家看着量角器，你看到了什么？

生:中心。

生:0度刻度线。

师:(环顾全班,微笑着制止了想说"两圈刻度"的学生)刚才画了角,你从量角器上看到了角;现在不画角,你就看不到角了?哈哈,就像一个人穿了马甲,你认识;他把马甲脱了,你就不认识了?

(众生开怀大笑)

师:从量角器上能看到角了吗?

众生:能!

师:有一双数学的眼睛,我们就能在量角器上看到若干个大小不同的角。那怎么用量角器来量角呢?想一想,再试着量量∠1是多少度。

(学生再次量∠1的大小。大部分同学说"50度",也有人说"130度")

师:小组内交流一下∠1是多少度,我们应该怎么量角。

(学生们兴致盎然地交流着。老师请一位学生到台前量∠1)

师:(满意地点点头)你发现刚才她放量角器的时候注意什么了?

生:角和量角器上的角重合了。

生:角的顶点和量角器的中心点重合。

生:0度刻度线和一条边重合。

生:还有一条边和量角器上的边重合。

师:听大家这么一说,我觉得,量角其实就是把量角器上的角和要量的角重合,是不是啊?

(学生纷纷点头)

师:我们量角的时候,一条边和50度刻度线重合,0度刻度线和另一条边重合。这两个重合,应该先重合哪个?

生:0刻度线。

师:(看到众生同意,满意地点了点头)刚才有人说50度,有人说130度。到底是50度还是130度呢?

生:50度。

师:为什么是50度呢?

生:因为是从右边的0刻度线开始的。

师:这句话说得多好!这个"50度"还有一个很有数学味道的写法,有没有人会?(无人应声)是这样的。(在∠1内板书:50°)这就是50度。

众生:噢——

师:知道怎么写了?数学就是追求简洁。每人在自己的∠1内也写一个"50°"。

师:有的同学写字的姿势真漂亮!写50度那个小圆圈应该怎么样?写大了就像500了。

师:(出示量角器)以前我们说它是直角,现在我们可以说它是90度的角。看来,要表达一个数量,先要找到一个度量单位,再数有多少个这样的单位。大数学家华罗庚说过,"数(shù)起源于数(shǔ),量(liàng)起源于量(liáng)。"(出示开始量∠1时学生不会量时的情形)开始我们同学这样量角,可以理解,因为以前我们只是量长度,量长度就是这么量的。而量角的大小是要量两边张开的大小。(两手合成一个角,慢慢张开)现在你们会量角了吗?量角其实就是把量角器上的角重叠在要量的角上。要量得准,就要重合得准。怎样才叫重合得准呢?(师生合作,完成板书)

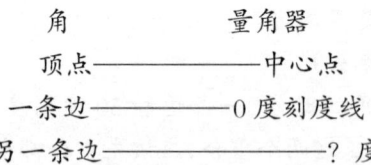

量角的大小

角　　　　　量角器

顶点————————中心点

一条边————————0度刻度线

另一条边————————?度

师:(出示量角器)量角器很有用,但要用好却不容易。如果你是量角器的话,你将会对同学们说些什么呢?把你想说的话写出来,好不好?

"操作技能"的课不容易上精彩，往往一节课下来，教师教得累，学生学得苦，不少学生还是不会量角，量角器都不知道怎么摆放。上述教学片断中，该教师的教学着眼于全局，不仅仅是把事做正确，还在不断地思考做正确的事。先见森林，再见树木，如此这般认识量角器，语言严谨，丝丝入扣，学生不但都会量角了，并且理解了量角的本质。

二、融合之美

融合之美，指的是教师语言极为自然妥帖地与学生语言融合在一起的境界。教师讲课以自己讲述为主，不能绝对否定。讲述与提问结合，问问答答是普通的教学语言形式。教师与学生的语言交流是很值得关注的课题，一般教师乃至好的教师在这种交流中，往往泾渭分明，问是问，答是答，教师是教师，学生是学生。优秀教师与学生的语言交流是真正的双向交流，师生站在同等地位亲切交谈，不但是按照认知规律传授知识、解决问题、培养能力的过程，而且也是思想情感的交流过程，水乳般融合，富有感染力。

钱梦龙老师有次执教鲁迅的《故乡》，下面是其中的一个片断：
师：现在我们来解决关于闰土的问题，谁先提？
生：闰土和"我"小时那么好，现在为什么要叫"我""老爷"，而且还叫水生给"我"磕头？
师：谁能回答？
生：这是封建等级观念对闰土的毒害……
师：你怎么知道的？是自己想出来的么？还是书上看到的？啊，我打断你的话了么？对不起。不过我不能不问一个我不明白的问题，这个问题你怎么会回答得这样好呢？
生：我们历史课上刚读过董仲舒提出的三纲五常……（众笑）
师：你看她把历史知识运用到语文课上来了，多聪明啊！我对你们的学习是充满信心的！还有问题么？

一般教师,当学生答出"这是封建等级观念对闰土的毒害"时,可能会肯定、赞扬,然后就此了结。而钱老师却顺势追问之所以答得正确的原因,"对不起"等用语既表明了对学生的真诚尊重,又自然地转移了话题,表扬、鼓励的口吻是由衷的,具有强烈的感情色彩。这就是优秀教师语言高出常人之处,令人叹服。

下面是一位小学数学教师上《平均数》的教学片断:

师:上课之前我们有一件任务要完成,等会儿要把全班小朋友分成两队进行比赛,选出两位代表给这两个队起个名字,写在黑板上。

(学生分好组后,起名"无敌队"和"胜利队")

师:我的第一个问题是"你们喜欢什么样的球类运动?"今天,由于受到场地的限制,我们在这里只搞一个拍球比赛。我们已经把全班同学分成了"无敌队"和"胜利队",哪个队拍球的数量多,哪个队就胜利,好不好?

师:那怎么比呢?能不能出个主意?

生:每个组选几个代表来拍。

生:规定时间。

师:拍完后怎么办?

生:把一个组里每个人拍的球数加起来求出总数,就是整个组的成绩。

师:好,就用这个办法。请每个组用最快的速度推选出三位代表、一位裁判。

(教师看时间,学生进行拍球10秒的比赛)

师:请用最快的速度,用计算器或口算算出两队的总数。

[学生汇报,教师板书无敌队:13+27+42=82(个),胜利队:26+25+30=81(个)]

师:看来暂时领先的是无敌队。无敌队比胜利队多拍了一个。现在吴老师申请加入胜利队,无敌队的小朋友帮忙看时间。

［师也参加拍球比赛，拍了32个，将这个数加入胜利队的总数中：26+25+30+32=113（个）］

师：现在正式宣布，比赛结果，冠军是胜利队。

（学生不认可，不服气）

师：小朋友们，你们有什么想法吗？

生：老师，这样比不公平，我们无敌队只有3个人，而你们胜利队有4个人呢！

师：问题出现了！在人数不相同时，比总数不公平。可是，在我们的生活中就经常遇到这样的情况。对此，你们有什么新的想法呢？

生：可以比平均数。

（全班用计算器计算或口算，教师板书）

（13+27+42）÷3＝82÷3≈27（个）

（26+25+30+32）÷4＝113÷4≈28（个）

师：好！我们求出了无敌队和胜利队平均每人拍了多少个。27是13、27和42的平均数；28是26、25、30和32的平均数。这些平均数比较好地描述了每组拍球的平均水平，同意这个观点吗？

生：同意。

师：哪个队总体水平稍高一些呢？

生：胜利队。

师：以这个队为例，平均数是28，这个28到底是什么呢？你怎么来认识28这个平均数？能不能用自己的语言来描述一下。

生：28是26加25加30加32除以4得到的平均数。

生：因为每个人拍的球数都不相同，很难看出哪一队赢，哪一队输，然后一个补一个，就变成了相同的数目。

师："一个补一个"，说得好，怎么补？

生：把多的补到少的，少的就增多了，多的就减少了。

师：这样就平均了，公平了。

师：这位小朋友说得非常好，这就叫用自己的语言来描述自己的感受。谁能再说说,是不是实实在在的每个人就拍了这个数?你还怎么理解?

生:28只是平均数,不一定是准确的数。

师:不是一个准确的数,是一个怎样的数,你能描述描述吗?

生:是全部数目中一个中等的数。

师:好,这是你的感受。

师:同学们都说得很好!这里的28并不是说每个人一定拍了28下,它是把多的给少的,少的接受多的,均匀以后的一个数。但是有的时候也挺巧的,可能平均数也正好是某个选手拍的数。

师:我们刚才比总数,你们觉得不公平。这时,平均数出现了。你们评价一下,此时此刻,平均数的出现怎么样?

生:很好!在人数不同的情况下也可以比较。

生:很公平,像裁判一样。

师:今天,我们要感谢一个人,是哪位同学在关键时刻,把平均数说出来了,请大家给他点掌声好吗?(学生鼓掌)

知识,在交流中增值;思维,在交流中碰撞;情感,在交流中融通。教师通过让学生用自己的语言描述"28这个平均数的意义",迫使学生思考、表达,进行着名副其实的双向交流。在这样促思促说的情景中,迸发了学生创造性思维的火花,学生用自己的语言"把多的补到少的,少的就增多了,多的就减少了。""它是全部数目中一个中等的数。"等表达对"平均数"的理解。在这一过程中,教师通过"平均数是怎样的数?""一个补一个,怎么补?""平均数的出现怎么样?"等问题巧妙地引导把"平均数"从生活中逐步抽象出来了。学生的认知由"用总数可以比较"的平衡到"用总数比较不公平"的不平衡,直到后面的"用平均数来比较",达到了新的平衡。"平均数"就这样在师生水乳交融的谈话中自然而然地进入学生的生活,进入学生的认知领域。

三、创新之美

创新之美,指的是教学语言富有创造性。这可以从两个方面来理解:,一方面指教师语言新鲜、生动、活泼,不是干巴巴的老一套,缺少变化、创新;另一方面,指的是教师观念具有创造性、前瞻性,能够不拘囿于陈见,敢于、善于培养和发展学生的创造性思维。这种创新之美突出表现在肯定、鼓励、引导学生向高层次目标攀登的语言中,从学生的反响语言中也可得到鲜明的映照。当然,也表现在教师富有创新的讲述语言之中。创新之美使教学流程充满闪亮的智慧火花,令人折服,给人启迪。

一位数学教师在圆柱体体积练习课的结尾时问道:"刚才我们学习了求圆柱体的体积,请问:一个土豆的体积怎么求?"学生一下子给问住了,纷纷摇头并嘀咕道:"这个不是圆柱体且不规则的土豆的体积怎么求?"教师启发道:"不错,这不是圆柱体,的确不能直接套用圆柱体体积公式,但能否通过转化求出其体积呢?"见学生还未作出反应,又进一步启发道:"聪明的曹冲是怎样称出大象的重量的?"顿时,课堂气氛活跃,学生纷纷发言:"把土豆放入盛有半杯水的圆柱体内,待土豆沉到底后,上升的水的体积就是土豆的体积,这样就转化成求圆柱体的体积了。""把盛满水的杯子放入有刻度的量筒里,再把土豆放入这个盛满水的杯子里,最后拿开杯子看一看溢出在量筒里的水的刻度就知土豆的体积了。""在一个量筒里放一些水并记下其体积,然后把土豆放入水中后再记下此时的体积,两项体积之差就是土豆的体积。"真是一石激起千层浪。教师不是仅仅满足于现成公式结论的教学,而是用有趣的语言提出了一个思考题,步步深入地启发引导,拓宽学生思维,培养创新能力。这是多么精彩教学的语言!

下面是一位数学教师上《圆的认识》的片断:

师:有人说,因为有了圆,我们的世界才变得如此美妙而神奇。

今天这节课,就让我们一起走进圆的世界,去探寻其中的奥秘,好吗?

师:俗话说,"没有规矩,不成方圆。"意思是说,如果没有圆规,是——

生:画不出圆的。

师:同学们都准备一把圆规,你能试着用它在白纸上画出一个圆吗?

生:能。(学生尝试用圆规画圆,明确圆规画圆的基本方法)

师:可要是真没有了圆规,比如在圆规发明之前,我们就真的画不出一个圆了吗?

生:不可能。

师:今天,每个小组还准备了很多其他材料。你能利用这些材料,试着画出一个圆吗?

生:能。(学生以小组为单位,利用手中的工具和材料画圆)

师:老师发现,每个小组都有了各自精彩的创造。让我们一起来分享。

生:我们组将圆形的瓶盖按在白纸上,沿着瓶盖的外框画了一个圆。

师:那叫"拷贝不走样"。(生笑)

生:我们手中的三角板中就有一个圆形窟窿,利用它,很方便地画出了一个圆。

师:真可谓就地取材,挺好!(笑)

生:我们组在绳子的一端系了一支铅笔,另一端固定在白纸上,绳子绷紧,将铅笔绕一圈,也画出了一个圆。

师:看得出,你们组的创作已经初步具备了圆规的雏形。

生:我们组在绳子的一端系上一块橡皮,抓住绳子的另一端一甩,也同样出现了一个圆。

师:尽管这一方法没有能在白纸上最终"画"出一个圆,但他们的创造仍然是十分美妙的,不是吗?

(生热烈鼓掌)

师：可是，既然不用圆规，我们都创造出了这么多画圆的方法，那么俗语中为什么还会有"没有规矩，不成方圆"的说法呢？

生：我想，大概是古时候的人们没想到这些方法吧。(生笑)

生：我觉得不是这样，因为，或许一开始，"没有规矩，不成方圆"指的是没有圆规和"矩"画不出方和圆，但是流传到后来，它的意思已经发生了改变，不再仅仅指原来的意思了，而是指很多事情，必须要讲究规矩，遵循章法。(不少同学投以赞许的目光)

师：真没想到，一条普通的数学规律，经过千年流传，竟逐渐成为我们生活中一条重要的人生准则。当然，同学们能够利用各自的智慧，成功演绎"没有规矩，不成方圆"，足以说明大家不凡的创造力了。

(通过自学，学生认识了半径、直径、圆心等概念)

师：学到现在，关于圆，该有的知识我们也探讨得差不多了。那你们觉得还有没有什么值得我们深入地去探究？

生：(自信地)有。

师：说得好，其实不说别的，就圆心、直径、半径，还蕴藏着许多丰富的规律呢，同学们想不想自己动手来研究研究？

生：想！

师：同学们手中都有圆片、直尺、圆规等等，这就是咱们的研究工具。待会儿就请同学们动手折一折、量一量、比一比、画一画，相信大家一定会有新的发现。两点小小的建议：第一，研究过程中，别忘了把你们组的结论，哪怕是任何细小的发现都记录在学习纸上，到时候一起来交流。第二，实在没啥研究了，别急，老师还为每一小组准备了一份研究提示，到时候打开看看，或许对大家的研究会有帮助。

……

师：当然，老师相信，同学们一定还有更多精彩的发现，没来得及展示。没关系，那就请大家下课后将刚才的发现剪下来，粘贴到教

室后面的数学角上,让全班同学一起来交流,一起来分享,好吗?

师:其实,早在2000多年前,我国古代就有了关于圆的精确记载。墨子在他的著作中这样描述道:"圆,一中同长也。"所谓一中,就是指一个——

生:圆心。

师:那同长又指什么呢?大胆猜猜看。

生:半径一样长。

生:直径一样长。

师:这一发现,和刚才大家的发现怎么样?

生:完全一致。

师:更何况,我国古代这一发现要比西方整整早1000多年。听到这里,同学们感觉如何?

师:其实,我国古代关于圆的研究和记载还远不止这些。老师这儿还搜集到一份资料,《周髀算经》中有这样的一个记载,说"圆出于方,方出于矩",所谓圆出于方,就是说最初的原形并不是用现在的这种圆规画出来的,而是由正方形不断地切割出来的。现在,如果告诉你正方形的边长是6厘米,你能获得关于圆的哪些信息?……

师:看来,只要我们善于观察,善于联系,我们还能获得更多有用的信息。现在让我们重新回到现实生活中来。平静的水面丢进石子,漾起的波纹为什么是一个个圆形?现在,你能从数学的角度简单地解释这一现象吗?

……

师:瞧,简单的自然现象中,有时也蕴含着丰富的数学规律呢。至于其他一些现象中又为何会出现圆,当中的原因,就留待同学们课后进一步去调查研究了。

师:其实,又何止是大自然对圆情有独钟呢,在我们人类生活的每一个角落,圆都扮演着重要的角色,并成为美的使者和化身。让我们一起来欣赏。

（伴随着优美的音乐，如下的画面——展现在学生眼前：生活中的圆形拱桥、世界著名的圆形建筑、中国著名的圆形景德镇瓷器、中国民间的圆形中国节、中国传统的圆形剪纸、世界著名的圆形标志设计，等等）

师：感觉怎么样？

……

师：而这，不正是圆的魅力所在吗？

师：西方数学、哲学史上历来有这么种说法，"上帝是按照数学原则创造这个世界的。"对此，我一直无从理解。而现在想来，石子入水浑然天成的圆形波纹，阳光下肆意绽放的向日葵，天体运行时近似圆形的轨迹，甚至于遥远天际悬挂的那轮明月、朝阳……而所有这一切，给予我们的不正是一种微妙的启示吗？至于古老的东方，圆在我们身上遗留下的印痕又何尝不是深刻而广远的呢！有的说，中国人特别重视中秋、除夕佳节；有人说，中国古典文学喜欢以大团圆作结局；有人说，中国人在表达美好祝愿时最喜欢用上的词汇常常有"圆满""美满"……而所有这些，难道就和我们今天认识的圆没有任何关联吗？那就让我们从现在起，从今天起，真正走进历史、走进文化、走进民俗、走进圆的美妙世界吧！

平静而美丽的湖面上，一颗小石子轻轻地落下，一圈圈波纹漾起——"圆"以一种非常美好的自然状态，呈现在儿童的视野中，一种美的情愫很自然地生成于儿童那纯洁的心灵。该教师伴随着优美的音乐，把阳光下绽放的向日葵、花丛中五颜六色的鲜花、光折射后形成的美妙光环及用特殊仪器拍摄到的电磁波、雷达波、月球上的环形山，凝聚了中国文化的太极图、圆形拱桥、世界著名的圆形建筑和"圆，一中同长也"这样精美的文化语言——展现在学生眼前，真是美不胜收，富有创意。充满诗意的教学用语，独具匠心的教学设计使数学课堂更厚重、更开阔、更深邃、更美丽……

上面，我们分别论述了教学语言三个层次的不同标准和要求。

可以明显看出,三个层次的标准和要求是逐层提高的。但是,我们又应该认识到,事实上三个层次是模糊的集合区域,很难划分出截然分明的界线,相互之间呈现交织融合的状态,要落实到具体的教师语言,就更复杂了。而且,不同层次的标准和要求均是相对的,具有不同程度的弹性空间,即使是审美层次的语言,也不可能是完美无瑕的,语言美的追求永无止境。我们既要掌握基本的准则,又绝不能以凝固呆板的标尺套用。

在论述时,我们对三个层次的语言都持肯定态度,必须着重指出,这绝不是意味着降低对教学语言的要求。一方面,这是教学语言现状的真实反映,大量教师的语言处于一般、较好层次,也取得了良好教学效果,我们有什么理由全盘否定呢?人们只是在理论上没有明确界定罢了。另一方面,从主观愿望上来说,每一个教师都能达到完美的语言境界当然好了,但毕竟只是一种美好的理想。划分出层次,有助于教师清醒地认识不同层面的语言规律特征,正确地给自己定位;同时,这也是从实际出发,分类提出要求,目的在于鼓励教师从一般教学语言层次逐步向更高的层次、境界攀登。

教学语言之所以能够区分出不同层次的深层原因主要有三个:一是教师修养的差异性。教学语言是教师包括语言修养在内的综合素质的外显形式,教师的修养不同,反映在语言上就表现出不同层次。二是制约因素的复杂性。在教学过程中,教师的语言表达受到众多因素的制约,教师在认识、处理、适应这些因素方面是不可能完全平衡的。有的好一些,有的次一些,有的多一点,有的少一点。由此导致了语言不同的层次。三是语言自身的缺漏性。教学语言与其他语言一样,自身不是至善至美的,它是一种线性的符号,总是存在着缺陷和不足,教师可以调动各种手段尽力弥补、克服,但绝不可能完全消灭。教师弥补、克服语言缺漏的情况又不会相同,就表现出教学语言的层次性。

第三章 教学语言的信息差

信息修辞学认为，在语言交际过程中，信息的编码发送和解码分析并不是绝对机械的反映和转换。发话人传递的信息和受话人获得的信息之间，由于受到各种因素的干扰，常常会出现不等值的现象，这就叫信息差。教学语言中的信息差，是指在教学过程中，教师传递的语言信息与学生接受的信息不等值。这是教学过程中常见的普遍现象。一般语言交际中的信息差问题已经逐步引起人们的关注，但是从信息差的角度专门研究教学语言则很少见到。正确、深刻认识教学语言的信息差，对把握教学认知规律，推进教学改革，提高教学质量具有重要意义。本章着重探讨、论述教学语言信息差的基本类型、形成原因、调控方法三个主要问题。

第一节 教学语言信息差的基本类型

教学语言中的信息差是十分复杂的现象，按照不同的标准可以进行不同的分类。

根据传递的信息量的差异，教学语言的信息差可以划分出信息减值、信息增值、信息改值三种类型。

一、信息减值

教学语言的信息减值，是指教学语言信息在传递过程中，损耗了部分信息。这是在教学过程中比较普遍存在的现象。教师提出一个问题,讲述一件事情,说明一种道理,所发出的语言信息传递到学生那里,只被吸收了部分,其余的在过程中损耗了。具体表现在对教师的要求不十分明确,对字词句的意思理解不完全贴切,对事件的发展过程了解不太完整,对道理的领悟不很全面,等等。

一位老师在教学鲁迅的《故乡》时,用先概括后具体的方法分析了少年闰土后,又用先具体后概括的方法分析中年闰土,得出了"小英雄闰土""木偶人闰土"的概括。这位老师通过简洁准确、对比强烈的分析,目的是为了把讨论引向深入,试图引出"官"、引出"政权",但学生没有意识到。请看以下教学片断:

师:从小英雄闰土到木偶人闰土,这20多年的变化多大啊!那么,是什么原因使闰土发生了这样大的变化呢?

生:是当时的社会造成的。

师:完全对!能不能说得具体一些?

生:多子,饥荒,苛税,兵,匪,官,绅。

师:对!这些原因使闰土变成木偶人了。大家再考虑一下,其中什么是根本的原因。

生:税。

师:税,可以不交嘛。

生:(犹豫)饥荒。

师:饥荒是主要原因吗?

这位老师在教学中逐步引导学生认识到当时那种军阀统治,那种反动政权,是造成农村破产的原因。但在这一教学过程中,学生对老师提出的问题的要求还不够明确,对当时的社会的了解和分析不够全面和深刻,对老师通过对比分析的目的没有领悟。于是我们把这种教学语言信息的传递过程,称之为信息减值。

二、信息增值

教学语言的信息增值,是指教学语言信息在传递过程中,增加了部分信息。教师讲得少,学生却能够从中得到许多相关的其他信息,有的信息可能教师事先并没有想到要传递给学生。例如,教师提出一个问题,学生联系到与此有关的问题,或者将这一问题细化、深化了;教师讲述一件事情,只是一个轮廓,学生能够将它补充得有血有肉,相当完整;教师说明一种道理,学生的理解程度超出教师的预料,而且还能灵活运用。

于漪老师在教《晋祠》时,是这样开头的:

师:我们伟大的祖国历史悠久,山川锦绣,名胜古迹星罗棋布,在世界上可以说是——

生:(部分)首屈一指。

师:首屈一指。现在请每位同学就你所知道的名胜古迹说一处,要求:一要说清楚,二速度要快,我不一一叫名字了,请挨着次序讲下去。

生:青岛八大关。

生:北京故宫。

生:安徽黄山。

生:山西云冈石窟。

生:中岳嵩山。

师:你还能说出其他的几个"岳"吗?

生:能。西岳华山,东岳泰山,北岳恒山,南岳衡山。

师:对不对?

生:(全体)对!

师:记得很熟,很好……

于漪老师普普通通的讲得很少的教学语言,引发了学生的记忆力和想象力。学生在相互启发、补充当中得到了许多相关的其他信息,使这一问题得到了细化,教学语言的信息得到了增值。

一位老师教《凡卡》,一改常规教法,不在情节性提问上兜圈子,而是独辟蹊径,从课文中"我没指望了,我的生活连狗都不如。"这一句设置问题情境:"文中几次写到了狗?有哪些狗?凡卡觉得自己'连

狗都不如'表现在哪些方面？"这一问,让学生无法简简单单地回答,激发学生对课文信息进行重组,把联想部分的"爷爷守夜""砍圣诞树"(伴随爷爷孤苦伶仃生活的那条叫"泥鳅"的狗)和信的内容"学徒生活"(老板虐待凡卡,凡卡的生活连狗都不如)和"莫斯科见闻"(富人家宠爱的狗)等重点内容串联起来思考。于是,学生在信息重组中获得了新的信息。原来凡卡的遭遇不如爷爷身边的狗,可以得到主人的爱抚,无忧无虑;不如莫斯科城中的狗,可以成为富人家的宠物,吃喝不愁。从而有了更深入的发现:凡卡过着连狗都不如的生活。这封信是他绝望中发出的呻吟,是对黑暗社会的强烈控诉。这一教学过程确实达到了意想不到的效果。而关键是:老师设计的这一问题,启发了学生能够对信息进行筛选、重组、加工,促使学生能驾驭知识的"流量""变量",从而达到"增量",我们把这种教学语言信息的传递,称为信息增值。

三、信息改值

教学语言的信息改值,是指教学语言信息在传递过程中,有效信息为零。教师本意是要传递某一信息,但是到了学生那里,却完全走了样。有的是无意的误解,未能抓住交际信息的焦点;有的是有意的曲解,改动了信息的本义;还有的是故意的别解,尊重原信息,但进行了较大的发挥,与表达信息已不再同构。

一位语文老师教学论文的格式和方法,在让学生基本掌握了知识后,提出了这样一个问题:"有人认为'要这么好的成绩有什么用,还不是一样下岗吗？大学生毕业了也不好找工作……'请同学们思考、讨论三分钟,然后说说打算如何反驳这种观点。"结果学生的回答是:"这种想法是不对的,没有知识更找不到工作。"显然,学生的回答没有理解教师的本意。要学生回答如何反驳,而学生思考问题的时候按照日常思维思考,未能抓住老师提出问题的关键处,学生回答的内容完全走了样,我们把它视为信息改值。

根据传递的信息质的差异,教学语言的信息差可以划分出正信息差和负信息差两大类型。

(一)正信息差

教学语言的正信息差,是指这种信息差并不影响教学语言交际活动正常进行。尤其值得注意的是,正信息差在有的时候是教师刻意追求和设置的。

湖北武汉的胡首老师教《夜走灵官峡》时,先提出问题:"在'我'的眼里,成渝是个什么样子呢?"然后,朗读课文的有关语句,故意略去原文表神态的语词。在学生"惊愕""犹豫"时,鼓励学生提出意见。学生找出了读漏的"傻呵呵地""挺着胸脯""用舌头""忽闪忽闪地"等词语。老师又故意固执己见:"去掉这些,文章不是更简洁吗?"引导学生开动脑筋,学生经过思考,陈述理由说:"没有'傻呵呵地',不能表明成渝的认真劲。""去掉'挺着胸脯''用舌头'(舔着嘴唇),成渝的活泼可爱就表现不出来。""成渝的眼睛'忽闪忽闪地',才显出他的机灵。"这一教例,老师刻意设置了信息差,"去掉这些,文章不是更简洁吗?"教师传递的这一语言信息与学生接受的信息肯定不等值,因为这是一个错误的语言信息,但恰恰这一错误的信息引发了学生的思考,学生反而得到了正确的信息,从而加深了对人物的认识。这种信息差,没有影响教学语言交际活动的正常进行,反而达到了更好的教学效果。

再看襄阳黄龙中学李华枝老师教《女娲造人》:

师:那么我们再想一下,人类在不断进化,50万年前的人,形似猴子,与现代人外形和生活迥异,50万年以后,未来的人类将发生怎样的变化呢?请你充分发挥想象力,对未来的人类外形和生活作一个合理的推测。

生:我想50万年后的人应该是没有头发吧,头发是烦恼丝,没有头发就不会有烦恼了吧。他们应该生活在没有战争、没有环境污染的世界上。

生:他们应该有三头六臂,聪明,有力气,想干什么就干什么。

生:他们穿着超薄的衣服,这些衣服既散热又保暖,随季节而变化。

生:他们不知道饥饿,生活在海底。

生:他们长着翅膀,想飞到哪儿,就飞到哪儿,自由自在。

生:他们的皮肤会变色,感情起了变化,肤色就会变。

生:他们住的房子吊在半空,想飘就飘,可以住在家里游览各地的美景。

生:他们的头应该很大,手很小,腿很短,因为多脑力劳动、少体力劳动的缘故。

生:他们像机器人一样有特异功能,是超能力的人。

师:大家的想象很奇特,也千奇百怪,如果你有兴趣的话,可把你的想象整理成一篇500字左右的短文,题目就叫"50万年后的人类"。

学生敏捷的思维、丰富的想象令人惊叹,教师有意跳出课文的框框,提出简单的问题给学生设置了想象的空间,制造了正信息差,学生奇怪的想法、开阔的思维,连老师也自愧不如,使课堂教学变得情趣盎然,教学相长,达到了极好的教学效果。

(二)负信息差

教学语言中的负信息差,是指信息差妨碍、干扰了教学语言交际活动的正常进行,致使教师的教学目的不能顺利达到,甚至影响了师生的和谐关系。

一个老师上生物课,挂起了一幅海洋生物图,开始讲解这一生物的名称、类属等,突然一学生举手问:"老师,它的壳上有个洞。"于是有了下面的师生对话:

师:(很气恼)是的,那又怎么样?

生:那有什么作用?

师:(厉声说)我也不知道,你问它。

生：难道沙子不会从洞里进去吗？

师：啊，也许会。但是如果这个洞没有必要存在，在进化过程中就会消失。

显然，学生的提问干扰了教学语言交际活动的正常进行，加上教师缺乏正确的引导，教学语言中产生了负信息差。这样的信息差，使得课堂上缺乏了关怀、交流，对师生关系产生了不良影响。

第二节　教学语言信息差的形成原因

从严格意义上来说，教学语言交际中都存在着信息差，信息等值只是在相对意义上才存在。教学过程中之所以会出现语言信息差，主要有三个方面的原因。

一、师生矛盾的差异性

师生矛盾是教学语言交际中的主要矛盾，双方的差异对信息差的出现有着重要的影响。教师是施教者，年龄、经历、个性、思想、修养等各不相同，其素质直接影响着语言表达的质量。有的信息差是由于教师的表达不清晰、不恰当或者不准确引起的；有的是由于教师不能够正确分析、把握学生的心理，不善于随机应变产生的；还有的则是教师出于教学的需要，刻意构造的。学生是受教者，年龄较小，阅历不多，知识面较窄，在接受信息时出现偏差是非常正常的。但是，另一方面，学生的思维总体说来比较活跃，爱好广泛，富于幻想和联想，在某些方面超越教师不是不可能的，这也是在教学过程中出现信息差的原因之一。

一位老师上小学一年级的语文课，课文内容大致如此：小青蛙不知道做什么事情最快乐。它问啄木鸟，啄木鸟说："给大树捉虫最快乐。"问水牛，水牛说："耕地最快乐。"问蜜蜂，蜜蜂说："采蜜最快乐。"小青蛙回家问妈妈："妈妈做什么事情最快乐，为什么啄木鸟、

水牛、蜜蜂说的不一样呢?"妈妈说:"为别人做自己能做的事你会觉得最快乐。"这位老师上课时主要展开了以下三个环节:

师:请同学们说说做什么事情最快乐。

生:看动画片最快乐。

生:过年最快乐。

生:逛公园最快乐。

生:得到压岁钱最快乐。

……

(接着让学生学习课文,了解课文内容,学习生字,并帮助学生总结出课文的主题思想:为别人做自己能做的事最快乐)

师:现在你们懂了吗?做什么事情最快乐?

生:(摇头)不懂。

(师又提问一学生)

生:我还是觉得看动画片最快乐。

师:(尴尬地总结)尽自己的努力为别人做事情最快乐。(下课铃声响)

不是救场的下课铃声响了,这节课该怎样上下去呢?显然这节课老师在教材的使用上、教学方法上,特别是在儿童观上是存在问题的,没能正确地分析、把握好学生的心理,再加上没做到随机应变,因此就产生师生在语言交际中的信息差。如果放开让学生说说为什么啄木鸟说给大树捉虫最快乐等,并且要求他们说真话,也许孩子们会有许多稀奇古怪的想法。也许完不成本节课的教学任务,但能发挥学生的主动性。产生这一师生矛盾的主要原因,还是教师对儿童的文化未能给予充分的理解和尊重。一年级的孩子们认为看动画片、过年、逛公园、得到压岁钱最快乐,是一种儿童的文化,是孩子成长过程中自然产生的且对其成长有着不可替代作用的一种文化现象。老师应该承认这种文化的存在,从儿童的视角去理解并尊重它的价值,不应该把成人的意志强加给孩子。

二、教学语境的复杂性

教学语境是错综复杂的,教师的教学除了必须面对学生群体之外,还受制于教学目的、教材内容、学校环境、传统力量和人际关系等等。另外,临时的突发的因素有的场合下也可能对教学产生各种影响。这些错综复杂的因素是导致出现信息差的外部条件。例如,教材内容比较深奥,学生难以理解,信息通道中的障碍较多,教师如果稍不注意,就很可能出现信息差。再如,班级中的学习环境和气氛对教学的进行十分重要,在良好的环境和气氛中,负信息差的出现就比较少;反之,就随时都可能出现众多的负信息差。

一位青年教师教学《我的战友邱少云》,教学正按计划进行,上课到20分钟,一男生突然站起来插嘴道:"邱少云离敌人只有60米远,敌人讲话的声音都听得见,就连战士咳嗽一声或蜷一下腿都有可能被发现,为什么邱少云身上的棉衣烧着了,战士们闻到了棉布的焦味,而敌人却没有闻到呢?""突然袭击",教师手忙脚乱,板起了脸说道:"上课要专心听讲,不许随便插嘴!"学生们都正襟危坐,洗耳恭听,以致后来这位老师在板书时将"挪动"写成了"挪云"。学生的质疑是一种个体意识和教学民主的体现。但这位教师把自己置于"独裁"者的地位,对学生颐指气使,破坏了良好的课堂教学环境和气氛,出现了负信息差。

三、教学改革的开放性

教学改革是历史赋予的重任,要求之高,步子之大,时机之紧,都是前所未有的。学生是教学的主体,教师必须充分调动学生的学习积极性、能动性,教给学生自己发现问题的学习方法,在老师帮助下自己解决问题,已经逐步形成共识。这种开放的趋势使得教学的空间异常巨大,到处有问题,随时可讨论,课堂教学中必然出现不同性质、不同形式的林林总总的信息差。

一位老师教小学六年级语文《琥珀》,在学生自主学习课文"松脂球怎样形成的"这一部分后,要求学生交流学习的体会和收获。

师:请大家说说,读了这段课文,你读懂了什么?

生:老师,我发现课文中有矛盾,前面写"太阳暖暖地照着",后面却写"太阳光火辣辣地照射着整个树林。"

师:(先是一怔,没有想到学生没说读懂了什么,反而抛出了一个预想不到的问题)你能边读边想,不错!(转向全体学生)对呀,这样写是不是矛盾了?请同学们再认真、仔细地读一读课文,把课文中写到"太阳"的句子找出来。

(学生又一次读书,并把有关句子画了出来)

师:谁来把课文中写"太阳"的句子读出来?

(学生争先恐后读写"太阳"的句子)

师:刚才,同学们读书很认真,现在老师请大家自由讨论一下,课文为什么多处写到太阳呢?可能和什么有联系呢?

(学生展开讨论,不一会儿,就有学生举手)

生:我知道。课文是按时间顺序写太阳的。早上,太阳刚出来,让人感到不怎么热,所以是"暖暖地照着";而到了晌午,而且是夏天的晌午,太阳升到头顶了,所以"火辣辣地照射着整个树林。"

师:(惊喜地)你真了不起,居然有这样重大的发现。

生:(急不可待地)我也有发现。正因为太阳光渐渐地变得热起来,所以人们可以闻到松脂的香味;而到了晌午,太阳光变得更强烈了,所以老松树渗出厚厚的松脂来。

生:如果没有太阳光猛烈地照射整个松树林,那么老松树也不会渗出松脂来,也就不会有下面的故事发生。

师:(激动地鼓掌)太精彩了! 老师为你们自豪。

生:(开始提问的学生)老师,我也明白了,原来课文几处写到"太阳",是与松脂球的形成有关系。

上述教例中,教师针对学生自主学习中提出的预想不到的问题，没有当即作出判断，而是抓住学生看来"矛盾"的地方，调动学生的学习积极性顺势引导他们进行探究性学习，层层深入，自悟自得。不仅巧妙地化解了"矛盾"，而且让学生亲历了探索发现的过程，使课堂教学变得情趣盎然。

第三节 教学语言信息差的调控方法

教学语言信息差既然是教学过程中普遍存在、必然存在的现象，那么如何科学调控就显得十分重要了。总的原则是在正确认识信息差的性质类型、形成原因基础上，力求避免出现负信息差，追求、制造正信息差。这是一门高深的教学艺术。

一、查找原因，减少负信息差

比较细微的，不对教学大局产生影响的信息差，教师可以忽略不计。但是比较显著的，可能干扰教学顺利进行的负信息差则必须引起教师高度重视。负信息差的出现总是有原因的，对具体的教师个人可能原因各不相同，但从总体上来看，大致有这样几个原因：一是教师的语言表达不清楚。表面上看，表达清楚是个简单问题，但对教师来说具有特殊性。这里的清楚不清楚，不是以教师主观的判断为准绳，而是要以大多数学生的接受为标准。二是教师的语言表达不够通俗。对比较深奥的问题表述应该适应大多数学生的接受水平，尽量通俗化。三是教师传递的信息量过大过密。信息量过大过密，往往导致接受时有所遗漏。当然还有其他原因，但是如果这几点注意了，纠正了，一定能够大大减少负信息差。

一位老师在讲《动量》时叙述了一个事例："我在送儿子上学的路上，虽然走得不快，却不小心碰着了一位小朋友，就把他撞倒了。"然后提问："这说明了什么问题呢？"说明了什么问题？可以说明很多问题，例如说明他走路不小心；说明他爱子心切，一心扑在儿子身上而不顾他人；说明他的体重可观，等等。实际上他想说明的是："当我们考虑运动物体的作用效果时，只考虑物体的运动速度是不够的，还必须把物体的质量考虑进去。"这段教学语言的目的是为了说明速度与质量对运动物体作用效果的影响。上述例中虽隐含有速度及质量的交代，但表达得不清楚，缺乏对比，学生不容易抓住重点内容，因而学生也就听不明白，必然产生了负信息差。这位老师在教学实践中找到了语言表达上的原因，对这一问题的讲述作了调整并举例如下："一个身高体壮的大人从你身边走过，不小心碰了你一下，可能使你一趔趄，甚至摔倒。但是，如果碰你的是个瘦小的小朋友，尽管他走得跟那个大人一样快，而趔趄甚至摔倒的可能不是你，却是他。"用这样的事例一对比，就突出了"质量""因素"的重要作用，学生就能理解教师叙述的意图了，自然能减少教学语言的负信息差了。

二、掀起波澜，制造正信息差

实质上，教学语言的信息差就是教学矛盾在教学过程中的反映。特级教师徐振维说过，"驾驭课堂教学是一门学问，需要探究。……我则追求矛盾冲突，让学生在矛盾冲突中学习知识，锻炼能力，发挥他们的最大优势。师生之间、学生之间对于同一事物、同一课文、同一语言环境中的某个词语，都会产生不同的认识。这种差异，就是矛盾，是课堂教学中的一种不平衡现象，也是促进学生认识发展、能力提高的契机。在课堂教学中，我总是努力寻求着这种差异，甚至一手挑起矛盾。每当我发现了它，抓住了它，我的心会怦怦跳动，眼睛会发亮，脸也随之涨红起来。然后根据教学目的的需要，引导学生去分析矛盾，解决矛盾。"①徐老师所言的矛盾，其中就包含了信息差的矛盾，这样那样的矛盾最后总是要在语言上反映出来。

一位老师教学《在仙台》一文，在作了较为详尽的时代背景介绍

---

①《徐振维教学文集》，181页，天津教育出版社，1992。

后就开始提问：鲁迅先生为什么把在仙台受到的优待比作"胶菜""龙舌兰"？你们对这种"物以稀为贵"的优待有何看法？过了几分钟，学生纷纷发言，有的认为这种关心是"虚伪"的，有的则认为这种照顾是真诚的。两种意见针锋相对，谁也说服不了谁。为了把讨论引向深入，老师又"火上加油"说："持两种意见的同学都从文中找根据。看谁理由更充分。"持第二种意见的学生接着找出藤野先生认真细致批改中国留学生的讲义，严格要求订正血管图，担心"我"不肯解剖尸体的事实。持第一种意见的学生也不甘示弱，指出：作者这里用了"大概""颇受"等词，而且自比为"胶菜""龙舌兰"……讨论陷入僵局，这位老师认为时机已到，作了两点说明：一是当时日本军国主义鄙视中华民族的气焰十分嚣张，但像藤野先生这样的日本人大有人在，他们是没有民族偏见的；二是鲁迅先生当时怀着强烈的民族自尊心到日本学医，侨居军国主义统治下的日本，饱受刺激，乍到仙台受到殷勤接待，产生怀疑在所难免。此时意见趋向于统一。这一教学过程，教师有意使学生对某一问题在认识上产生差异，挑起了矛盾，制造了一个正信息差。让学生在矛盾冲突中学习知识，锻炼了能力，提高了学习的主动性和积极性。在学生的争辩中，创新意识得到激发，创新能力得到发展。

再看无锡市梨庄中学张世成老师的公开课《电磁铁》中的一个片断：

师：电磁铁能吸住多重的东西，也就是电磁铁的磁性大小。那么，电磁铁的磁性大小究竟跟哪些因素有关呢？各个小组讨论一下，然后把你们的观点告诉大家。

甲组：跟通过漆包线的电流、它两端的电压以及漆包线的电阻有关。

乙组：还应当与线圈的匝数多少有关。

丙组：我们认为甲组的观点有些重复，根据欧姆定律，电压和电阻的共同作用就是电流，所以，我们的观点是：通过漆包线的电流大

小和线圈匝数的多少会影响电磁铁磁性的大小。

师:大家的猜想都有道理,相比之下,丙组的猜想比甲组更合理一些。

丁组:电磁铁磁性的大小跟铁芯的粗细有关,越粗磁性越强。

师:(有些惊讶)你们的这个猜想的确与众不同,坦率地讲,我也说不清楚铁芯的粗细是否对电磁铁的磁性有影响。给的器材里两枚大铁钉也是一般粗,不过,我们可以一起来研究。谢谢你们,能提出这么好的猜想来,让老师也大开眼界。

教师真实地在学生面前暴露自己的无知,甚至有意识地表现自己的无知,与学生一起去探讨研究问题,也是制造正信息差的一种有效方法。语言信息传递过程中,可以给学生一个冲突,让他们去讨论,给学生一个空间,让他们自己往前走,课堂上会留下合作探索的足迹。

三、科学筹划,调控信息差

信息差不仅要制造,而且必须科学调控。科学调控要注意捕捉恰当时机,把握不同角度,控制适度节奏。比较重要的信息差一般安排在教学的重难点处,这种场合的信息差可以设计得落差大一些,期间铺垫一些次第上升的小台阶。其他场合的信息差可灵活安排,但是不宜牵制过多时间和精力。不同类型的信息差在教学过程中都可运用。其中负信息差在特定的条件下也可以促使它转化成正信息差。教师在教学过程中难免出错,传递了错误信息,但如果教师以错为导,自然弥合,可能反而加深了学生的理解。信息差的设置既不能过密,又不能过稀,过密太紧张,过稀太松散;信息差的大小也要合理安排,必要时,大中套小,小中寓大,更见调控的功力。

鲁迅先生的《拿来主义》一文运用了很精当的比喻来说明我们应该如何对待外国文化,把外国文化分为精华的、精华糟粕并存的和糟粕的三类,并分别喻之鱼翅、鸦片、烟枪、烟灯、姨太太。可是同

学们对这些喻体的大部分内在本质并不熟悉,理解起来有很大的难度。一个老师在教学中抓住这一重点和难点,进行了以下的教学:

师:鱼翅是一种名贵的海味,用鲨鱼的鳍干制而成,是浓缩了的纯营养性的东西,吃的时候不必担心有杂质,尽可放心地全吃下去。文中抓住鱼翅的这个特点,用它来比喻外国文化中有一部分就像鱼翅一样是纯营养性的成分,不必担心对人有危害,要用就全部拿来,用文中话说,这便是外国文化中的——

生:(抢答)精华。

(接下来老师又请同学们按上面的思路讨论了"鸦片""烟枪""烟灯""姨太太"等的功过是非,他们很快得出鸦片"适量对症食用可治病,过量盲目吸食能害人"的结论)

师:这又比喻什么?

生:比喻外国文化中精华糟粕并存的成分。

师:那么"姨太太"呢?

生:比喻其糟粕的成分。

这里,教师通过必要的讲解和诱导,有效地调节了同学们的心理状态和认识状态,一步步缩小了信息差。

一位数学教师讲解例题时,因板书有误导致最终答案不合理,他已经意识到出了差错,但他不慌不忙,将错就错问了一句:"同学们,这个答案合理吗?"一位同学回答:"不合理。"教师追问:"那么,错在哪里呢?我们不妨来分析一下。"接下来教师在黑板的另一侧写下"正解"二字,同学们以为老师在进行错解分析呢。这位老师以错为导,巧妙地弥补了教学中的失误,反而加强了学生的理解,提高了教学效果。

教学语言信息差是一个很有价值的研究课题,从一个特定方面有助于我们深入理解教学的本质规律。教学语言信息差的类别是丰富多样的,在认识上要防止片面性。科学调控信息差是一门精湛的教学艺术,掌握这门艺术是当前教学改革的迫切需要。

第四章　教学语言的辩证性质

教育的现代化、科学化、人文化对教学语言提出了新的更高要求。教学语言作为一种比较特殊的语言，充满了矛盾运动，所受制约条件很多，极为生动灵活。一般教师天天上课，虽然具有一定的教学经验，却未必都能清醒、自觉地认识到教学语言中包孕的错综复杂的矛盾关系，只是凭着感觉讲，这在很大程度上制约着教学改革的深入、教育质量的提高。

本章试图在较大的视野范围内来考察教学语言中的三对主要矛盾：主导性和承转性、控制性和发散性、连贯性和片断性，力求从对立统一的辩证角度揭示、描述其规律性特征。

第一节　主导性和承转性

主导性和承转性是教学语言中的一对重要矛盾。主导性，就是说在教学过程中，教师的语言具有明确的目标和方向。教师的语言在严格意义上说，小至一词一句，大至成篇整章，都渗透着特定的目的性，这个目的就是教学的目标和要求。教师通过语言这个主要媒介千方百计地引导学生为达到教学目标和要求而努力。有意或无意脱离了教学目标，那是教学语言的"败笔"。日常生活中的各种交际语言，未尝没有交际目的，但比较起来没有教学语言那么集中、鲜明。以下是鄞州宋诏桥小学张晶晶老师上《盘古开天地》教学片断：

师：请大家把书翻到71页，自己读读课文，完成这两个要求：

（电脑出示：①边读边标出小节号；②把难读的字词圈出来,把难读的句子用～～～画出来,多读几遍）

（学生自由读,教师巡视,随时把学生普遍认为难读的词语打在大屏幕上：混沌　缓缓　逐渐　肌肤　辽阔　血液　祖宗　四肢）

师：(指着屏幕)老师发现很多小朋友都圈出了这些词语,现在让我们来认一认吧。（自由读——个别读——齐读,着重指导学生读正确）

师：我在读课文时发现这几个词语挺难读的,让我来考考大家。

（电脑逐行出示：抡起——猛劈　轻而清——重而浊　顶着——蹬着。学生自由读——分行读——齐读。朗读中发现"抡起""重而浊"学生读不正确的很多,师颇花了些工夫来指导读正确）

师：词语都读对了,句子呢？有难读的句子吗？

（学生交流,师指导读通学生提出的句子）

师：其实,由这些难读词语组成的句子也挺难读的。请你迅速地默读课文,把有这些词语的句子用波浪线画出来,读一读。

（学生圈画,并认真朗读）

学生的学习情况是一切教学行为的出发点,教师据此有针对性地发挥其主导作用,其语言以明晰的目标性,适时引导学生朝既定的方向努力,有效提升学生的学习效率。本环节中教学语言的主导性集中而明显,从而使初读环节扎实并富有成效。

承转性,是指在教学过程中,教师的语言常常紧随着学生的语言灵活自然地承接、转换、生发。现代教育思想十分强调师生平等的地位,倡导创设民主和谐的氛围,教学中忽视学生的存在,一言堂的"主导性"演讲已被绝大多数教师抛弃。教学语言比较接近演讲语言,但两者在某些方面有着明显区别。演讲语言,一般情况下是一种单向交流语言,演讲者不必也不可能与听众就具体话题一一地展开交流,演讲完毕,任务就算完成。教师的教学语言不同于演讲语言,教学语言从本质上看,是双向交流语言中占有主导地位的一端。再看张晶晶老师上《盘古开天地》一课的另一个教学片断：

（电脑出示句子：轻而清的东西，缓缓上升，变成了天；重而浊的东西，慢慢下降，变成了地）

师：这个句子很有意思，你仔细读读，就会发现其中的秘密了。

生：（学生自由读句子后回答）我发现了句子中有一对近义词："缓缓"和"慢慢"。

师：（师点击电脑课件，使这一组词变成蓝色）读得真仔细。还发现了什么？

生："轻而清"对"重而浊"。

师：你一下子发现了两对反义词，"轻对重""清对浊"。谁能给"浊"组个词？

生：混浊。

师：混浊就是"不清"。谁说说，清水在什么情况下会变得混浊？

生：在水里放些细土，搅一搅，水就混浊了。

师：是的。像这样相对的词，这句话中还有吗？

生："上对下""升对降"。

师：哦，连起来也可以说"上升"对"下降"。

生："东"对"西"。

师：东和西表示方向的时候，是一对反义词。但是在这里是连起来的一个词语"东西"，不表示方向，表示一样物体。

生：还有，"天对地"。

师：对了，这也是。（点击电脑课件，使四对反义词变成红色）

师：短短一句话中，竟然藏着如此多的奥秘，作者的语言多精妙啊！这些词语一一相对，多有趣啊！让我们来仔细读读这句话。

（学生用心朗读，读出了句子对仗的节律美）

教师和学生之间语言的交织融合之中，教师的语言紧随学生的语言灵活地承转应变，随之巧妙地引导学生将关注的目光投向了句子的语言特色，以发现句子的奇妙之处。这样，教学语言的承转性和主导性和谐统一,使学生的语言素养得到提升。

　　主导性规定了教学语言的总体指向,承转性则是实现主导性的具体形式。教师语言的主导性在有些时候表现得集中而明显,这是必要的,但大多数情况下,都是根据学生的实际情况,有针对性地实现主导目的,发挥主导作用的,换句话说,也就是通过承转达到主导目的。

　　一位物理老师讲授完查理定律后,由查理定律"外推"到零压强而引入热力学温标,学生感到抽象,教学目标未完全达到。教师就作了这样一个比喻:"某报广告刊登我县三峡地区生产的'毛尖'茶,减肥效果很明显,据说一位胖人持续喝了一个月,体重竟然减少500克。按这样的效果若一位体重为135千克的胖人持续喝下,270个月后他的体重是多少?"学生们哄堂大笑。教师又说:"气压的压强随温度变化与这个例子相似。胖人减肥,可以推想,经过某一时间人的体重为零,我们把这一时间叫绝对时间。但实际上,在达到这时间之前,一定会发生某些事情。同理,对容器中的气体,随着温度降低,气体压强减少,由此可以推想在某一温度,气体压强为零,我们把这一温度叫绝对零度。实际上,在达到绝对零度之前,任何气体都已液化甚至凝固,查理定律早已不适用了。但'外推'得到的绝对零度仍具有物理意义,它是低温极限,可无限接近,但不能达到。"这位教师主动"出击",学生感到自然新鲜,获得的知识确切清晰。教师的预设目标顺利达到了。

　　于漪老师教《宇宙里有些什么》一课时,一位学生对课文中"宇宙里有几千万万颗星星"一句话提出了疑问:"老师,万万等于多少?"有位学生说:"万万不等于亿吗?"在大家的笑声中,提问的同学灰溜溜地坐下了。于老师问:"既然万万等于亿,这里为什么不说'宇宙里有几千亿颗星星',而却说'宇宙里有几千万万颗星星'呢?"学生都哑口无言了。一会儿,一个学生说:"不用'亿'而用'万万',有两个好处:第一,用'万万'听起来响亮,'亿'却听不清楚。第二,'万万'好像比'亿'多。"于老师当即肯定:"你实际上发现了汉语修辞中的一个规律:字的重叠可以产生两个效果,一是听得清楚,二是强调数量多。大家想一想,我们今天学到的这个新知识,是谁给我们的呢?"大家的目光都集中到了第一个提出问题的同学身上,这位同学十分高兴,没有了丝毫灰暗的神情。这一例子与上一例不同,教师是先处于被动地位,然后转向主动,扣住课堂上的偶发问题,承转应变,引导学生认知语言修辞的规律,学生受到了生动的教育。

主导性和承转性的对立统一,实质上也就是一般性和特殊性的对立统一。韩愈曾说:"师者,所以传道,授业,解惑也。"这是在一般性上指出教师的主导作用。但是,教师的主导作用不应该是干巴巴的说教,强制性的灌输,而是要针对鲜活的个体灵活引导、自然渗透、有的放矢,这就是特殊性。只有这样,教学的过程才能是生动活跃的,教学的效果才能是扎扎实实的。当然,这中间都有"度"的限制,一味迁就学生,放任学生自流,失去了教师的主导作用,也是不足取的,那样的话,教学过程必然会松散,必然会迷失前进的目标和方向。

语文教学改革任重而道远。教师从头到尾详尽阐讲的格局被打破了,但又出现了另一种倾向,即寻找切入点,拎一个或几个观点,有重点地大力讲述,可以用"假大空"来表述。我们姑且称之为"抽筋拆骨"法。观点、条理似乎清楚了,但教学的过程却平淡无味,好像是在面向听众宣读一篇篇论文。语文教学与其他学科的教学一样,应该是有血有肉,一般性和特殊性和谐统一的。一位教师是这样上《祝福》课的:

师:同学们,《祝福》这一课,已经预习过,我们来共同研究这一课,以往都是我讲给你们听,我问你们答,今天咱们换一下角色,你们发问我回答,不妨来个"答记者问"。(鼓掌)

生:文章的开头,作者写下的"新年气象"给人的感觉是什么?

师:沉闷。

生:这段景物描写的作用是什么?

师：渲染了年终祝福的气氛,反衬祥林嫂的悲惨结局。

生：文章中出现了"我"这个人物,那么"我"在全文中的作用是什么?

师："我"这个人物是一个具有进步思想的小资产阶级知识分子的形象,"我"既充当小说的线索,又是整个故事的见证者。

生："福兴楼清炖鱼翅,一元一大盘,价廉物美"这句话有什么含义吗?

师：大家看192页,"她整天做,似乎闲着就无聊,又有力,简直抵得过一个男子,所以,第三天就定局,每月工钱五百文。"祥林嫂的月工钱只抵得上半盘鱼翅,可见祥林嫂是一个多么廉价的劳动力。

生：关于祥林嫂三次肖像描写,老师是怎样看的?

师：这是个文学鉴赏问题。(回答略,约500字)

(学生热烈鼓掌)

这一教学片断完全是教师跟着学生转,师生互换了角色,但仔细考察,并没有削弱教师的主导作用,教师以明晰的语言回答学生的提问,这些正是教学要达到的目标内容。这里,教学语言的承转性和主导性和谐统一,取得了很好的效果,学生的热烈鼓掌便是明证。

主导性和承转性的矛盾又反映了教学过程的复杂和曲折。学生的认知有独特的规律,教师必须遵循认知的规律用恰当的语言导引。为了前进,有时先作后退;为了深刻,有时引而不发;为了正确,有时故意设错;为了吸引,有时巧挂悬念;为了清晰,有时比较鉴别。只是以直线似的语言"打硬仗",不顾及教学实际中的林林总总的障碍和困难,一厢情愿,其效果往往并不好。

一位教师执教小学语文《燕子过海》。课文讲的是一群燕子要飞过大海,到遥远的北方去。在海上,疲惫不堪的燕子落在一艘船上休息。片刻之后,燕子又起飞了,可有些燕子却再也飞不起来了。于是水手们把这些燕子放入了大海。老师请一位同学上台边读边表演课文中的一句话:"水手们把燕子捧在手里,俯下身去轻轻地放入大海。"表演完了,这位同学随即发问:"水手们干吗'轻轻地放'而不'重重地甩'呢?还有,水手们为什么不把燕子煮熟吃了呢?"老师欣喜地说:"这位同学问得真好!对呀,水手们为什么不'重重地甩'而要'轻轻地放'呢?又为什么不把燕子煮了吃呢?请小朋友们认真地去读课文,相信大家一定有能力自己找到答案的。"于是,学生就兴致勃勃地读课文。之后,孩子们说:水手们对燕子都很崇敬,他们很佩服燕子不达目的决不罢休的精神,当然不忍心把燕子煮了吃。他们要把燕子放入大海妈妈的怀抱。这时,老师小结道:"读书能提出疑问这很重要,疑问大多又是可以自己认真阅读课文来解决的,这才叫会读书。"

这一例中,学生在学习中发现了问题,作为教师,直截了当地回答解疑并不能说错。但这位老师却在鼓励学生的同时,重复了问题,引导学生在阅读讨论中自己解决问题。教学的过程转了几个弯,多了些曲折,但既得出了正确结论,又培养了学生良好的自学习惯。这是很值得赞赏的。

第二节 控制性和发散性

控制性和发散性是教学语言的又一对重要矛盾。综观整个教学过程,教学语言的控制和发散的矛盾贯穿始终,有合有分,有张有弛,有收有放,构成了一幅尺幅千里、生机勃勃的画卷。请看王晓宇老师上《月光曲》一课的教学片断:

师:请大家自由轻声读课文,一边读,一边用心体会——读了课文有哪些感受?为什么会有这样的感受?(播放轻音乐,生自由读文)

师:请同学们把自己感受到的说给自己听听,不过要组织好语言哦。

(生自言自语,说、思、改相结合)

师:请同学们把自己读课文的感受与小组同学分享分享。

（生开始讨论交流，协作学习，教师巡视）

师：谁愿意说给全班同学听？想说就站起来说。

生：我觉得贝多芬真了不起，无意之间的一件事都能使他激动得创作出乐曲来。

生：我感到课文写得很美，读了有一种说不清的滋味。

生：我感到有一点激动，盲姑娘那么热爱音乐让我感动；那样一个伟大音乐家给一个盲姑娘弹曲子，让我感动。

生：我的感受是课文一开始就使人觉得很静。因为贝多芬散步是在幽静的小路上走，而且伴有断断续续的钢琴声，多静的夜晚呀。

师：说得很好，能说得再具体些吗？具体到某个词上去。

生："幽静""断断续续"这两个词可以体现静。

师：为什么呢？

生：我说不好，但我觉得静。

师：其他同学有同感吗？有，就自由轻声读读课文来体会体会吧。（生自由轻声读课文，体会"静"的感觉）

师：在这儿还有不同的感受吗？

生：刚才我们几个人觉得，这里不仅静，更使人觉得很美。你看，"幽静"是说周围大环境静，而在静中又有钢琴声"叮叮咚咚"地传来，多美呀。

生：我觉得在读"幽静"时语气稍轻一点就更好了。

师：那你来读读。（生读文，教师请其他学生轻合双目体会）

师：他哪儿读得好，为什么？

生：把静读出来了。

生：不只有静的感觉，幽静的感觉要比静的感觉更美。

师：那"幽静"究竟比"静"美在哪里呢？

生：美在"幽"上。

师：为什么？（此时生语塞）

师：来，还是让我们来问问工具书吧。（生查工具书理解"幽"字）

生:老师,"幽"有深远、僻静、光线暗的意思,更符合当时的环境特点。

师:在这种环境里,听到断断续续的钢琴声会怎样?

生:心情舒畅。

生:真美,感觉很好。

生:又静又美。

生:有安闲的感觉。

生:说"悠然"会感到更好些。

师:如果你是贝多芬,此时心中会有什么感受?

生:假如我是贝多芬,四周环境这么静,我会觉得很悠闲。

生:贝多芬在幽静的路上散步,突然听到自己写的曲子,心中一定会想,这是谁弹的呀,我得看看去。(生笑,表示同意)

师:是啊,贝多芬被静寂中那断断续续的钢琴声吸引了过去……

王晓宇老师把一篇文章交给学生,用启发诱导式的语言让学生去用心感悟,不给具体问题,不做任何限制,不要统一答案,给学生创设了一个广阔的思考、想象、表达的空间。学生无论从中感悟到什么,都是有价值的情感体验。而教师则用语言适时适度地进行控制,不露声色、不留痕迹地引导学生去体会、把握文章的人文内涵和价值取向,感受其意境美。

控制性,就是说在教学过程中,教学语言具有鲜明的调控性质。对课堂教学中出现的各种矛盾问题,教师善于用得体的语言调节、控制,使之得到妥善解决。这是语言问题,但同时是教师个人素养、能力的反映,也与教师的思想方法密切相关。教师的语言如果缺乏必要的控制性,教学的过程就很可能出现散乱、头绪众多而方向不明现象。当我们评论一位教师上的课不够紧凑时,其中往往包含着教师语言缺乏控制力的意思。

发散性,就是指教师的语言具有启发性、诱导力。教师要善于用得体的语言调动学生的积极性、主动性,拓展他们思维的空间。现代教育非常重视人本意识,强调学生主体的活动。而学生的活动,很重要的一点是必须通过教师的语言去调动、创造的。教学语言如果缺少发散性，势必将学生框定在教师所划定的比较狭小的范围内，这不利于学生的想象力、创造力的发挥，不但影响到他们特定学科的学习，而且会对学生个性的全面发展产生负面影响。

　　语言的控制性必须建立在发散性基础之上。控制与发散是相对而言的，没有了发散性，就无所谓控制性。富有经验的教师就善于仔细鉴别、正确把握教学流程中的各个环节，用语言适时适度地进行控制，使教学沿着符合实际的轨道前进。

　　一位化学教师上公开课，在演示实验前讲道："当我们把燃烧着的金属钠棒伸到装有氯气的集气瓶中时，将会看到钠剧烈燃烧并生成大量白烟。"然而这时实验出现的却是黑烟，全班大惊。老师很快意识到这是由于自己的疏忽忘记清除钠表面杂物而导致的结果。他冷静下来，将计就计继续做试验。问："你们看到了什么？"学生不语。教师鼓励："要实事求是，看到什么说什么，这才是科学态度。"学生马上回答："老师，没有看到白烟，而是黑烟！"老师说："你们观察得很准确。这样看来，刚才燃烧的东西就不是金属钠了！可是，这的确是块金属钠。那么，刚才为何燃出黑烟呢？请同学们回忆一下金属钠的物理性质和贮存方法。"全班一下子活跃起来，纷纷抢答。有位学生说："金属钠性质活跃，不能裸露在空气中，而是贮存在煤烟中。"老师歉疚地说道："你说对了！由于我的疏忽，实验前没有将沾在金属钠上的煤烟处理干净，结果发生了刚才的实验事故。为了揭示上述错误的原因，我不打算回头处理煤油，而是将沾有煤油的金属钠继续烧下去，请大家想想，烧的过程中，烟的颜色将会发生什么变化？"大家异口同声说："黑烟之后将出现白烟！"实验结果果然如此。老师宣布说："同学们，你们的预言实现了！"这一案例中，老师的经验相当丰富，处变不惊，有发散，更有控制。当出现了意外的情况时，教师一般的做法常常是立即纠正，而这位老师却因势利导，索性将错误扩散出去，让学生说出看到的实际情况，查找原因，预测结果。

而教师并未放任学生自流,其语言的控制性主要表现在打消学生顾虑,鼓励他们说真话,提示查找原因的方法、途径,明确最后的结论等。敢于发散,善于控制,从超常规的途径同样取得了良好的教学效果。

发散又必须以控制为指导。强调教学语言要有启发性、诱导力非常重要,但教学语言的发散究其实,都应该潜藏着特定的意图、目的。在发散前,已经有所设想;在发散中,能够灵活处置;在发散后,能够及时明确收拢。当然,也有可能面对一些突发、偶然现象,控制显得尤为重要,下面是钱梦龙《少年中国说》一文的教学片断:

师:昨天请同学们自读《少年中国说》,这堂课想先听听大家对这篇文章的总的印象。请随意说,有什么印象就说什么。

生:这篇文章虽然是文言文,但是我觉得并不难懂。有些句子虽然没有完全理解,但我感觉到作者的感情很强烈。

生:文章写得热情奔放,用了很多排比句,读起来很有劲。

生:作者对中国的前途充满了信心,字里行间有一种自豪感,读了使人振奋?

师:你们能不能具体说说,哪些句子读起来有劲,哪些句子使人振奋。

生:第二段写老年人和少年人不同性格,一句写老年,一句写少年,很有意思。

师:什么叫"很有意思"?

生:……一句句对比,……很新鲜……

师:你的意思大概是说作者用了对比的手法,把老年人和少年人的不同性格写得很充分、很鲜明,而且这种句句对比的写法,给人一种新鲜感,是吗?(生点头)

这一教学片断很值得深思。教师一开头提出了一个请学生随意谈谈印象的笼统问题,将学生的思维大范围地扩散,有没有控制意图?执教者自述道:"让学生无拘无束地谈自读的感受,既是对学生理解能力的一种检测,也是为了让学生通过相互交流对课文获得一个完整的印象。"原来如此。当学生述说"很有意思"时,教师承接着说了一段话,补充完整,带有明显的调控性,为什么呢? 执教者自述道:"在学生'心有所得而口不能言'的情况下,教师'帮一把',会有顺水推舟之效。"钱梦龙老师控制和发散的语言艺术由此可见一斑。

控制应该严格,但不宜过于刻板;发散应该放开,但不宜过于松散。控制性和发散性的有机、和谐统一,适度、有序地运用其控制性和发散性,就形成了教学语言艺术之美。

一位教师教《跳水》课文,在总结课文时,教师让大家谈谈学习后的感受。有的说,"我觉得风平浪静也不是什么好事。越是顺顺当当,人就越容易麻痹大意,这时也越容易发生意外。"有的说,"我觉得这孩子太任性了,说不定是个独生子女'小太阳',他如果能考虑到环境的危险,就不会为赌气去追猴子,一下直追到桅杆顶端的横木上去。"有的说,"我觉得那些水手也太会开玩笑了,怎么能这样去唆使还不太懂事的孩子?差一点丢了孩子的命。"还有的说,"我很佩服那位船长,他遇事不慌。正是镇定才使他能够急中生智,想出了救孩子的好办法,而且成功了!"……教师面对这么多说法,十分高兴地说:"大家真会想,而且想得都有道理。对同一篇课文,大家有不同的想法,这很好。那么比较起来,你们觉得这篇课文,主要是指责水手、批评孩子,还是赞扬船长呢?"大家在议论以后,认为这主要是赞扬船长。这位老师面对学生的各种想法,不是简单取其一种,其他的一棍子打死,而是表扬"大家真会想",肯定"想得都有道理",然后经讨论得出"主要是赞扬船长"。控制的尺度得当。这一类的控制语言艺术在非自然科学学科的教学中有特殊的重要性,因为语文等社会科学的答案往往是丰富多彩的。

于永正老师有次上古诗《草》课,设计了一个背诵练习。先把自己扮作"妈",请一位小朋友上讲台背给"妈"听;再把自己扮作"哥",请一位小朋友背给"哥"听;最后扮作"奶奶",请一位小朋友背诵。下面是扮奶奶背诵教学片断：

师：谁愿意背给奶奶听？(指一名学生到前边来)现在,我当你奶奶。你奶奶没有文化,耳朵有点聋,请你注意。

生：奶奶,我背首古诗给你听听好吗？

师：好！背什么古诗？什么时候学的？

生：背《草》,今天上午刚学的。

师：那么多的花不写,干吗写草哇？

生：(一愣)嗯,因为……因为草很顽强,野火把它的叶子烧光了,可第二年又长出了新芽。

师：噢,我明白了,背吧！

(生背)

师："离离原上草"是什么意思？我怎么听不懂？

生：这句诗是说,草原上的草长得很茂盛。

师：还有什么"一岁一窟窿"？(众笑)

生：不是"一岁一窟窿",是"一岁一枯荣"。枯,就是干枯；荣,就是茂盛。春天和夏天,草长得很茂盛；到了冬天,就干枯了。

师：后面两句我听懂了。你看俺孙女多有能耐！小小年纪就会背古诗！奶奶像你这么大的时候,哪有钱上学啊？(众大笑)

师：好,今天的课就上到这,小朋友,放学回家后请把《草》这首古诗背给家里人听。

限于篇幅,我们没有将于老师扮"妈""哥"的片断引述。为什么老师要这样引导学生"发散"背诵呢？是否有过于拖沓松散之弊呢？不然,教者扮"妈"时的背诵,是一般性背诵,重在熟练；扮"哥"时的背诵,故意混淆作者,突出关键词句；扮"奶奶"时的背诵,关涉到诗句诗意的理解。背诵三部曲,步步深入,且在创设愉悦的情境中,着意训练了学生的口头表达能力。张弛适度,收合自如,令人叹服。

"合并同类项"是七年级《字母表示数》(华师大版)中的内容,下面是镇江市第四中学潘启立老师教学中的一个片断：

师:请看大屏幕。(电脑演示:若一枝橙黄色大理菊的价格是 x 元,一枝红色玫瑰的价格是 y 元,一枝紫色大理菊的价格是 z 元。根据这些已知条件及实物,你可以知道些什么?)

生:我可以知道每种花的价格是多少。

生:我知道这束花的总价是多少。

生:根据这些条件及实物,我可以知道这两束鲜花中三种不同颜色的鲜花的总价分别是多少。

师:很好。我们就来研究这个问题——这两束鲜花中橙黄色大理菊的总价是多少?哪个同学能用代数式把它表示出来?

生:我认为橙黄色大理菊的总价是 7x 元。

生:我认为也可以用 4x+3x 表示。

生:也可以用 (4+3)x 表示。

师:[根据学生的回答,板书:4x+3x =(4+3)x =7x]不错,同学们很善于开动脑筋思考问题,望继续发扬。由第一个代数式得到第二个代数式,你能从中发现什么吗?

生:用到了乘法分配律。

师:很好,用到了前面学过的知识。请大家注意,下面我们来竞赛了。(电脑演示速算竞赛一:当 a=−1 时,求代数式 4a+6−3a+5a 的值)看谁算得最快。

师:(教师巡视,了解情况。展示学生的计算过程,请一同学作详细讲解)还有其他的方法吗?

生:我的计算思路是这样的:先把相同的项:4a、−3a、5a 结合起来相加,得到 6a,于是,原来的代数式就是 6a+6,然后再把 a=−1 代入求值。

师:我把这位同学的思路调整如下,请看大屏幕(电脑演示其过程)并思考。这样做行吗?若行,根据又是什么?

生:根据前面的经验,我认为行,根据是乘法分配律。

师:大家同意这位同学的观点吗?

生:(齐声回答)同意。

师:你认为哪种方法简单些呢?

生:第二种。

这一片断中,教师十分注重学生的主体活动,语言循循善诱,提出的问题向多方向发散,启发学生大胆提出问题,拓展了思维空间,而教师则因势利导,适时控制,师生互动,张弛有度。教师的评价语言的恰当、精炼。堪称教学语言控制性与发散性的完美结合。

第三节 连贯性和片断性

连贯性和片断性的对立统一是教学语言形式上的重要特征。先看小学语文实验教材二年级下册的《日月潭》(人教版)一课教学片断:

师:(出示中午时的日月潭图片)刚才我们欣赏的是日月潭清晨的美景,请你猜猜这是什么时候的日月潭?

生:中午。

师:你怎么知道的?

生:因为图中阳光灿烂,景物清晰……

(在图片下方出示词语——清晰,学生认读。接着,图片下方出示文中句子:"中午,太阳高照,整个日月潭的美景和周围的建筑,都清晰地展现在眼前。"师生共同读句子)

师:中午,太阳高照,整个日月潭的美景和周围的建筑,都怎样了?(学生跟读)

师:中午,什么变得清晰了?(学生练读句子)

师:(出示雨中日月潭的图片)雨中的日月潭更有一种特别的美,对比晴天时的景色,你有什么感受?

生:(读课文)如果说晴天的日月潭景色清晰可见,那么雨中的日月潭就是一片朦胧。

师:(出示两幅图片对比,出示词语:清晰——朦胧)再读读这两个词语,你有什么发现?

生:它们是一组反义词。

师:"朦胧"还可以换一个词吗?

生:隐约。

师:这是一组——

生:近义词。

师:谁来为我们解说雨中的日月潭?

(学生读句子。在图片下方出示句子:"要是下起蒙蒙细雨,日月潭好像披上轻纱,周围的景物一片朦胧,就好像童话中的仙境。"接着出示词语:仙境。并让学生练读词语)

师:联系你听过的传说、看过的故事,说说什么是"仙境"?

生:传说中神仙住的地方。

教学中,教师语言虽以片断的形式出现,但前后关联,总体连贯,使文中"隐""晰""境""朦胧"等生字生词不再是孤立的个体,而是在一定的语境中,通过多种方式感知含有生字的词语、句子、段落或短文。教学语言连贯性和片断性的和谐统一,有效地帮助学生建立起对字音、字形、字义、用法的全面认识,对学生进一步理解课文的内容也起到了积极的促进作用。

连贯性,就是说教学语言从整体看、从深层看,特别是在相对完整的一个教学过程中,是有机联系、前后贯通的统一体。一节好课,比如一篇好的散文,形散神不散,主题鲜明集中,线索单纯清楚。连贯性,反映出教师对教学目标的执著追求,对教学思路的精心设计,对教学环节的严密推敲。如果一节课,教师的语言缺乏连贯性,那么就会丧失神志,血脉不通,很难说真正达到了教学目标。

片断性,是指课堂上教师的语言一般很少长篇大论,而是以片断的形式出现。这种片断长短不一,长的可能有数百字,短的可以只是一个词、一个句子,主要看实际情况。教学语言的片断性,主要是由于学生的介入产生的。随着学生是主体教学思想的确立,学生课上活动的增加,这种片断性体现得尤为鲜明、突出。"满堂灌"已没有市场了,这种陈旧的观念在教学语言上的反映,就是形式上的巨大板块,沉闷而缺少灵气。

教学语言片断性是外部的形式,连贯性则是内层的联系,表里既对立又统一。在考察研究时,不能为表层现象迷惑,而要深入底蕴,前后关联,总体把握,深刻认识。完美的组合足以显示出教师语言艺术的匠心。下面是一位教师上《在马克思墓前的讲话》一文最后阶段的片断:

(教师将题目的最后二字"讲话"底下画上重重的红线,再慢慢地将"讲话"二字擦掉)

师:同学们,我们能否试着在红线上补上一词,替换"讲话"二字?

生:讲演。

生:演讲,演说。

师:能否再换个别的什么词语呢?

生:悼词。

生:悼念、悲悼。

师:下面,我们来看看,课文的题目为什么不用我们换上的词语,而是"讲话"两字呢?

生:这里用"讲演""演说""演讲"一类词语的话,好像与整篇文章的基调不吻合。

生:文章表达了对马克思逝世的深切悼念,整篇文章无论议论、叙述、抒情,都是在一种无限痛惜的心境下展示的,如果用"讲演"一类的词语,就会破坏文章这种"悲"的整体基调。

师:说得好!确实如此。但是,题目中"讲话"二字又能由"悼词""悼念"和"悲悼"这些可增添"悲"的气氛的词语来替换,这又是为什么呢?

生:假如换成"悼词"一类词语,就会造成语病,从语法、逻辑两方面都说不过去。

生:这是一篇悼词,但它不仅仅是一篇悼词,同时还是一篇演说词。因此,换成"悼词"之类的词语,题目就显得"小"了点。

师:有见地!这篇文章不仅包含着对马克思逝世的痛惜、悲悼之情,同时字里行间还洋溢着对马克思的爱戴、敬仰和赞颂的深情。这就使得这篇文章既不同于一般意义上的悼词,又有别于一般意义上的演说词,而是两者的完美结合。因此,文章的题目就要兼顾这两方面的内容,与整篇文章的基调、表达手段等统一起来。那么,现在让我们再回过头来看看:题目中"讲话"二字的意义在哪儿呢?

(说完,教师又把"讲话"二字重重地添在红线上,又在黑板上写下了一个醒目的题目:《讲演词中悼词的典范——谈〈在马克思墓前的讲话〉的"文体美"》

(布置写课堂随笔作业)

上面的片断中,教师的话有五处,学生的话有八处,且相互穿插,话语长短不一,形式上的片断性特点鲜明。但仔细考察,教师的语言实质上是连贯紧密的、层层推进的。第一步,启发学生掉换标题中"讲话"这一词语;第二步,引导学生比较标题用词和替换词语(这中又有两个小方面);第三步,概括得出明确结论;第四步,布置落实随笔训练。这一擦一添,加深了学生对课题、内容的理解,品出了浓浓的滋味,而且在思维、写作上进行了训练,环环相扣,一气呵成。

教学语言的片断性最主要的是由于学生的介入造成的,而连贯性也必须通过学生才能体现出来。忽视或者跳过学生的中介我们就无法透彻地、全面地审视教学语言的这一特性,因而教师如何引发、应对、评判学生语言甚为关键,或者可以说,这是真正做到连贯性、片断性和谐统一的重要条件。

下面是特级教师支玉恒《学弈》教学片断:

师:今天我们学一篇古文,(板书:古文)知道什么叫古文吗?

生:古代的文章。

生:古代的人写的文章。

师:说得有道理。古时候的人写的文章自然就是古代的文章了。

古文有时也叫文言文。古文和我们现在学的现代文有很大的区别。我们现在学的文章,包括你们自己习作课上写的一些文章,都叫"白话文"。白话文是从1919年的五四运动开始大力倡导的。古文与现在的白话文有很大区别。比如这个"之"字,(板书:之)谁能把它组成一个词语?

生:明日之星。

师:对,校园墙上就大大地写着这四个字。知道词语的意思吗?

生:学校让我们好好学习,成为将来的明星。(众笑)

师:解释得不错,但这个"星"可不是让你们都去当影视明星、当歌星,它是指一切有成就的人。我再问你,这个词语中的"之"字当什么讲?

生:就是"的"的意思,明日的星。

师:讲得很明白。谁还能组词?

生:之乎者也。(众大笑)

师:"之乎者也"可不是一个词。这本来是互不相连的四个字,它们是古文里的一些语助词。不过也有人用它来讽刺那些白话文还写不通,却老想胡诌两句文言的人,如:"这个人之乎者也地说了半天,谁也不知道他说了些什么!"明白了吗?(生答明白)

师:还能组词吗?

生:军属门上有时贴一张"光荣之家"的纸。

师:对。其中的"之"字怎么讲?

生:当"的"讲。

师:也当"的"讲。刚才说了这个"之"字是古文中常用的一个字。现在用它一般都当"的"字讲;但在古文中,它却有许多种用法。我们今天这篇课文里,"之"字先后一共出现了六次,大致有三种讲法,有时即使是同一个用法,但所指的对象也不同,确实有点复杂。大家一会儿读的时候要注意细心区分、理解。好了,现在大家打开课文,读一下课题。

这一例,教师提出的问题,学生回答几次都出现了理解上的偏差,但教师幽默风趣地逐一点拨纠正,使学生对古汉语中的"之"字有了比较清楚的认识。这一环节也正是为课文的学习打下了良好的基础,整个教学过程由于学生的介入而既有片断性,又有连贯性。

还有位小学语文老师教《荷花》一课,引导学生背诵:"荷花已经开了不少了。……有的才展开两三片花瓣儿。有的花瓣儿全都展开了,露出嫩黄色的小莲蓬。有的还是花骨朵儿……"背着背着,一个学生问:"老师,我想给编书的老师提个意见!""可以,请讲吧。""你看这一段后三句,写得多没顺序呀!要不就先写没开的,再写才开的,最后写全开的荷花,要不就先写全开的,再写……像课本上这样写,我们很容易背错。""我想,叶老可能是怎么看的就怎么写,或许他觉得才开的最好看吧!""那可不一定,我认为全开的最好看!老师,我不按课本写的顺序背行不行?算不算错?""对老师、课文都可以提出不同意见,这很好!至于说怎样背,那要看老师是怎样要求的,要求按课文背就按课本背,要求创造性复述,就可以按你想的发挥。"这一例子与前一例不同之处在于,学生提出的问题是语文方面的,也有价值展开,按照学生的水平能够展开得热烈,但如果真是这样做了,就会脱离指导背诵的教学具体目标。师生的对话交流,教师不但保护了学生勇于探索、勇于创造的学习进取精神,而且仍然按照设定的目标连贯进行教学。

教学语言的片断性一目了然,片断之内有停顿、间隙。这是直观的认识。如果深入一步,我们便会发现片断不是孤立、静止存在的。片断教师语言常常可见一些明显的语言标记。例如运用关联词语,插入评价语言、顺势接入语言等,其中最为突出的是教师的问题语言,即疑问句。教师的精当疑问句,必然促使学生积极思考、讨论、回答,也就自然形成了语言片断,同时集中学生的思路,前呼后应,表现出语言的鲜明连贯性。

下面是宁鸿彬老师上的《有的人》一课教学片断:

师:大家谈了五种看法(指诗中两种人的不同,笔者注)"思想不

同""觉悟不同""目的不同""所求不同""追求不同"。我们怎样从这五种看法中,筛选出一种最准确、最恰当的说法呢?现在我们采用一种做法"排除法",就是把含义范围过大的、笼统的说法去掉。大家看看哪个说法应该去掉?

(两位学生发言,将"思想不同""觉悟不同"排除掉)

师:对。觉悟,意思是人思想认识上的觉悟,范围也大。咱们就把"思想不同"和"觉悟不同"去掉。现在还剩下"目的不同""所求不同""追求不同"这三个说法。我们采取"合并法",就是把意思相同的说法合并,只留下一个。大家看看,这三个说法中,有没有意思相同的?

(学生发言去掉"所求不同")

师:说得好!咱们就把"所求不同"去掉。现在还剩下"目的不同"和"追求不同"两种说法。我们再采用"分辨法",就是分辨"目的"和"追求"的意思有什么不同,看看哪个说法更符合诗句的意思。目的,意思是想要得到的结果;追求,意思是争取达到某种目的。大家分辨一下,看看哪个说法更准确?

(学生思考片刻,发言认为"追求不同"准确)

师:完全正确。这两种人的追求是完全不一样的。一种人是争取不朽,想自己千古留名,完全是为个人打算。另一种人是默默奉献,不图个人名利,品德高尚。现在剩下了一种最准确的说法,就是"追求不同。"(板书:追求)这两种人还有什么不同?

……

引例中虽然限于篇幅,未将学生的精彩发言引述,但就教师的语言来考察,各个语言片断环节上的连接是十分紧密的。每一小片断,教师都有鼓励、评价语言,如"对""说得好!""咱们就把'所求不同'去掉。""完全正确。这两种人的追求是完全不一样的。"这些鼓励、评价语言在承上启下中有着重要作用。宁老师的问题语言十分精当。他所提的问题除最后一个是转入下一个目标外,前边的四个问题,都集中在从学生的五种看法中筛选出一种最准确、最恰当的说法上。第一个问题"我们怎样从这五种看法中，筛选出一种最准确、最恰当的说法"是总问，下边三个分层次缩小范围发问，步步逼近，环环相扣。尤其值得称道的是，宁老师的疑问句不单纯是提出了一个需要回答的问题，而且在提问前提示了应该如何思考的方法，这使得教师、学生的思路非常清晰，脉路贯通，浑然一体。

主导性和承转性、控制性和发散性、连贯性和片断性，是教学语言中的三对重要矛盾，矛盾的双方既是对立的，又是相互依存的，有机统一的。常常同时体现于课堂教学中，由余映潮老师执教的《我的叔叔于勒》一课，就将以上矛盾有机、和谐地统一起来。

师：今天我们学习《我的叔叔于勒》，请同学们读作家作品简介。

（屏幕显示莫泊桑简介，生朗读）

师：《我的叔叔于勒》是一篇写亲情的文章，是一篇写金钱的文章，是一篇写金钱与人的关系的文章。这是一篇经久不衰的经典之作。我们今天的学习有两个任务：第一个任务是，讨论一个大话题；第二个任务是，讨论八个小话题。

课始开宗明义，直奔主题，没有任何赘言，教学语言简洁明了，具有明确的目的性，体现了强烈的主导性。

师：这篇小说可以分为两个部分，请大家进行分析，并说明每一部分在文中的作用。（屏幕显示：让我们来讨论一个大话题：这篇小说可以分为两个部分。请进行分析并说明每一部分在文章中的主要作用）

（学生看课文沉思、默想四分钟）

师：好，请把你的见解说给大家听。

生：我觉得这篇文章可以分为两部分：1~19段是第一部分，20段以后是第二部分。第一部分为第二部分作铺垫，衬托第二部分，体现出"我"的父母非常贪财，把钱看得非常重要，对有钱的叔叔和没钱的叔叔的态度截然不同。

师：她用了个术语"铺垫"，好！前面这一部分起烘托作用，后面

这一部分集中地表现人物。

生：课文中用了"对比"的手法，"我"的父母在前一部分中对叔叔是盼望、赞美，后面见了叔叔却理也不理，这把资本主义社会人与人之间赤裸裸的金钱关系暴露得一览无遗。

师：他也用了个术语"对比"。前面部分是急切地盼望、永久地盼望，后面部分是唯恐避之不及，是鲜明的对比。刚才一同学说到全文分为两部分，1~19段为第一部分，20段以后为第二部分。大家同意吗？（学生齐声说同意）

师：前面第一部分，用这两位同学的说法是对比、铺垫。那么，第一部分、第二部分的作用是什么？请同学们从欣赏的角度、从小说的角度、从表现人物的角度、从故事发展的角度，再来讨论一下。

生：我觉得第一部分写故事的起因、发展，第二部分写故事的高潮和结局。

师：他说到了故事的情节：起因、发展、高潮和结局。

生：我觉得"哲尔赛岛旅行"非常重要，它和"我二姐的婚事"是有联系的。

师：旅行非常重要，是啊，"哲尔赛岛旅行"引出了全文故事情节发生最重要的地点——船上，船上的情景。

师：我们来看看第一部分在全文中的作用。

（屏幕显示：叙说家境　引出人物　制造悬念　烘托气氛）

师：小说里的家庭是很穷的家庭啊！生活过得十分拮据，所以第一部分在全文中有一个作用是"叙说家境"，不少写家庭的小说，开始都这样写；"引出人物"，引出我的叔叔于勒，这个引出不是直接的描写，而是通过人物的盼望、人物的话语引出人物；因此也就"制造了悬念"，"我"的父亲永远重复着不改变的话：如果于勒在这只船上，该是多么令人惊喜啊！我们就会想：于勒究竟是什么样的人呢？制造了悬念，也就烘托了气氛，就是刚才那位同学所说的"铺垫"。于勒的信是我们的福音书，"我们家"甚至想用于勒的钱来做好多好多的事,于是就烘托出了气氛。这是第一部分的主要作用。下面,我们来谈谈第二部分的作用。

(屏幕显示:设置场景　详写故事　表现人物　推出高潮)

师:设置一个场景,将故事集中地表现在船上相遇,设置了一只船,然后详写这个故事,在故事中表现人物,不仅表现菲利浦夫妇、于勒,还表现若瑟夫,后一部分一定是故事的高潮和结局。

这部分教师和学生之间就具体话题展开双向交流,学生的发言有些困难时,老师通过总结,给学生诠释了课文两部分的具体作用,对学生而言意义深远。教师语言体现出主导与承转、控制与发散有机结合、交相辉映,不仅呈现出语言艺术之美,也取得了良好的教学效果。

师:接下去我们完成第二个任务。让我们把目光放在第二部分"船上相遇"上。先齐读屏幕上的内容。(屏幕显示:让我们讨论八个小话题:①于勒的"称呼"欣赏;②巧合让故事如此美丽;③说说若瑟夫的"看";④文中的景物描写欣赏;⑤千姿百态的"说";⑥神态描写表现人物的心理;⑦课文中的正面描写与侧面描写;⑧船长形象欣赏)

(生齐声朗读)

师:活动方式是:每位同学自选一个话题,就课文内容发表自己的看法。请拿起手中的笔,边看,边画,边想。

(学生看书,思考,大约五分钟)

生:我欣赏的是文中关于"于勒"的称呼。课文前半部分写了对于勒的称呼,他有钱时,"我"的父母对他的称呼非常亲密,后部分称他"贼""流氓",是因为他穷了,形象不好,让他们丢脸。唯一没有改变于勒称呼的是若瑟夫,他是个涉世不深的孩子,他并不知道金钱是什么,他只知道亲情是多么美好! 他一直称呼于勒"亲叔叔"。

师:人物的称呼表现了人物的命运变化,对人物"称呼"的变化表现了人物的性格,"一个正直的人、一个有良心的人"到"一个穷鬼、一个流氓",既表现出于勒的身世、命运和遭遇,也表现出菲利浦夫妇的为人。而若瑟夫则表现出对叔叔的同情。原来，称呼的变化是为表现人物服务的。

生：我欣赏景物描写。课文开头写"我们"的船只在"一片平静的好似绿色大理石桌面的海上驶向远处"，后来"天边远处仿佛有一片紫色的阴影从海里钻出来"，突出了人物心理的变化。

师：起先是"平静的海面"，但后来是"紫色的阴影"，太沉重了，紫色的阴影笼罩着人物的心理。平静的海面——快活的旅行——紫色的阴影，景物描写为表现人物服务，欣赏小说要欣赏小说中的景物描写，欣赏景物要和人物联系起来。

生：我欣赏"巧合让故事如此美丽"，起先我们全家都十分盼望于勒会在船上，没有想到于勒果然就在船上，这就是巧合。

师：对，文学作品中，很多故事情节的发展都靠巧合，巧合是小说的一大技巧。本故事设置了一个场景——船上，"我们"一家人巧遇于勒的地方，没有这只船，这个巧合就不可能发生。巧合让故事如此美丽。学生的发言比较零碎，往往说不到点子上，老师的总结能够把学生的发言非常巧妙地引到小说欣赏的内容上。称呼表现人物的性格，景物描写是为表现人物服务的，巧合是小说的一大技巧等等文学欣赏的内容，都出现在老师的点评语言中，让学生大开眼界。同时，也充分体现教学语言主导性与承转性、控制性与发散性、连贯性和片断性的对立统一。

生：我想说，两次景物描写形成了对比。

师：对，两次景物描写构成了层递。

生：我也想说"对比"，菲利浦夫妇在金钱面前态度前后变化非常大，他们在船长面前彬彬有礼，而对于勒却非常差，唯恐避之不及。

师：菲利浦和船长交谈是讨好式的，由远的地方开始谈；菲利浦夫妇谈到于勒，则是暴怒、生气。

生：我想说说船长，他是个重要的人物。船长不认识于勒，还背后骂于勒，说他是老流氓。

师：没有船长，于勒的身份不可能确认，于勒是船上的年老的水手，而船长却不知道自己的水手姓什么，可见于勒的地位卑微、遭遇悲惨。亲人又不认他，更悲惨。

生：我要说"神态描写表现人物心理"，第20段中我的父亲"忽然不安起来"，"不安"这个词语很微妙地表现出了菲利浦的心理活动。后来菲利浦不相信那个卖牡蛎的酒鬼就是自己的弟弟，表现出"脸色煞白""两眼发直"的神态，表现出他近乎绝望的心理，这一系列的神态描写充分地表现了人物的性格。

师：很好！人物的神态描写一定是为表现人物服务的。你看父亲"神色煞白""两眼发直""神色狼狈"，母亲突然暴怒，人物的心理表现在人物的神态变化上，让我们感到他们是多么的不安，多么的愤怒，多么绝望啊！

生：我要说的话题是"千姿百态的说"。文中"低声地说""吞吞吐吐地说"，还有船长"冷冷地说"，也写出人物的心理变化。

师：（引导学生一起说）还有"在心里默念"、父亲"结结巴巴"地说，都是为了说明人物的心理，都表现了人物的性格。欣赏人物的语言还可以欣赏语言的表达方式，它们形态各异，但表现出人物的心理状态都一样紧张。

师：课文第一部分写于勒都是侧面描写，侧面烘托。第二部分写于勒一刹那就出现了，而这时的描写是通过"我"的眼睛来完成的：这就是若瑟夫的"看"。

生：我要说的是若瑟夫眼中的"于勒"："我看了看他的手，那是一双满是皱纹的水手的手。我又看了看他的脸，那是一张又老又穷苦的脸，满脸愁容，狼狈不堪"，写出"我"的叔叔的穷苦形象。

师：若瑟夫两看"于勒"。青年时的于勒是浪荡子，中年时的于勒很富裕，老年时的"于勒"穷困潦倒。前面一处写到"我端详了一下那个人，他又老又脏，满脸皱纹"，这里又写到"他又老又穷苦"，通过若瑟夫两看"我的叔叔于勒"，让我们想到若瑟夫不仅看到"我"的叔叔于勒,同样也看到"我"的爸爸妈妈在亲情之前的表现。这篇小说是通过若瑟夫的眼睛来表现人物的,有时用第一人称,有时用第三人称,是从儿童的视角来表达的。

在老师自然而和缓的语言引导下,学生的思维趋于活跃,欣赏课文也相对"专业",看问题的视角也不再单一。他们谈论船长的形象、若瑟夫的"看"、父母的神态……比完成第一步的学习任务时,有了较大的进步。

师:好的。八个话题的讨论就到这里为止。老师来总结一下:说说短篇小说的欣赏。(屏幕显示:①欣赏短篇小说展开故事的视角;②欣赏短篇小说设置活动的场景;③欣赏短篇小说波澜起伏的情节;④欣赏短篇小说不同人物的性格;⑤欣赏短篇小说丰富表现的手法)

师:这篇小说通过儿童的视角展开故事情节,鲁迅先生的《孔乙己》也是通过一个酒店小伙计的视角来观察社会,来展开故事情节。作者把故事情节安排在一个儿童的眼睛里、耳朵里来表现是有深刻的含义的。毕竟成人世界与儿童世界不一样,成人、儿童为人处世也不一样。小说一定要在特定的场景来展开故事情节,长篇小说的场景可以转移,短篇小说的场景常常要在一个地方。《孔乙己》的故事场景只是一个小柜台,《社戏》的场景一个是在家里,一个是在看戏的地方——船上。这篇小说的情节是大起大落的:父亲第一次发现于勒时是不相信的;母亲去看,母亲看了,还不能确定;到船长那里打听,确认了面前的就是于勒。这其中的情节就有"波澜"。于勒和菲利普的性格都很生动。对比、衬托等等手法的运用,使文章中的人物形象更加丰满、故事情节更加生动。

今天的课到此结束,同学们再见!

老师最后用长篇大论再一次对欣赏小说作了全面的总结,使学生在一堂课上学习到了一学期都学习不到的欣赏小说的知识。课堂容量非常大,学生的学习却显得轻松,这跟教师精湛的教学语言是分不开的,余老师在课堂教学中熟练把握了教学语言的内在规律。

课堂上的每一个提问都与小说欣赏密切联系，使整个课堂主题集中，目标指向明确，教学目标的完成就非常明确。教师高水平的课堂评价，是这节课的又一大亮点。对学生的每一次发言，老师的点评语言非常到位，而且又穿插了对文本的分析与欣赏，使学生心悦诚服。

　　矛盾的联系是错综复杂的，正确认识、揭示这些联系需要运用辩证法的犀利武器。说得彻底些，探讨教学语言的辩证性，就是深刻理解、熟练把握教学语言的内在规律问题。教学语言是丰富多彩的，高层次的教学语言是精湛的艺术世界。外显的语言形式其实绝不是单纯的语言修养问题，而是关涉到教师的思想素质、教学对象、教材内容、环境气氛等林林总总的因素。真正要提高教学语言的品位层次，必须抓住根本，从规律着手，在联系中学习，在实践中运用，不断进行科学反思和总结。

第五章 教学语言技巧的基本类型

教学语言技巧是教师在教学过程中运用语言的巧妙技能和方法,在教学过程中广泛运用,是教师教学艺术水平的标志,对提高教学质量和效率具有重要意义。教学语言技巧类别是纷繁复杂的,例如:欲擒故纵、铺垫设伏、迂回侧击、类比引申等等,一般的认识往往停留在微观的层面上,就具体的技巧而论技巧,比较忽视整体面貌的深刻揭示。正确认识、分辨教学语言技巧的类型是进一步深入研究的关键,也是得体成功运用的基础。教学语言技巧按照不同的标准可以进行不同的分类,这里,我们确立三个标准,从宏观层面探讨、论述教学语言技巧的基本类型。

第一节 根据达成教学目标的分类

根据不同的达成的教学目标,可以将教学语言技巧划分成沟通性、解读性、艺术性三种基本类型。

一、沟通性教学语言技巧

沟通性教学语言技巧,是指教师在教学过程中为了达到与学生顺利、清楚地沟通信息的目的所使用的技巧。教学语言的最起码、最基本的要求是师生之间能够相互沟通,教师需要把握正确的交际方向,让学生接收必要的信息,了解相关的要求。达到这些要求,常常运用沟通性教学语言技巧。不能误以为沟通性技巧仅是浅层次的简单技巧,其运用相当广泛,而且是解读性、艺术性技巧的基础。

一位教师正在上《思想品德》课"集体主义"内容,教师和学生认真地讨论着。突然,一只小蜜蜂从窗口飞了进来,在教室里飞来飞去的,就是不愿离去。一个,二个,三个……越来越多的学生在东倒西歪地躲着小蜜蜂了。课,再也上不下去了。学生们的注意力开始跟着小蜜蜂转动着。教师心里有些急,这课的任务甭想完成了。于是教师停了下来,微笑地看着学生们。许是受到老师笑意的鼓励,学生们一下子活跃了起来。这个拿着书去赶,那个与同学笑成一堆。一个同学问道:"老师,可以把它打死吗?"老师还不曾回答,下面就出现了一大片回答声了。有的说行,有的说不行。老师笑着轻摇了一下头。学生们于是就忙着请小蜜蜂离开教室了。等小蜜蜂走了之后,老师问学生:"你们知道这小蜜蜂为何久久地徘徊在我们的教室里不想离去?"学生们一下子愣住了。显然,他们不曾想过这样的话题。老师接着问:"小蜜蜂最喜欢什么啊?"这下子他们笑了。"当然是花啦。""为什么喜欢花呢?""因为花儿香呗。"老师笑了,又说,"对啦,蜜蜂喜欢香,那它在我们的教室内久久地不想离开,那又是为什么呢?"这下子学生可开心了,"因为我们也香。""对了。"老师高兴地接着问,"你们香在哪呢?"学生们想了一下,说道:"我们爱干净,香。""我们互相帮助不欺负人,香。""我们图书橱里有一大堆好书,香。""我们爱学习,香。"学生们列出了一大堆"香"的事儿来,每个人都因为自己的发现而兴奋着,每个人都因为自己也"香"而激动着。老师接着就班级集体应该怎样建设继续实施预定的教学方案。

这位教师上课遇到了突如其来的情况,已经无法按照正常的预设方向实施师生互动沟通,教师灵活应变,以小蜜蜂为话题,从能否打死小蜜蜂、小蜜蜂最喜欢什么、为什么久久地不想离开,逐步引向班级集体,拨正了语言交际的方向,继续有针对性地进行集体主义教育。

再看小学语文特级教师赵志祥教学《鲸》的片断:

师:好样的!五个生字,大家听写对了四个了。还剩下一个,我来写。注意哦,我写字和一般的老师不一样。(在黑板上书写了一个大大的行楷字"鲸")

师:大家发现了什么?

生:太大了!

师:说得好!

生:有几笔是连着写的。

师:连着写,是为了什么?

生:是为了把字写得快一些。

师:我为什么把"鲸"字写得又大又快,总有原因吧?

生:为了让后面的老师看得更清楚些。(笑声)

生:我想可能是这个鲸长得非常大,还有它游得很快,所以您把这个字"鲸"写得又大又快。(众大笑)

师:了不起!孩子们,你们太聪明啦!太精彩了,一下子把我的心思全说出来了。很简单,游得快,个儿大。太快了!太大了!(板书:"大")这,就是"鲸"啊!

(接下去老师就要求学生找出写鲸之大的小节,分析作者用了哪些说明方法来介绍鲸鱼之大)

赵老师为了凸显本文的教学重点,引出鲸鱼之大,特地设计了不一样的板书方式。为了让学生关注这一设计,教师刻意提醒学生"我写字和一般的老师不一样",在对写字方式和字体大小的猜测中顺利展开下面的变序教学。赵老师在这段对话中蕴藏着特定的交际目的,在趣味浓厚的沟通氛围中促使学生短时间内就走进了预设的学习情景。

二、解读性教学语言技巧

解读性教学语言技巧,是指教师在教学过程中为了达到引导学生理解教学内容目的所使用的技巧。教学在一般情况下,并不是以学生能够知道、了解相关信息为主要目的,更重要的是必须让学生在此基础上,能够深入地理解教材内容,懂得并掌握知识规律,并能够举一反三,灵活运用。这就要求教师语言不但要能传递信息,与学生沟通,使学生有所知,而且要深入一步,在引导学生理解上下工夫,使他们领悟并懂得"为什么"的道理,真正掌握并能够运用。因此,解读性教学语言技巧是比沟通性技巧要求更高的且十分重要的一种技巧。因此,我们可以说,没有不同程度的解读,教学任务就不可能完成。

解读性技巧的指向具有不同程度的深刻性。知识的精髓和规律并不是一览无遗的,往往被纷杂的现象所遮掩,与各种相似、相近、相反的知识缠绕在一起。教师的语言技巧要求能够引导学生对教学内容达到一定的理性认识,不为现象所迷惑,不为情绪所左右,能够使他们抓住要义,明白道理,领悟实质,把握规律,引领交际对象逐步走向事物现象的深处,认识和理解其各个侧面。

下面是特级教师孙双金《林冲棒打洪教头》的教学片断:

师:什么地方是你们两个人都解决不了的问题?

生:依草附木。

师:这是你们两个人都无法解决的,我把它写下来。(板书:依草附木)

师:一起读一读这个词。

生:(齐读)依草附木。

师:谁会解释?

生:依靠权势,就是依靠有权有势的人。

师:这是这个词语的比喻义,她是结合上下文来理解的,我们看这个词在哪句话中,一起把这句话读一读。(生读句子)

师:这是说,这些人都来依靠柴进,过往的客人、犯人都来依靠柴进,因为柴进有钱有势。这叫什么——(师指黑板)

生:依草附木。

师:但是,还没有解释这个词的本来意思。"依草附木"这个词的本来意思是什么呢?首先我们要了解它的本来意思。

生：它的比喻意思是——

师：(打断学生)不是比喻义,是本义。

生：本来意思是：草依靠着树木,在这一课也就比喻来往的犯人都来依靠柴进大官人。

师：我们中国的词语很有意思,你看,我把语词的位置调换一下。(师用箭头将"草"和"附"调换位置)可以变成什么——

生：(齐答)依附草木。

师：依靠着草和木,就叫依草附木。我们中国像这样的词语还有很多。比如：(同时板书)惊天动地。实际意思就是——惊动天地。这是解释中国词语、尤其是解释成语的很好的一种方法。知道没有?

生：知道了。

师：还有什么地方不理解的?

生："流配"是什么意思?

师：(板书：流配)请你把这个句子读一读。

(生读句子)

师：谁知道"流配"是什么意思?

生："流配"就是发配的意思,古代的时候有人犯了罪,把他押送到一个荒无人烟的地方。这就叫"流配"。

师：你基本上讲对了,"流配"你解释了一个"配"字,"配"就是发配,把犯人押送到荒凉的地方去改造。但前面还有一个"流",这个"流"是什么意思? 一起说——

生：流放。

师：解释中国词语,还有一个办法,就是逐字解释。字字解释,词语的意思也就懂了。流放、发配叫什么——

生：流配。

这一例中,孙老师针对学生提出的"依草附木"和"流配"两个词,逐步引导他们深入解读其词义。"依草附木",学生对其比喻义已经了解,孙老师着重于引导对本来意思的理解；"流配",学生的解释有片面的地方,孙老师着重于引导补充认识。孙老师的高明之处还在于由这两个词语的解释提升到解词析义基本方法的掌握,表现出恰当的教学深度。

再看张齐华老师教小学数学《圆的认识》中的教学片断:

师:像这样,连接圆和圆上两个点的线段,叫做半径,半径可以用小写字母 r 来表示。现在画出一条半径,写出字母 r。刚才我发现有个同学,上次画得非常快,可是这次画得非常慢,你们知道是什么原因吗?不知道是他没有听清楚,还是自己在想办法在琢磨。因为我们画的是一条圆的半径,他画的是四条,我们想一想:一个圆里只有一条半径吗?

生:不是。

师:那有多少条?

生:无数条。

师:数学重要的不是结论,最怕的是哪三个字,你们知道吗?

生:不知道。

师:不知道不怕,怕的是别人说这三个字:为什么?我一旦问为什么有无数条,敢举手的人就不多了。所以仅仅依靠感觉,看起来似乎是无数条,是不够的,为什么说无数条呢?先听听这位同学的意见,别的同学继续思考。

生:因为圆是一种曲线图形,它的表面非常平滑,所以半径有无数条。

生:因为圆心到圆上的距离全部相等。

生:因为半径是圆上任意一点的,圆上有无数个点,所以有无数条半径。

师:我最喜欢刚才她说的一个词。什么叫"任意一点"?

生:随便。

师:请问,在圆上有多少个这样随便的点?

生:无数个。

师:有无数个点,就对应无数条半径。所以孩子们,在学习数学时,不能只局限于表面,要问自己三个字——

生:为什么?

师:现在边看我的板书边思考问题,既然圆有无数条半径,那么它们的长度怎么样呢?

生:相等。

师:同意的请举手。我的三个字又来了。

生:为什么?

师:为什么在一个圆里半径都相等?回想一下,张老师让你们准备了什么工具?

生:圆规。

师:还有尺子,尺子让你们用来干什么的?

生:量。

师:现在就动手量一量。虽然是有无数条,但是我们不必全都量,找几条代表一下就可以了。同学们,刚才我们画一画、量一量,在你们的圆中,半径都相等的请举手。有没有同学说,老师我不用画、不用量也知道,有吗?

生:我注意到,画圆的时候两角的距离没有发生变化。

师:既然两角的距离没有变,那么两角的距离其实就是半径的距离。两角的距离不变,也就意味着半径的距离不变。孩子们,画一画、量一量是研究问题的方法;看一看、想一想,对画圆的方法进行推理,同样是一种方法。我们现在简单回忆一下刚才的学习过程,认识了什么是圆心,什么是半径,大家知道半径很有特点。

生:半径有无数条,长度都相等,都一样。

师:其实早在2000多年前,中国古时候的哲人也对这个问题进行了研究,你们猜他们得出结论了吗?

生:得出来了。

师:而且他们得出的结论和同学们得出的几乎相同。不过表述不一样,就是六个字:"圆,一中同长也。"我们的古人很聪明,但是我觉得你们更聪明,因为你们只用了几分钟就总结出来了。不过现代人在研究这句话的时候,他们说古人说得不完全准确。因为这个同长,不只是半径同长,还有直径。因此又提出了另外一个概念:直径。连接圆心和圆上某一点的线段叫做半径。那什么样的线段叫"直径"呢?说不出没有关系,你能在这个圆上比画比画吗?现在我来画一画,尽管我是老师,如果画错的话,也不要客气,大声喊错。看看谁的胆子最大。

生:错。

师:我还没有画呢,聪明的孩子不看结果,看过程就知道了,画直径要通过圆心。概括一下,通过圆心,并且两端都在圆上,这样的线段才叫直径,可以用小写字母 d 来表示。现在请画出圆的直径,并用小写字母 d 来表示。孩子们,数学学习除了问刚才的三个字"为什么"以外,还要善于联想,不要一切都从头再来。刚才我们已经证实了半径,知道了它的特点:半径有无数条,而且都相等。那直径呢?

生:也有无数条,直径都相等。

师:直径有无数条,我们就不检验了,那直径都相等,这是为什么呢?除了六个举手的同学以外,其他同学可不能够丧失一次思考的机会呀!带工具了吗?一起来画一画,通过画一画、量一量的办法,我们发现圆里的直径的长度都是一样的。有没有同学说我不量也知道这个结果?

生:因为我们知道所有的半径都相等。

师:聪明的眼睛看出的就是不一样,我们看这条线段,看出的是一条直径,他除了看出一条直径以外,还看到了两条半径,一条直径包含两条半径,而所有半径的长度相等,所以直径也相等。我们又一次借助推理,完成了直径的发现。刚才这个男同学,不仅告诉我们为什么直径相等,还给我们带出了一个新的结论,在同一个圆里,直径和半径有关系吗?

生:有,直径是半径的二倍。

师:这样描述太复杂了,用简洁的数学语言来描述好吗?也就是 $d=2r$。就这样,两个字母加一个数字,我们刚才的结果就出来了。我们刚才学习了圆心、半径、直径,而且半径和直径有无数条,长度相等。我们试想一下,在同一个圆里,如果它们的半径不是都相等的,而是有的长,有的短,那你觉得最后连起来的还是一个圆吗?还可能光滑饱满匀称吗?想一想是什么原因,使圆看起来那样光滑饱满匀称。

生:半径和直径都相等。

师:很准确。是半径的长度都相等。在一个圆里有无数条半径,长度都相等,所以才使圆看起来光滑饱满匀称,圆的美通过研究终于在这里找到了。有人会说在同一个图形中,具有等长线段的又不是只有圆一个,你们相信吗?我们来看一下,这是一个正三角形,从中心出发,连接三个顶点,这三条线段一样长,这样的线段有三条。正方形有几条?

生:四条。

师:正五边形,有几条?

生:五条。

师:正六边形?

生:六条。

师:正八边形?

生:八条。

师:圆形?

生:无数条。

师:难怪有人说圆是一个正无数边形。我们会发现随着三角形、正四边形、正五边形、正六边形、正八边形……更多边形的边数越来越多的时候,这个图形越来越接近圆形。我们借助一个小实验一起来验证一下我们的猜想,看一看这个正16边形,和刚才的正八边形相比,更接近圆,但不是圆。现在看看32边形,更接近圆,但还不是圆。有时思维需要跳跃一下,现在看看100边形,更接近了。想象一下,如果正1000边形,正10000边形,1亿,10亿,直到无穷无尽,直线图形居然和曲线图形圆交融在一起张老师试图引导学生在观察、画圆、测量等活动中感受并发现圆的有关特点,知道什么是圆心、半径和直径。为了做到这点,老师在认识圆的特征教学中,没有机械地按照教材顺序组织教学,而是让学生运用圆片、直尺、圆规等研究工具,选择研究材料,通过实际动手折、量、比、画等手段,在独立探索和小组合作中学习,获得丰富的动态表象,从而建构起圆的基本特征。活动的展开凭借的是老师准确到位的语言,正是在教师语言的引导下,师生不断追问"为什么",在一次次剖析中深入感受了圆与其他图形的区别,沟通它们的联系,获得了对数学美的丰富体验,提升了对数学文化的认同。

三、艺术性教学语言技巧

艺术性教学语言技巧,是指教师在教学过程中不但使学生了解信息、理解内容,而且进一步获得审美感受的技巧。这种技巧是高层次的技巧,具有美学的特征,超越了通常语言技巧的一般要求。艺术审美在本质上是一种情感的活动。教学语言技巧是教师主体的语言行为,尽管可以总结概括出抽象的理论形式,但一旦进入课堂语言交际流程,必然带有教师主体的感情色彩,同时也成为一种情感语言模式。具有美学特征的教学语言技巧,常常融入了教师鲜明真切的情感。教学语言对多样性、流动性、圆满性的情感呼吁,表征着感情因素在教学语言技巧中的重要地位。情感表露的形式或显或潜,或浓或淡,或刚或柔等,但这些技巧都具有真切地打动人心的审美魅力。

下面是特级教师于永正教《翠鸟》一课的教学片断:
师:我知道同学们都非常喜爱翠鸟,想不想当翠鸟?
生:想。
师:假如我是世界绿色和平组织的成员,想采访你们,写一篇关于翠鸟的报道,让全世界的人们保护你们。你们愿意接受我的采访吗?
生:愿意。
师:你们的声音那么好听,怎么回事?书上怎么说的?

生：我们鸣声清脆。

师：大家叫叫我听听。（学生高兴地学着鸟叫）

师：你们的嗓子那么好，给我唱一支人类的歌曲好吗？哪只翠鸟愿意唱？

（生唱：天晴朗，兰花朵朵绽放；闻花香，想起我年幼时光……）

师：果然名不虚传。听说你们有个外号叫"叼鱼郎"，捉鱼的本领很强，谁愿意介绍一下你们是怎样捕鱼的？

生：停在苇秆上，一动不动，等待小鱼露出头，然后像箭一样飞过去，叼起小鱼。

师：为什么一动不动？

生：怕惊动小鱼。

师：有什么证据能说明你们飞得快？

生：翠鸟蹬开苇秆，像箭一样飞过去，叼起小鱼，贴着水面往远处飞走了。只有苇秆还在摇晃，水波还在荡漾。

师：各位翠鸟，我想到你们家做客，树上找不到，草丛中也找不到，你们的家在哪里呢？

生：沿着小溪上去，在那陡峭的石壁上。洞口很小，里面很深。

这里，于老师简直就是派往儿童精神世界的友好使者，他转换角色，融入真切的情感，用儿童的眼睛观察世界，用儿童的心灵去体验世界，自觉地与自己的教育对象"相似"，进而进行贴心对话。高超的技巧赢得了学生强烈的共鸣，使学生获得丰富的审美享受。

再请看小学语文特级教师孙建峰老师的独家创意：

师：同学们，你们喜欢画画吗？

生：喜欢！

师：那好，现在我想请大家用最快的速度画一片美的叶子！可以上黑板来画，也可以在下面画。愿意到黑板上来画的同学请自己上来！

（几个学生兴致盎然地上台作画，其余学生在座位上画）

师：（极富诗意地为学生作画配上独白）一只只嫩生生的小手，

在黑板上自由"舞蹈",一个个"舞蹈造型"——一片片叶子布满黑板,这仅仅是一片片叶子在展现吗?不,这是一扇扇心门在洞开,这是一颗颗心灵在舒展,这是一朵朵心花在怒放!每一片叶子都很美!让我们"做一片美的叶子"吧!

(板书课题:做一片美的叶子)

师:《做一片美的叶子》是篇充满智慧的散文。读了以后,它会让你见以前所未见,闻以前所未闻,思以前所未思,得以前所未得;它会让你豁然开朗、怦然心动。它很有营养,绝对胜过"脑白金"!想不想好好读一读?

生:想!

多美的教学语言!多么美妙的教学场景啊!置身此景,话语如涓涓流水,潺潺而出,心门似春之柴扉,轻轻打开。如此,哪有心声不能聆听?哪有心灵不能理喻?哪有心火不能点燃?哪有心花不能怒放?

第二节 根据学生思维指向的分类

根据对学生思维的不同指向,可以将教学语言表达技巧划分成激发性、迂回性、控制性三种基本类型。

一、激发性教学语言技巧

激发性教学语言技巧,是指教师在教学过程中着力于激发、调动学生积极思维的技巧。这种类型的技巧受到教师的普遍关注和重视,这主要是由教学的特殊性决定的。无论要达到何种教学目的,选择怎样的途径、方法,学生的情感、思维状态是基础,没有学生情感的活跃性、思维的积极性,课堂教学是绝不可能收到良好的效果的。激发性技巧适用于教学全过程,由于起始阶段学生情感思维处于相对静止状态,因此要特别注重运用。形象描述,风趣寒暄,故设悬念,妙解课题,温故出新等,都属于激发性教学语言技巧类型。

这是小学语文《刻舟求剑》的教学片断：

师：这两位同学读得很好。我再请同学们读一遍课文。读的时候要边读边想，课文里有哪些问题不懂，用笔画出来，等会儿提出来我们一块解决。（全班自由朗读，教师巡视）

师：好！我们比一比，哪个小朋友最会读书，能提出最有价值的问题。

生：我不懂"刻舟求剑"是什么意思？

生：什么是"船舷？"

生：老师，宝剑掉进江中，那个人为什么不赶快捞，而在船舷上刻记号呢？

师：这位小朋友真能干，还有疑问吗？

生：这个人把宝剑捞上来了吗？为什么？

师：你真了不起，能提出这样关键的问题。大家还有疑问吗？（生无语）

师：大家提出这么多问题，都要靠小朋友自己来解决。请你们带着这些问题再读课文，边读边思考，通过看图，联系上下文想想提出来的词语在文中是什么意思？自读课文后，小组内讨论，找出答案。（自由朗读，讨论后举手）

师：哪位小朋友当小老师，帮我们解答这些问题呀？我们先来说什么是"船舷"。

生：船舷就是船的边。

生：船舷就是船两侧的边，（在挂图中指出船舷）这就是船舷。

师：有同学提出，"为什么宝剑掉到江里，那个人不赶快捞，而是在船舷上刻记号呢？"（讨论回答）

生：我想是那个人把捞宝剑的办法想好了。

师：那他的办法是什么？

生：（七嘴八舌）先在船舷上刻记号，等船靠了岸，再从刻记号的地方跳下去，把宝剑捞上来。

师：对了，这就是他不着急捞宝剑的原因。你明白了吗？

生：明白了。老师，我想这个人说话的语气一定非常慢，而且很自信。我想试读一下。（有感情地朗读三、四自然段）

师：他读得怎样？

生：语气读得不够强烈。

师：同学们先把三、四自然段有感情地朗读一下，也可以同桌分角色朗读。（学生自由朗读）

师：我发现这两名小朋友读得不错，请你们给大家读一读。（分角色朗读）

师：我们一起把这部分课文读一读，开始。

师：他能把宝剑捞上来吗？我们先看录像。（电脑课件演示船移动）大家先讨论一下，（组内讨论）谈谈你的看法吧。

生：我想他不能把宝剑捞上来，因为……（有些紧张，回答不出来）

师：不要着急，先坐下想想，一会再说。

生：因为船移动，船舷上的记号也跟着移动，所以他不能把宝剑捞上来。（同组人主动补充）

生：我想他也不能把宝剑捞上来。因为这宝剑是在船过江的时候掉的，而这个人却在上岸后从刻记号的船舷上跳下去，人和船移动了，而宝剑没有移动，所以他不能把宝剑捞上来。

生：（刚才紧张的同学）我想好了。因为船、船舷上的记号、人都移动了，只有掉在江里的宝剑没有移动，所以等上岸后从刻记号处跳下去肯定捞不上来。

师：你们说得太精彩了！有你们这样聪明而好学的学生，我感到骄傲和自豪！

在这个教例中教师充分发挥了学生的主体作用，使学生成为学习的主人，教师的主导作用不是仅仅教会学生，而是引导学生主动参与，亲身实践，合作探究，使学生自己会学。关注学生的情感，重视评价效应。教师注意用简洁、真挚的话语给学生以评价和鼓励，使学生体验到了创造的成功感，培养了学生的自信心，激发了学生乐于

创造的心理品质。

二、迂回性教学语言技巧

迂回性的教学表达技巧,是指教师在教学过程中,通过比较曲折的途径引导学生达到学习要求的技巧。从教师的主观愿望来说,教学过程走直线最为快捷,能收到立竿见影的效果。但是,学生的认知过程是曲折多变的,受到方方面面因素的制约,特别是面对复杂的事物和事理,更是一个曲折反复的过程。其实这与人们一般的认识规律是一致的,教师的主观愿望仅仅是美好的理想。现代教育的目标不单纯是传授知识,而且也要注重能力等方面素质的培养,这也从另一方面决定了教学过程的曲折多变性。迂回性的教学语言技巧与之相适应,成为常见的重要类型。例如,故错设疑技巧,就是为了达到预定的教学目的,故意提出错误的事实和问题,先让学生思维转向"糊涂",乃至产生错解,然后在对错误的批评、讨论中使学生认识真谛。这种技巧在语言表达上针对性明确,同时设置语言情境,使错误具有不同程度的隐蔽性,以拉大学生思维空白,培养他们审察辨别的能力。此外,欲擒故纵,尝试探索,正反辩论,激化矛盾,转换角色等,都是属于迂回性教学语言表达技巧。

小学语文特级教师薛法根在教《你必须把这条鱼放掉》这篇课文时,巧妙转换角色:

师:如果我是汤姆,我也舍不得把鱼放掉。好,下边我们演一演汤姆和爸爸的对话。这次,就让你们便宜一点,我演儿子,你们演汤姆的爸爸。(众笑)先读读爸爸的话,谁先记住,谁就演爸爸。

(生积极朗读和背诵爸爸的话。师请出一名学生和老师对演)

师:(扮演儿子)拿出一张纸当鱼,作势往上拖。

生:(扮演父亲)孩子,你必须把这条鱼放掉。

师:为什么?

生:现在是晚上的10点。离允许钓鲈鱼的季节还有两个小时。

师:放心吧,爸爸,没人看见我们,也没有人知道我们这个时候钓到了鲈鱼。

生:不管有没有别人看见,我们都应该遵守规定。

师:不就两个小时吗,规定是死的,人是活的,爸爸,不要这么死脑筋。(众笑)

生:两个小时也不行,制订的规定就要人人去执行。

师:爸爸,我是你的儿子,你在学习上对我严格要求我都听,可现在是钓鱼,你不要这么严格嘛!

生:孩子,无论是在学习上,还是在生活中,我们都应该严格要求自己,良好的道德素养是从一件件小事中培养的。(众惊叹)

师:爸爸,今天你不让我把鱼带回家,我就和你断绝父子关系。(众笑)

生:断绝父子关系也不行,道理已跟你讲清楚了,你再不听,回家有你好受的。(众笑)

师:(作害怕的样子)爸爸,你的话是对的,我就听你的,把鲈鱼放了吧。

生:(摸摸老师的头)对了,这才是爸爸的好孩子。(众笑)

师:儿子说了那么多理由,爸爸为什么还是要坚持让儿子放掉呢?让我们一起来读读爸爸的话。

(生齐读爸爸的话:不管有没有别人看见,我们都应该遵守规定)

师:喜欢这样的爸爸吗?为什么?

生:我喜欢这样的爸爸,他有爱心,教育我爱护野生动物,我在爸爸的影响下,也会成为一个有爱心的人。

生:我喜欢这样的爸爸,因为他无论什么时候,都严格遵守规定。

生:我不喜欢这样的爸爸,因为他是外国爸爸。(众笑)

(生齐读课文最后一段)

师:汤姆有遗憾吗?后悔吗?(不)一条鱼和做人的道理哪个更重要?(做人的道理)哪一句话会铭刻在汤姆的心里?(板书:铭刻)

生：不管有没有别人看见，我们都应该遵守规定。（板书：不管……都……）

师：生活中哪些规定要自觉遵守，请你用上"不管……都……"这组词语来造句。

生：过马路的时候，不管有没有警察看见，都不能闯红灯。

生：在校园里，不管有没有老师看见，都不能随手乱扔垃圾。

生：在公园里，不管有没有人看见，都不能随便摘花。

生：喝了酒，不管有没有警察发现，都不能开车，否则，后果自负。（众笑）

师：生活中，有许多规定，不管有没有人看见，有没有要求，都应该自觉遵守。（板书：自觉遵守规定）

本课的教学难点是让学生理解爸爸为什么要我把这条鱼放掉。如果让学生作为一个局外人去感受的话，很难达到一定的深度。在对课文内容有了一定的理解之后，薛老师创设父子对话的情境，巧妙转换角色，精心设置种种障碍。让学生设身处地地站到爸爸的立场上，促使学生更投入、更积极主动地寻找理由，努力说服汤姆把鲈鱼放掉。事实证明，这样巧妙的角色转化，轻而易举地化解了本课的教学难点，而使之成为本课的一个高潮。这时的课堂让我们强烈地感受到，薛老师已经和学生融为了一体，达到了一种很高的教学境界。或许，有人会说在课堂上表演时常能见，这没什么了不起。但大家是否注意到，我们平时看见的表演，大多数是在孩子中间开展的，教师只是一个旁观者。而薛老师却加入了孩子们的表演，且毫不吝啬地把爸爸的角色让给了学生，自己却扮演了本应属于孩子的角色——汤姆。这样的角色分配，不仅调动了学生学习的积极性，无形中也缩减了老师与学生之间的距离，为能与学生平等对话创设了和谐的氛围。在表演的过程中，正因为薛老师的"下放"，再加上那幽默而又儿童化的话语，激发起学生思维的火花。课堂中的那一次次笑声，学生那专注的神情，那老成而精辟的见解，足以证明此时孩子们已完全融入了课文学习中,随着笑声,道理已融进了学生的心中。

再看一位老师教《今生今世的证据》中的一个片断:

师:同学们,初读这篇文章后,有什么感受啊?

生:一点也读不懂!(几乎齐声)

师:哦,什么让你们读不懂呀?

生:老师,文章的题目和开头部分就读不懂,"今生今世的证据"什么意思?感觉作者写得好玄乎!

师:哦,作者真的写得如此玄乎吗?玄乎得我们这么聪明的学生都看不懂啊?那这样吧,我们不读作者的文章,我们读自己好吗?

生:老师,什么是读自己呀?

师:关于"读出自己"这个问题,老师暂且不说,我想先提几个问题可以吗?

生:老师还卖关子哦,你问吧!

师:哪些同学原来的家在农村,而因为种种原因,现在已经随同父母搬到了镇上或者市里的新家的?有的话请举手。(十几个学生举手)

师:你们的老家还有亲人在生活吗?你们逢年过节的还要"常回去看看"吗?

生:要的。

师:哦,那么假如今天我们全班同学跟你回你老家玩,你会怎么给我们介绍你的老家?你将怎样来证明你确确实实在这里生活过呢?首先申明,光说我们可不信哦。

生:我会把同学们带到还留存着我当年在上面涂鸦的老屋的墙壁处,指着告诉同学们,这是我画的。

生:我会把同学们带到我老家门前的那棵老槐树下,指着树告诉他们,当年我曾经和我的小伙伴们攀爬的乐事。

生:我会把同学们带到老家门前的那株种在泥地里的月季旁,挖出当年埋下的包着我胎发的那个塑料纸包,告诉同学们,这是我的胎发,不由他们不信吧?(众笑)

师：刚才几位同学的回答很精彩，他们的确能让我们相信那是他们生活过的老家，什么原因呢？

生：因为他们都有证据！（齐声）

师：对了，证据！因为他们都找到了能证明他们曾经生活过的实实在在的物质证据，是他们今生今世的证据。

生：（举手）老师，我现在似乎可以读懂文章了，因为文章开头几节作者也是在举出属于他的，能证明作者确实在这里生活过的"今生今世的证据"，对吗？

《今生今世的证据》是高中《语文》苏教版（必修一）中"月是故乡明"专题中的一篇现代散文。作者刘亮程是近年来众多作家中独树一帜的作家。首先在于他的选材与众不同，他写的东西来自于远离城市的一个偏远的乡村，不仅如此，他所写的乡村里的故事又大多是他青少年时的往事。这样就给今天的青年学生阅读带来了一定的难度，特别是没有远离城市生活经历的高一学生，更难体验。另外，本文是一篇感情深藏不露，多少显得克制、理智的作品。整体语言比较抽象，文学性比较强，这都给学生带来了很大的阅读难度，这些问题在教学过程中必将都成为难点。因此，教师借助"读出自己"的阅读理念，从和学生探讨一些他们熟悉的生活体验入手，用迂回的方式引导学生一步一步走向文章的深处。

三、控制性教学语言技巧

控制性的教学表达技巧，是指教师在教学过程中，通过多种方式对教学对象进行有效控制的技巧。现代教育十分重视学生主动、积极参与教学过程。当学生的主动性、积极性充分调动起来后，教师的控制作用就十分重要了，直接关系到教学的走向、教学的效果。因此，控制性语言技巧探讨很值得我们重视。这一类技巧常常综合灵活运用各种修辞手段，着眼于拓宽学生的思路，向多方向发散，或正向发散，或逆向发散，或横向发散，表现出鲜明的变通性特点。变通性主要是指师生讨论问题,解决重点、难点时,如果遇到障碍、困难,教师不是直接陈述自己认定的正确结论,或者呆板地固守既定的思路,死抓不放,"反复"启发,导致僵局出现;而是善于反思症结所在,绕道而行,迅速灵活地变换思路,调整角度,重新组合、构建语言,另辟途径,以达到教学目标。控制性技巧的具体品类是很多的,如类比推导,精设比喻,举一反三,散聚结合,借题发挥,学法指导等。

请看以下教学片断:

(袁卫星老师引导学生探讨祥林嫂的死因,大多数学生都认为属于"他杀",是鲁镇的众人合伙杀死了祥林嫂。教师接着引导——)

师:很好。现在还有没有不同意见?

生1:我认为祥林嫂是自杀!

(生一片哗然)

师:讲讲道理。

生1:(振振有词地)如果当初祥林嫂不从婆家逃出来,是不是也就不会改嫁?

生2:(自发起立反驳)我认为还是会被迫改嫁。——就是不改嫁,也会被虐待而死。

生1:那她再到鲁镇之后,鲁四老爷家还是收留了她的,不让她沾手祝福,她不沾手就是了。——心理承受能力太差。

生3:这不是心理承受能力差与不差的问题,这是精神打击,比肉体折磨更痛苦!

生1:捐门槛也是她自己要去捐的。

生4:不捐门槛她会更痛苦。

生1:那她沦为乞丐,也可以到鲁镇以外的地方去呀,兴许李镇、王镇什么的,还能让她谋到一份帮工呢!

生5:"天下乌鸦一般黑",李镇会有李四老爷,王镇会有王四老爷。(众生笑)

(经过一番激烈辩论,1号同学渐渐处于下风)

师:打住,请你们打住。这其实已经牵涉到小说的一个重要问题——当时的社会环境。你们说是不是?

生:(齐)是。

师:请大家把小说开头两小节齐读一遍,想一想当时是怎样的一个社会环境。

(生齐读)

生6:当时是辛亥革命以后。

师:你怎么知道的?

生6:因为鲁四老爷大骂新党。新党也叫"维新党",辛亥革命前后,用它称呼革命党人和拥护革命的新派人物。

师:注意到了课文注释,很好。

生7:文中说"年年如此,家家如此""今年自然也如此",我想是有深意的。

师:什么深意?

生7:祝福是"鲁镇年终的大典",富人们要在这一天"迎接福神,求来年一年中的好运气",而制作"福礼"的却是像祥林嫂一样的女人,她们"臂膊都在水里浸得通红",没日没夜地劳动。

师:很好。女人除了劳动,当时还要受到"三权"的统治,这"三权"就是神权、族权、夫权。女子有"七出",也就是说七种被丈夫休弃的理由。无子当然是一条,生重病也是一条。你看,这是多么可怕的遭遇!这样看来,祥林嫂之死缘于被杀是毫无疑问的了,不知道刚才那位同学还有没有意见?

(生1害羞地摇头)

师:可是,元凶——我是说元凶——到底是谁,却值得大家认真地思考一下。

生8:是封建礼教。

师:为什么?

生8：正因为有了封建礼教，鲁四老爷才会那么自私伪善、冷酷无情地逼迫祥林嫂。

生9：也正是因为有了封建礼教，柳妈也会在不知不觉中用迷信思想把祥林嫂往悬崖边推了一把。

生10：还是因为有了封建礼教，祥林嫂绝对挣脱不了命运的绞索。

师：祥林嫂和命运抗争过吗？

生11：抗争过的。

师：请你详细说说。

生11：先是逃出婆家，到了鲁镇；后是头撞香案，抗拒改嫁；再又捐了门槛，试图赎罪；最后是问"我"有无灵魂。

师：说得很好。确实是这样，这一"逃"、一"撞"、一"捐"、一"问"构成了祥林嫂追求生活、抗争命运的发展史。可惜的是，她的追求最后还是幻灭了，她的抗争当然也是徒劳。这是因为封建礼教害人太深了。正像丁玲同志所说的那样："祥林嫂是非死不行的，同情她的人和冷酷的人，自私的人，是一样把她往死里赶，是一样使她精神上增加痛苦。"

袁卫星老师认为语文教育应当追求课堂诗意。以深厚的生活和精妙的阅读为基础，创造出诗意，这应当是我们语文课堂不懈的美学追求。对语文课堂的最高赞美应当是："就像一首诗！"这里的"诗"，并不是指那些在书上供人反复吟咏的作品，而是指那些在课堂上让师生感受到的生命的绽放、灵感的闪亮、思维的碰撞、情感的激荡。在探讨祥林嫂的死因时，学生们思维活跃，各自表达了自己的观点。老师语言精短，似乎退居到了课堂学习的幕后。但是，仔细研读案例，却能发现，教师几次发言虽然简短，但都出现在关键之处。在学生思维变窄之时，帮助他们由散到聚，转换视角，从社会环境的角度进一步深入探讨迫害祥林嫂致死的元凶。可以说，正是教师的语言不断引导着、调整着学生的思维方向，控制着学习进程。课堂上也正由于师生双方的共同参与，而显出蓬勃的诗意。

第三节 根据师生位置关系的分类

根据不同的师生位置关系,可以将教学语言表达技巧划分成领航性、融合性和支持性三种基本类型。

一、领航性教学语言技巧

领航性教学语言技巧,是指在教学过程中,教师占据主导的领航地位的技巧。也就是说,教师通过这种技巧,引领学生的情绪、思路、语言渐渐地向教师一方接近、靠拢、同化。领航性常常表现为一个逐渐推进的过程,较高的境界能够在浑然一体的复杂现象中区分出或推进、或深化、或细化的清晰层次。领航性技巧在教学过程中最普遍的运用,是教师引导学生一步一步循序渐进地思考、认识、解决教学目标中的重点、难点问题。领航性技巧的标志可以是教师设置精当的、环环相扣的问题;可以是教师精当的点拨,从而引发学生对新发现、新认识的生动表述;可以是在教师的引导下,学生破解困难问题时师生情感的外显语言,当然也可以是上面几者同时展露。

下面是小学数学《角》的一个教学片断:

师:(出示幻灯片)说说哪条是直线,哪条是线段,它们有什么区别和联系。

生:上面的一条是直线,下面的一条是线段。直线没有端点,可以向两方无限延长。线段有两个端点,它的长度是可以量出来的。

生:线段是直线的一部分。

师:如果把线段的一端无限延长就得到一条射线。射线有什么特点呢?

生:射线只有一个端点。

生:射线可以向一方无限延长。

师:说得对,例如手电筒和太阳射出来的光线,都可以看成是射线。

师:(出示三角板)这是什么?
生:这是三角板。
师:为什么叫三角板呢?
生:因为它有三个角。
师:(出示五角星)为什么叫五角星呢?
生:因为它有五个角。
师:在日常生活中,我们经常看到各种各样的角,谁能说说自己见过的角?
生:课本面有四个角。
生:衣服的领子尖尖的有角,剪刀张开也有角。
师:对,再看扇子张开也有角。生活中处处都能见到角。今天我们就来研究角。

(板书课题:角)

师:请同学们思考角是怎样组成的?
生:从一点引出两条射线,就组成角。
师:(教师在黑板上点一个点)谁能上来,从这点引出两条射线?
(请一名学生上来画角)

在这个案例中教师和学生一问一答,教师占据主导,引领着学生从直线、线段的比较,引出射线的定义;再由生活中的角引发对角的组成的思考,从而把握射线和角的关系,达到本课认识角的目的。

再看湖北省宜昌市第十一中学王皓老师教《吆喝》的一个片断:

师:(聊天口吻)曲折的胡同、幽深的四合院、代代相传的老字号……这就是北京。

有人说在北京住上一辈子,也读不完它的历史;也有人说,只要在京城胡同遛上一圈,就等于逛了一回民俗博物馆。北京的特色就俩字——京味(儿),可讲起北京的风情来,那是三天三夜也讲不完。可不,提起北京人的那张嘴呀,不但能吃,能喝,更能说,今天我们就来听听老北京最有特色的声音——吆喝。(板书)

师：课前同学们已经做了初步的预习，现在，让我们再把课文大声朗读一遍，并找出课文里提到的叫卖物品，看看这些物品涉及哪些行业？

（生放声朗读课文五六分钟）

师：你看到了哪些物品？

（气氛稍显紧张，先后两个学生站起来但都答不出来，说话结结巴巴）

生：烤红薯。

生：青菜。

生：从早到晚，主要有大米粥、油炸果、青菜、花、百货行业、修理行业、馄饨、硬面饽饽等；从春到冬有小金鱼儿、蛤蟆骨朵儿……应有尽有。

师：这个同学很善于读书，发现了作者用时间线索串起了纷繁的吆喝。很善于归纳，发现了老北京的吆喝多，涉及的行业广，"百货行业与修理行业样样都有"。据老人们说，老北京有整整368种吆喝。北京人足不出户就可以在家门口置办各种生活必需品。

师：最让你流口水的是哪句吆喝？

生：（齐说）吃的。

师：是呀，关于北京特色小吃介绍得最多。据说，老北京仅小吃就有600多种，现在也还有100多种。有机会快到北京城去，也许以后再想吃到这种风味儿小吃就难了。

师：一种物品，一声吆喝，这一声声吆喝，让你看到了一个什么样的北京城？

生：热闹的北京城。

生：繁华的北京城。

生：我看到了一幅老北京人生活的画面。看到了老北京人吃、穿、玩儿的情景。

生：我看到了一个个吆喝的生意人，有的挑着担子，有的推着车，放声吆喝着。有过来买东西的人，就停下担子，热情地介绍商品。

买东西的人走了，就又挑起担子，边吆喝边走远了。

师：听了同学们的描绘，我的眼前就仿佛出现了一幅老北京的清明上河图。同学们的感悟力、想象力真强，初读课文，就读出了——热闹的街巷、丰富的物品、特色的小吃、北京人的早晚四季的生活场景。其实，读吆喝就是读生活，读吆喝就是读风情。（板书：市井风情）

王老师选择了深入浅出的设问方式。开课第一问"课文里介绍的叫卖物品有哪些？"看似毫无意义，实则为"你眼前出现了一个什么样的北京城？"从而引领学生打通地域与时间的隔膜，走进了20世纪二三十年代的老北京城。"最让你流口水的是哪句吆喝？"一个简单的问题拎起的是对文字的品读。就这样，一步步引导着学生如饮佳酪般地领略着民俗文化的丰富意蕴。

二、融合性教学语言技巧

融合性教学语言技巧，是指在教学过程中，教师与学生的位置处于相对平等地位的技巧。也就是说，师生双方的情绪、思路、语言交相融合。融合性技巧因为教师不扮演主导、领航的角色，所以创造的教学氛围显得自由和宽松，教师语言不一定具有鲜明的层次，随时可能随着话题的转移而改变方向。这在师生共同探究问题的教学方式中比较多见。教师不先入为主，不轻易表露主观倾向，不指责学生，在互动的和谐气氛中逐渐深化认识，解决问题。融合性技巧的语言形式口语性标记鲜明，口吻一般亲切随和，句式长短参差，转换灵活自如，有时虽然可能言辞激烈，但主要为追求真理，这是双方共同的心声，并不会影响教学目标的达成。

一位老师在教《纪念刘和珍君》中有这样一个教学片断：

师：同学们，下面我做个作业。（板书：为刘和珍塑像）

（教室里先是沸腾，紧接着一片沉寂，有同学小声嘀咕："塑像？怎么塑？"）

师：(笑着)我不是要大家用橡皮泥为刘和珍塑像,而是要你们设计出刘和珍塑像的方案。比如塑像有多高啊,底座与人像的比例啊,是全身还是半身,用什么材料啊,等等。

生：我觉得底座应该用红色的大理石。

师：为什么？

生：大理石坚硬,象征着刘和珍百折不回的精神。另外,刘和珍遇难时只有22岁,我觉得红色象征着生命的火焰,代表着青春热血。

生：红色还代表着鲜血。刘和珍是在段祺瑞执政府门前喋血的,鲁迅说她是"为了中国而死的中国青年",红色象征着她为中国而洒下的鲜血。

师：好!有道理,寓意丰富。我同意用红色大理石做底座。那么,刘和珍塑像用什么材料呢？

生：我觉得应该用汉白玉。

生：汉白玉不也是大理石吗？

生：但我觉得汉白玉好听,汉白玉象征着刘和珍冰清玉洁的高尚品质。

生：还能表现刘和珍作为青春少女的纯洁无瑕。(一男生大声说,引得同学们一阵大笑)

师：我同意用汉白玉为刘和珍塑像。那么这尊塑像该多高呢？

生：底座1.5米,人像是真人身高的两倍。

生：(急忙问道)那么刘和珍到底有多高呢？

生：刘和珍是江西南昌人,按我国南方女子的身高来看,约为1.6米,那么塑像高度应该是3.2米左右。

师：你真行!审美能力不差。

生：我觉得底座1.8米,人像3米,正好是"三一八",有纪念意义,也符合鲁迅先生的意愿:永远不忘"三一八"惨案的教训。

师：好,就用"三一八"这个高度。塑像,塑像,关键在于如何塑造这个历史人物的形象。

在这个教例中,老师和学生共同讨论了刘和珍的塑像设计问题,教学气氛非常活跃、自由、宽松。教师与学生处在同等地位,教师没有拿出现成的答案,而是提出了一个精心设计的课题,师生共同努力,比较提出的方案,一起探究解决问题。"好!有道理,寓意丰富。""我同意用汉白玉为刘和珍塑像。""你真行!审美能力不差。"由衷的表扬、同意的口吻、长短结合的口语化句式、话题的灵活转换,都表现出师生双方地位的平等性、融洽性。

再看小学科学《怎样使物质溶解得更快》的教学片断:

师:(拿糖块)糖放入水中后,变成了非常细小的颗粒,均匀地分布在水中,这种现象叫做溶解。猜一猜,老师可能会怎样溶解糖块?

生:老师把糖块放入水中后,会不停地搅拌。

师:你为什么认为老师会搅拌?

生:因为这样比较快。

师:你怎么知道这样比较快?

生:妈妈给我冲药,就是这样做的。

生:老师还可能用热水来溶解糖块。

师:你为什么认为老师会用热水呢?

生:这样也是比较快。

师:你怎么知道的?

生:平时冲咖啡、冲奶粉都是用热水。

师:你们真会为老师节约时间。老师还可能用其他方法吗?

生:老师还可能把糖块捣碎。

师:(故作惊讶)捣碎也能加快糖的溶解?

生:(坚定地点点头)我上次咳嗽,妈妈把买回的冰糖用布包好,敲碎后倒入水中,溶化得很快。

师:刚才,同学们从各自的生活经验出发,为老师想了很多加快糖溶解的方法。这些生活经验是不是一定正确呢?

生:(摇头)不一定。

师：那怎么办呢？

生：做实验。

师：对，我们需要用事实说话。

在这个教学片断中，教师其实早就准备指导学生用实验法来找出使物质溶解得更快的方法。但教师没有直接提出实验要求，反而请学生"猜一猜"。学生猜测了不同方法后，教师又用"为什么""你是怎么知道的"等问题鼓励学生根据已有的知识经验解释自己的猜测。整个过程轻松活泼，教学语言随和亲切。

三、支持性教学语言技巧

支持性教学语言技巧，是指在教学过程中，教师处于辅助位置，对学生给予积极支持的技巧。也就是说，学生成为主角。支持性技巧从表面上看，似乎教师处于辅助的非主导地位，但实际上是一种更高层次的主导，是教师长时间训练、培养的结果。教师之所以会把学生推向主角地位，当然是由于学生的语言或有创见，能折服人；或有感情，能打动人；或有特点，能发人深省。其中包含着教师平时的心血，在其背后是教师的各种形式的大力支持。这种类型的技巧多见于研究性学习过程，学生具有较强的自学能力，能够发表独立的见解，而且表现出出色的口才。支持性教学语言技巧的形式较多的是教师的有力肯定、由衷赞叹、热情鼓励、自然补充、婉转修正等。

小学科学课上《认识常见的岩石》时老师引导学生交流探究岩石的发现：

师：哪组先来说？研究了什么？发现了什么？

生：我们组是用小刀刻画岩石来检测的硬度，发现1号岩石（花岗岩）是最硬的，5号岩石最软（大理岩）。

师：你是怎么知道的呢？

生：因为在刻画岩石时，1号刻也刻不动，没有反应，而5号岩石有少量的碎石掉下来！

生:不对不对!(一学生站起来说)3号岩石(页岩)是最软的。

师:你们组又有什么证据呢?

生:因为在用小刀刻画3号岩石的时候,上面的碎石直往下掉!比5号岩石掉的多!

师:这组同学既有不同的见解,又有充分的证据,那么其他小组的观点呢?

(结果统计下来,还有一部分同学认为3号岩石不是最软的)

师:还有不同的观点,怎么办?

生:再做一次实验。

师:(提醒)用相同的力气去刻画3号岩石和5号岩石,看看能发现什么?

生:掉下来了!掉下来了!(全体同学欢呼起来了)

师:什么东西掉下来了?

生:3号(页岩)岩石上的碎石掉下来很多,5号(大理岩)掉下来一点点。

师:那么刚才为什么有不同的见解呢?

生:我们组没有仔细观察,有可能我们组在刻画3号、5号岩石时所用的力气不同。

师:通过这次小争论,发现如果有不同的见解,我们可以(再次寻找新的证据)做实验。

关于岩石硬度的争论,是课堂教学中出现的动态生成资源,教师合理利用了这一资源,把问题抛给全班学生,要求寻找证据来证明自己的想法,避免了教师对问题一言定论的局面,强调了证据在科学探究中的说服力。而后引导对探究过程进行反思,尝试用相同的力气刻画岩石的过程,培养了思维深度,这多次寻找证据的处理过程,就成为学生不断建构新知的源泉。整个过程以学生的自主探究、合作实验为主,教师则不断地用语言进行引导支持。

再看《骆驼和羊》(人教版第三册)的教学片断:

师:骆驼和羊都不认输,此时,如果你在场,你会怎样想,怎样做呢?

生:假如我在场,我会劝他们不要因为一点小事就斤斤计较,要互相谦让。

生:我觉得这不是什么互相谦让的事,应想办法弄清楚到底谁输谁赢。

师:哦!看来要平息这场争论还真是一件不容易的事呢。谁还有什么妙计吗?

生:我认为骆驼和羊都有一种不认输的精神,遇到对手,不甘落后,所以我会夸奖他们。

生:我会先表扬他们,并帮他们找到各自的错误。

师:你们的想法都不错,都能先看到别人身上的闪光点,这是珍贵的。可是骆驼和羊却只看到自己身上的优点,你们能不能帮助他们找一找缺点呢?

生:老师,我找到了。骆驼个子高虽然好,但也有不好的时候,比如,它看见墙上有一个又窄又矮的门,跪下前腿,低下头,怎么也钻不进去。

生:羊也一样,看到茂盛的树叶伸出墙外,它的脖子伸出老长,还是吃不着。

生:我想,应该先让他们知道自己不好的地方,他们就不争了。

师:骆驼和羊争论不休,只好找老牛评理。谁知道什么叫"评理"。

生:"评理"就是说好话。

生:你说得不对,应该是说公道话,就是谁也不偏向谁。

师:你说得真棒,那么,你们想不想听听老牛是怎么评的理呀?

生:(齐答)想。

师:(模仿老牛说的话,同时用幻灯出示动画图片,课文插图3,使老牛在说话时头一动一动的)你们俩都只看到自己的长处,看不到自己的短处,是不对的。

师:听了老牛的话,你还有什么问题吗?

生:什么叫"长处"和"短处"?

生：我知道，"长处"就是好的，是优点；"短处"就是不好的，是缺点。

师：你说得真不错。

生：为什么说骆驼和羊都不对？

师：谁愿意回答这个问题？

生：骆驼和羊只看到自己的长处，看不到自己的短处，是不对的。

师：对。那么，骆驼和羊听了老牛说的话之后，会怎样想？怎样说？

（生分组表演）

师：谁愿意和老师表演？

生：（头戴骆驼头饰）羊老弟，真对不起，我只看到自己个子高好，其实个子高也有不方便的时候啊。今天我输了。

生：（头戴羊头饰）骆驼大哥，是我不对，我不应该只看到自己的长处，看不到自己的短处。我输了。

师：（头戴老牛头饰）不，你们谁也没输，而是并列第一，因为你们俩能够知错就改，不仅看到了别人的长处，还能勇于承认自己的短处。同学们一定要记住，每个人都有长处和短处，我们要正确对待，多取他人之长，补自己之短，才能有更大的进步！

教师积极创设教学情境，引导适时，点拨到位。学生主动参与学习，在理解课文所蕴涵的道理时，各抒己见，课堂气氛活跃、民主，学生真正成为学习的主人，成为课堂的主角。教师似乎处在了非主导地位，其实不然，几个提问、几句有力肯定尽显主导作用。

本章我们根据三个标准从宏观上对教学语言技巧进行了分类论述。在严格的理论意义上说，教学语言技巧的类别是无穷的，难以一一罗列，但我们可以根据实践的需要，抓住基本类型，对无限技巧作有限研究。从不同的角度探讨类型的划分，有助于多侧面透视，比较完整地揭示教学语言技巧的面貌。教学语言技巧类型研究是个庞大的课题，深入研究最重要的是以基本类型为导向，逐步拓展，将个别的、特殊的、生动的、具体的技巧不断丰富、充实到基本类型之中，进一步发掘本质规律。

第六章 教学语言技巧的运用原则

教学语言技巧是教师在教学过程中运用语言的巧妙技能和方法。教学语言技巧是教师教学艺术水平的标志，对提高教学质量和效率具有重要意义。技巧的类型、品种是纷繁复杂的，在第五章已经作了具体论述，但不管何种技巧，运用时都必须遵循以下主要原则：目标性原则、认知性原则、适切性原则、人文性原则。下面分别具体探讨、论述这些原则。

第一节 目标性原则

目标性原则是首要原则，就是要求教学语言技巧的运用必须绝对服从教学目标。教学目标是教学的方向、核心和灵魂，任何语言技巧的设计和运用都是为了有助于教学目标的顺利圆满完成。偏离或脱离了教学目标，教学语言技巧就变成了纯粹的装饰或游戏，必然缺少生命的活力，也就失去了存在的意义。一般的语言交际技巧未尝不讲究目的性，但在受制的程度和广度方面，远不及教学语言深刻而广泛，这是由教学的特殊性质决定的。

教学语言技巧的设计必须紧紧围绕教学目标。语言表达的技巧一般情况下教师是可以而且应该事先做好准备，精心运筹设计的。有些语言技巧在教学实施过程中貌似信手拈来，瞬间决策，随机运用，实际上是教师坚实综合修养、丰富教学经验的积淀和反映，胸中自有蓝本，不过是达到了更高的境界而已。不论何种情况，教师必须严格按照既定的教学目标运筹、设计语言表达的技巧。

教学语言技巧的运用必须根据教学目标调整。教师在教学活动过程中,总体教学目标通常不会改变,一般是按照预先设计的教学程序运用表达技巧的,解决什么问题,在什么时间用怎样的方法,都有预案。但是具体教学目标在实际的教学中可能会发生局部的、个别的变化,如原来设定的某些具体目标需要补充完整,或者达到的程度需要进一步深化,或者衍生出能力等方面的新要求。另外,教学过程中的突发事件往往会打乱正常的课堂秩序,影响到预定教学目标的达成。在这种情况下,教师就必须临时调整表达技巧,妥帖适应语言环境,力求有效地避免突发事件的不利影响。

有位教师在指导学生看图学文时要求学生观察课本上有关长城的两幅图,分析比较这两幅图有什么区别。一个同学举手发言说道:"这两幅图不同的地方是上面一幅是从远处看长城,画面上是长城的远景;下面这幅图是从近处看长城,画面上是长城的近景。"听到这位同学的回答,教师心中很高兴,因为这正是教师预料中的答案,所要达到的目的。教师正要接着讲下一个问题,未料一个女同学站起来说:"我认为上面这幅图画的是秋景,下面这幅图表现的则是夏景。因为上图中满山红叶,下图中草木翠绿茂盛。"教师愣了一下,马上意识到这种答案事先没有考虑到,是否也是两幅图的区别呢?转眼间立刻做出了肯定的结论:是的!原来自己框定的答案有局限,设想的教学目的欠考虑。于是教师表扬道:"你观察得真细致!注意到了别人没有发现的区别,相信其他同学一定也能够找出更多的不同之处。"又有一个同学兴冲冲地发言:"我认为两幅图作者的观察点不一样,上图的观察点是在长城的侧面;下图的观察点是在长城的正上方。"一个同学像发现新大陆一样向大家做了介绍:"上图是画的画,下图不是画,是一幅彩色照片。"……

这位教师的应对技巧很是得体。原来是想通过比较的方法来让学生体会、认识"远景"和"近景"的区别,引向下面的话题。但是当学生通过观察有了可贵的、合理的新发现时,教师不是削足适履,以预案来限制学生,而是及时地调整教学计划,以表扬、激励技巧应变,从而使学生更深刻地理解了课文内容,为他们观察能力和思维能力的发展创造空间,在更高的程度上达到了教学目标。

教学语言技巧的评价必须根据教学目标。教学语言技巧的评价标准是多元的,但教学目标无疑是评价教学语言技巧得失成败的主要标准之一。在有的人心目中存在一种误解,以为语言技巧成功、出色,其结构必然复杂,走向必然曲折,变化必然纷繁,色彩必然多样。其实,最重要的评价标准是教学目标,凡是有助于教学目标的达成语言技巧,不管是简单或复杂、直露或曲折、朴素或艳丽,都是应该肯定的。与教学任务圆满完成关系越是密切,越是具有影响和作用力的语言技巧,那么语言技巧的层次就越高,理应给予更高的评价。

一位小学语文教师上《麻雀》一课,为了让学生更深地体会母爱的伟大,先让学生说说生活中看到的动物界中的亲子之情的故事。可孩子们却哑然了。面对一双双困惑的眼睛,教师讲述了这样一个故事给他们听:

一条鳝鱼很不幸地被人们捕获了,正在热锅里承受着煎熬,可它总是竭尽全力地弓着腰身,尽量地把自己的腹部抬高,即使已到了生命的最后一刻。这一现象引起了一位厨师的注意,于是他解剖了这条鳝鱼,发现它的肚子里竟有着无数的卵。这位厨师讶然了,顿时,他对这条美丽的鳝鱼——一位伟大的母亲肃然起敬。

听这个故事时班上静极了,除了几声赞叹声外,没有一丝的杂音。大家静静地坐在那儿,沉醉在爱的国度中。一分钟过去了,渐渐地,一只小手举起来了,两只小手举起来了……此时孩子们喷涌出的是一个个精致而细腻的爱的传说,此时爱已成了这堂语文课的主旋律。

这一例中,教师运用的是以事例启发的技巧,生动地讲述了一个美丽的小故事,以此感染、启发、教育学生,不局限于对文本的理解和积累,使学生受到了美的熏陶、情的陶冶、心灵的洗涤。教学目标顺利圆满达到,语言技巧的运用非常成功。

第二节 认知性原则

认知性原则,就是教学语言技巧运用必须符合学生认知的规律,讲究科学性。教学的对象是学生,他们接受知识、认识事理的过程具有特定的规律特征,这是客观存在。

首先,要求在思维矛盾的基础上建构语言技巧。认知源于主体与客体间相互作用的活动中,要求教师在教学中充分暴露学生思维的矛盾,自己发现问题,使学生产生解决未知问题的心理要求,在围绕问题的积极探索过程中达到既掌握知识,又培养能力的目的。教学语言技巧的建构必须高度重视设置学生的思维矛盾,并创造发展深化的契机。从许多成功教例来看,教师为了突出问题,引起学生的注意;或者为了加大爆发力,营造突破口;或者为了加强隐蔽性,培养学生的思辨能力等等,都十分重视、讲究设置思维矛盾的技巧,而且随着教学现代化手段进入课堂,语言技巧更是多彩多姿。教师采用实物生疑、背景导引、平中见深、巧妙暗示、连续追问、故设悬念、无中生有等方式,艺术地将矛盾展现在学生面前,牢牢地吸引了学生,调动学生的积极性,收到了理想的效果。

在教学《确定位置》一课时,特级教师徐斌老师设计了一个找座位游戏:"请学生根据老师发的座位卡片找座位。看哪些同学能正确、快速地找到自己的座位。"孩子们兴趣盎然,教室里热闹极了。不一会儿,大部分学生都找到了自己的座位。可是有三个学生拿着手里的卡片发呆,小脸涨得通红。原来第一个孩子的纸条上只写着第三组第( )个,他知道应该坐在第三组,可不知道应该坐第几个。而第二个学生的座位号上写着第( )组第四个,他知道坐在第四个,可不知道应该是哪一组的。第三个学生更是疑惑:"我的座位号问题

最大,上面就写了第( )组第( )个。实际上什么也没有告诉我,我怎么知道坐在哪里呢?""如果仔细观察,还是可以找到位置的,因为教室里空着三个座位。"同学们纷纷建议。三个孩子看看自己手里的卡片,仔细观察了一番,果然找到了自己的位置。看到这里,徐老师小声说:"看来,要正确地找到座位,就应该写明白是第几组第几个。今天我们就一起来学习有关确定位置的知识。"

在游戏技巧中,徐老师精心设计了三张与众不同的位置卡片,提供思维之"源",引起学生的思维冲突。学生产生疑虑之际,教师适时予以启发。寥寥数语便将学生引入本节课的教学重点,学生同时也感觉到即将学习的内容是有实际需要的,积极性、能动性得到了充分的调动。

其次,在情景体验的基础上建构语言技巧。情景体验主要是通过想象、联想、情感等心理因素的参与而获得。教师在教学中结合一定的语言情景,让学生进入"角色",深切体味教学内容的审美意蕴,就可以使学生对教学内容产生整体而又深切的感受,从而使教学过程成为其愉悦的审美体验过程。这也是一条重要的认知规律,许多语言技巧都是植根于情景体验。

小学语文《燕子》一课将春天里的美景写得非常精彩:"阳春三月,下过几场蒙蒙细雨,微风吹拂着千万条才舒展开黄绿眉眼的柔柳。"特级教师李吉林为让学生细细体味那春天的美景,便采用"删字"技巧与原文相比体验感悟。

师:"微风吹拂着柔柳"有什么感觉?
生:我觉得柳枝好像在摆动。
师:微风吹拂着什么样的柔柳?
生:微风吹拂着才舒展开的柔柳。
生:微风吹拂着才舒展开黄绿眉眼的柔柳。
师:才舒展开黄绿眉眼的柔柳,好像柳树怎么样?
生:好像柳树刚刚从梦中醒来,睁开了眼睛。

生:这就把柳树写活了。

生:好像柳树也长了眼睛和眉毛。

师:(加重语气,边说边画,用简易画再现春天杨柳万千条的情景)不是一条两条,而是千万条才舒展开黄绿眉眼的柔柳。

(最后,学生深情地朗诵着:微风/吹拂着/千万条/才舒展开黄绿眉眼的/柔柳)

这节课因教师高超的语言技巧而生色。试想一下,李吉林老师若只是让学生明白"舒展""柔"等字词是什么意思,理解作者运用的是什么手法,抑或把自己领会到作者的思想感情条分缕析式地讲解就算完事,师生之间就很难有积极的情感交流,教学也就难以获得理想的效果。

再次,在知识迁移的基础上建构语言技巧。布鲁姆说过:"对学生影响最大的是学生已有的知识。"迁移是指先前的经验对当前的学习的影响,以前的经验对当前的学习常常起着帮助的、积极的、正面的影响,所以没有必要的基础知识和背景知识,或者是认知结构不完备,学生就很难同化新的知识。教学语言技巧要求运用迁移理论来构建,调整学生的认知结构,关注学生以往的知识积累、学习经验及其学习方法等情况,使后学习内容与前学习内容保持信息的联系、结构的一致,力图使之对学习新知识产生积极的正面影响,提高教学的质量和效率。

下面是一位小学数学教师执教《长方形与正方形》的片断:

(电脑课件演示长方形、正方形拼成的美丽图案)

师:老师有个神秘的礼物送给大家,请同学们闭上眼睛。(伴随音乐电脑出示了一个机器人和一座房子)

(学生听到音乐都睁开了眼睛,并欣喜地发出赞叹声:好美啊!)

师:喜欢吗?说说你看到了什么图案。(学生回答)这两个美丽的图案是由我们学过的哪些平面图形组成的?

生:长方形和正方形。(老师根据学生的回答出示课题:长方形

和正方形)

师:长方形和正方形在你们的印象中是怎样的图形?

(学生根据过去的已有认知说道:有四个角、四条边,长方形长长的,正方形方方的。甚至有部分孩子还说到了长方形和正方形边和角的特征)

教师利用电脑课件演示长方形、正方形拼成的美丽图案,让孩子们在欣赏美丽图案的同时找出认识的平面图形。二年级学生已经初步认识了长方形和正方形。这样的导入技巧既激活了原有认识,巩固了旧知,找准了教学的起点,又能调动学生探究的积极性,为接下来的教学活动做好了铺垫。

第三节 适切性原则

适切性原则,就是教学语言技巧的运用必须适应、切合语言环境,力求做到和谐、协调、统一。语言环境包括诸多因素,例如时间、地点、对象、话题、背景,等等。语言环境对语言技巧的运用具有重要的制约和影响作用,什么场合需要运用技巧,运用怎样的技巧,并不全部是由教师的主观意愿决定的。教师需要对教学过程中的各种定量、变量因素有清醒的认识,具有正确的判断,进行如实的分析,作出恰当的决策,力求语言技巧运用得体。如果语言技巧与语言环境的关系和谐、协调、统一,就是做到了适切。

时机的适切性。时机是具有时间性的机会。语言技巧和教学时机存在内在的联系,课堂上的不同时机需要相应的技巧。教学开始阶段,常常需要运用特定的语言技巧创设良好的教学氛围,这对教学过程的顺利展开是十分重要的。教学过程的行进阶段,则往往需要特定的语言技巧引导学生逐步加深理解,点拨启发,攻克重点、难点,同时穿插恰当的评价"推波助澜"。教学过程的结束阶段,又常常需要特定的语言技巧,概括总结,变换角度,给学生留下清晰深刻的印象。

特级教师支玉恒执教《鼎湖山听泉》开始之前有这样一个师生对话片断:

师:同学们好!今天把大家请到这儿来上课,老师不一样了,环境也不同了,有那么多老师来听课,害不害怕?

生:不怕!

师:真不怕?但是我们今天要上的是苏教版的课文,这是第一个不熟悉;老师和环境不同,这是第二个不熟悉。刚刚拿到教材,没有一点儿预习,这就要求我们上课时要更认真,能做到吗?

生:能!

师:认识我吗?知道我姓什么?

生:姓支。

师:你怎么知道的?

生:我们老师说的。

师:哪个支?

生:一支铅笔的支。

师:对了,举起手来,跟着我写一遍。(板书)看同学们挺严肃的,怎么没一点儿笑容呢?会不会笑?(生笑)好!现在咱们就来笑一笑,我说一个词,同学们做动作。"面带笑容""开怀大笑"。(生笑得不够开怀)

师:既然是开怀大笑,就应该放开胸怀地笑,加上动作,咱们再来一次,好不好?预备,开始!(师生开怀大笑,师的动作十分夸张)

师:再作一个笑,你们肯定不会。(生惊讶)冷笑!(生笑)皮笑肉不笑。这两种笑都不是好人的笑,你们不会笑,说明你们都是好人!在上课之前,先请同学们回答三个问题,这三个问题要是敢回答了,那这节课一定能上好。①上课上得开心了,敢不敢笑?②有话想说,举手了,可老师又没看见,敢不敢站起来就说?③觉得老师的课上得不好,想睡觉了,敢不敢睡?事物都是有两个方面的,你睡觉对我有好处。(生:啊?)你一睡觉,就等于是给了我一个信息。你想啊,你一睡觉,我就知道这样上课不行了,我得赶紧调整上课方式了。那前面的趴下我看见了,收到了这个信号,可要是后面的趴下了,我看不见,那怎么办?

生:打呼噜!

师:对了,打呼噜!会不会打呼噜?(全班趴在桌上打呼噜)

师:好!想说,敢不敢说?想笑,敢不敢笑?想睡,敢不敢睡?

这一例,教师以别出心裁的问题、演示模仿语言技巧创设了生动活泼的教学氛围,这是因为教师是借班上课,而且教材是新的,师生之间陌生,诸如此类的因素有可能妨碍教学的顺利进行。像这种语言技巧移植到教学过程之间或结束阶段,肯定是不妥当的,无必要的。

对象的适切性。语言技巧因人而异。教学语言技巧实施的对象是学生,学生的年级有高低,年龄有大小,能力有强弱,基础有厚薄,个性有差异,所以学生个体构成是十分复杂的。因此,教学语言技巧的制订和运用又必须紧紧扣住学生,从他们的实际出发。对象的特殊性不但孕育了某些特定的表达技巧,而且即使同一语言技巧,也能使之呈现出不同的色泽。

一位教师上《月光曲》一课已接近尾声了,正引导学生概括贝多芬同情穷苦人民,热爱劳动人民的品质。

师:同学们,学到这里你对贝多芬这位伟大的音乐家有什么新的认识呢?

生A:通过课文的学习,我认识到贝多芬是位有同情心的音乐家。

生B:我认识到贝多芬热爱穷苦人民,他的歌是为穷苦人民所写的,就像这首《月光曲》是为盲姑娘所写的。

师:说得真好。贝多芬确实是一位热爱劳动人民的音乐家。他的许多歌都是为劳动人民所创作的……

生C:老师,我有不同的看法。刚刚有同学说《月光曲》是为盲姑娘所写的,这只是个传说。昨天我看了从网上下载的有关《月光曲》的资料,其实这首曲子是贝多芬失恋的时候写的。当时他与一个小他14岁的叫朱丽叶的姑娘相恋,但由于地位悬殊,年龄又相差太多,朱丽叶的家人反对。后来她嫁给了伯爵成为伯爵夫人。贝多芬十分痛苦,就创作了这首《月光曲》。

生D:老师,既然这首曲子是贝多芬失恋时写的,为什么还要编这么美丽的故事来骗我们呢?

师:C同学自己上网查资料,让我们了解真实背景。这在我们所处的环境是很难得的。刚刚D同学提出的问题也很有针对性。这肯定也是很多同学心中的疑问吧!通过课文的学习,我们了解贝多芬热爱劳动人民的品质,现实中贝多芬就是这样的一个人。人们肯定是为了表达自己对这位音乐家良好品质的赞扬才编了这么一个美丽的传说,还将它编入课本,让更多的人来了解他并学习他。

生E:老师,可我认为,如果贝多芬真是个热爱人民的音乐家,他的许多作品都是为劳动人民创作的,那生活中不就有许多反映他这一品质的故事吗?如果从这些故事中挑选最典型的写出来,再编入课本,那不是更有说服力吗?

师:E同学的问题提得太好了。老师现在也回答不了他的问题,因为我也赞同他的看法。是啊,选择生活中的真实事情不是更有说服力吗?你们回去再想想,还有什么原因使人们为《月光曲》编这么美丽的传说,并将它编入课本呢?或者写信问问出版社的编辑……

这一教学片断中,有几位学生发表了自己的看法,反映出他们各自的差异,特别是后三位同学,问题一个比一个尖锐,综合素质要高于前两位同学。教师的应对技巧也是因人而异,对前两位同学是一般性的肯定,对C侧重表扬他的精神,对D突出表扬其问题针对性、普遍性,对E则高度赞扬。不同的对象教师运用的表扬技巧具有不同的色泽。

内容的适切性。教学的内容也与语言技巧的运用密切相关。每门学科都有其特殊的性质;同一学科不同年级教授的内容各不相同;同一教材,各章节内容也是不同的。即使同是一节课的教学内容,本身有难易、深浅、长短、雅俗之分,再加上教学目的的制约和影响,所以,教师运用语言技巧就必须充分注意到教材内容的特点,突出重点、难点,确定最佳的途径,铺设有序的台阶,把握适当的尺度,力求取得最好的表达效果。

下面是德州市第十中学宋彦琳老师教《大自然的语言》中的一个片断:

师:接下来我们品味文章的语言。说到语言,我有个疑问,大家看黑板,我们知道,语言是表达思想、传递信息的工具,是人类特有的,用在大自然的身上,合适吗?

生:合适。这使用了拟人的方法。

师:文章的原名是《一门丰产的科学——物候学》,选入课本时,编者把名字改为《大自然的语言》,这样改,有道理吗?

生:有道理。这样比较生动形象。

生:这样也说明了物候研究非常重要。就像研究人的语言一样。

师:这样改既体现了物候研究的重要作用,也生动形象,能引起读者的阅读兴趣。

师:科学小品的作用是普及科学知识,所以非常注意语言的生动性。请大家看屏幕上的两个句子。比较课文原句与改句哪句好?可以和同学交流交流。

(生讨论)

生:原句好。例如"苏醒"运用拟人手法,生动形象地写出了大地回春、生机勃勃的景象。

师:大地春回,万物复苏。"苏醒"一词生动形象。

生:"萌发"这个词写出了春天旺盛的生命力。

师:"草木萌发"让我们联想到朱自清先生在《春》中写的——

生:"小草偷偷地从土里钻出来,嫩嫩的、绿绿的。"

师:充满了生机与活力。

生:"融化"比"都化了"好,"融化"表现了一个冰雪逐渐消融的过程。

生:"次第"用得好。"次第"是一个接一个的意思,写出了花儿竞相开放。

师:正如朱自清先生写的——"红的像火……"

生:(齐)"白的像雪,粉的像霞。"

师:"都开满了花赶趟儿。"

生:"翩然"写出了燕子轻快敏捷的身姿,比"回来了"生动。

师:"次第""翩然"这些词都比较典雅,更有表现力。

师:通过品味这几句话,我们可以看出,作者通过妙用拟人修辞和典雅用词,增强了文章的生动性和吸引力。请同学们自己朗读第一、二自然段,画出你认为生动形象的语句并作简单分析,一会儿与同学们交流。

(生勾画、讨论)

师:谁来说说?

生:我认为"于是转入炎热的夏季,这是植物孕育果实的时期"写得生动,"孕育"运用拟人修辞手法,赋予了植物以人的特征。

生:我认为"北雁南飞,活跃在田间草际的昆虫都销声匿迹"写得生动,"销声匿迹"生动形象。

生:我认为第二自然段很生动。"杏花开了,就好像大自然在传语要赶快耕地;桃花开了,又好像在暗示要赶快种谷子。布谷鸟开始唱歌,劳动人民懂得它在唱什么:'阿公阿婆,割麦插禾。'"运用拟人修辞手法,让大自然也有了人的感情。

师:优美的语言需要及时积累,请同学们以最快的速度读熟第一自然段。

(生朗读)

师:说明文的朗读也需要有声有色。下面我就给大家示范背一下。(多媒体展示四季美景,师配乐背诵)

师:让我们有感情地齐读课文。

这是一篇说明文。说明文的特点决定了说明文的语言要准确简明。注意体会词语的准确性，就可以正确地理解课文。准确就是不夸大，不缩小，不走样，主要是概念运用要妥帖，修饰语要恰如其分，句子表意要准确严密。宋老师抓住这一特点展开了语言教学，而他的语言简洁明了，通过联想、比较等方法成功地进行了语言教学。

第四节 人文性原则

教学语言技巧是教师教学艺术水平的标志，对提高教学质量和效率具有重要意义，应该提倡包括文化在内的多角度研究。技巧的类型、品种纷繁复杂，难以述说周全，但不管何种教学语言技巧，都深深受到文化因素的制约和影响，以至于在特定意义上可以说教学语言技巧也就是文化的技巧。文化语境是语言环境的重要组成部分，从这一意义上来说，研究教学语言的文化性，也就是研究教学语言技巧对文化语境的适应问题。

"文化"的含义非常复杂。广义上的"文化"指人类创造的物质财富和精神财富的总和，内涵异常丰富，外延异常广阔。语言自身就是一种独特的文化现象，是文化的一个有机组成部分。我们在这里将语言看做是一种特殊的文化现象，是文化的载体，与文化的关系是对立统一关系。

一、文化和教学语言技巧的设计

教学语言技巧在运筹设计的过程中受到文化因素的强有力的制约和影响。设计侧重于语言技巧形成的过程，解决怎样构建的问题。语言技巧的设计离不开自然科学知识，但起决定性作用的是人文科学知识。教学语言技巧是多元文化的结晶、融合的产物。教学是克服和解决障碍和困难的过程，有的障碍和困难来自于教师自身，有的来自于学生对象和其他语境因素。其中文化的障碍和困难十分普遍,尤其突出。师生双方的文化背景、文化知识等方面不可能相同,差异是永恒的。解决教学过程中师生的主要矛盾,从教师角度看,就是努力去适应学生的各种因素,这些因素几乎都关涉文化问题,在有些场合,文化障碍和困难成为教学过程中主要矛盾的核心内容,教学语言技巧据此运筹设计,决定恰当的结构形式。

(一)教学语言技巧设计必然体现教师的文化底蕴

教学语言技巧的设计以教师的文化底蕴为本,包括哲学、教育学、心理学、文学、逻辑学、运筹学诸方面的素养。其中教育教学的理论知识占有相当大的比重。教学语言技巧艺术地体现了学生认知的规律,因而教师在筹划、制订、运用语言技巧时,就必须遵循认知规律,绝不能随心所欲。精当的教学语言技巧首先要求教师对授课内容理解透彻,但却不能将自己的理解过程和方法照搬给学生,而应该设身处地,从学生实际出发,设计并采用最便捷、最有效的技巧使学生深刻认知,并在智力、能力等方面得到训练和培养。教学语言的表达技巧是在认知规律上面生长起来的艳丽的花朵,违背客观认知规律建构的语言技巧必然背离方向,徒存其表,不能有效达成教学目标,甚至产生负面的影响。

下面是特级教师窦桂梅上的《圆明园的毁灭》一个精彩的教学片断:

(教师再次呈现诗歌并朗读:"圆明园里,荒野的风,呜咽地讲述着——一个古老的故事;残留的柱,痛苦地书写着——一个国家的耻辱。")

师:这痛苦的耻辱一直刻在我们心里整整144年了,让我们"走出圆明园"。(出示文字课件)我想,无论怎样,我们走不出历史的阴影。现在,让我们假设一下历史,回到144年前做一次小小的体验。如果你是决定国家前途命运的一国之君——"皇帝";如果你是辅佐皇帝、参与政事的大臣(展示课件);如果你是保卫国家领土的士兵;如果你是生活在北京的普通老百姓,面对英法联军火烧圆明园的行

径,你会怎么做?请自己选择一个角色,静静想一想,过一会儿请你实话实说。(学生讲其中一个角色的时候,教师紧紧围绕这个角色引导讨论,直到讨论较充分后,再进入下一个角色)

生:我若是当时的皇帝,我会号召所有的百姓团结起来,即使用长矛、弓弩,也能对付洋枪洋炮。只要团结,就有希望。

师:你善于发动群众——了不起的皇帝!

生:假如我是皇帝,我不会建造圆明园。我会把所有的钱用作军费。当英法联军闯进来时,我会派出军队与他们战斗。如果打不赢,我会与他们谈判。

生:如果我是朝中大臣,我会提一个参考意见给皇帝,派人去留洋,学成归来后制造自己的枪炮。

生:假如我是大臣,我会劝说皇帝把所有的钱都用在建设军队上。当敌人来侵犯我们的时候,我会调兵遣将,顽强抵抗。

生:假如我是北京城的一位老百姓,我会号召周围的人团结起来与敌人抵抗。

生:假如我是一名士兵那就是——圆明园存,我存;圆明园亡,我亡。

生:假如我是士兵,我会和他们血战到底。即使我牺牲了,我的身体也要倒在圆明园里成为敌人的绊脚石!

……

师:我看到大家的表情很复杂,正如刚才同学说的,心中的滋味复杂了。以上词条摘录于下列文章——吕厚龙的《告别圆明园》、樊美平的《透过圆明园的硝烟》、李钟琴的《由庚子国难看"愤青"的虚火》、袁伟时的《现代化与中国的历史教科书问题》,有兴趣的同学可以把它们找来读一读。当然,历史是一两句话说不清楚的。这些文章也许有的地方不全面或不准确,但重要的是要让你们打开思路,重要的是要让我们学会思考啊!

以往的《圆明园的毁灭》教学,在学生浏览课文后,很多老师习惯于放电影《火烧圆明园》的录像,然后提问:"面对圆明园,你想说什么?"学生的回答大多集中于"振兴中华""雪我国耻""自强不息"上。这些口号很难说是他们通过学习《圆明园的毁灭》才获得的。窦桂梅老师设计的"走出圆明园"的教学技巧,一连串的"如果……"假设,突破了传统处理方式的局限,使学生由陷入狭隘的民族情绪转为对历史的反思:这场文化毁灭的浩劫为什么会发生?它留给我们后人怎样的启示?正是文化底蕴上的差异,决定了不同教师技巧设计上的差别。

(二)教学语言技巧设计常常利用语境的文化因素

文化语境的含义非常广泛,完全可以说,教学就是在文化的语境中进行的,只是有的教师尚无自觉、清醒的认识。有许多文化因素是课堂教学的宝贵资源,例如风俗习惯、流行时尚、影视作品、家庭背景等等,大有必要开发、利用。教学语言技巧设计常常根据教学目标,针对特定对象,从课堂实际出发,巧妙与语境中的文化因素相连、相融、相对、相成,或创造良好的教学气氛,或加深学生的认识理解,或拓宽学生的知识疆域。

下面是深圳市小学特级教师赵志祥上《鲸》的教学片断:

师:我是谁?一起叫一声。

生:赵老师!

师:非常亲切,声音也很齐,大家见到赵老师想说点什么吗?

生:赵老师你教书几年了?

师:几年了,22年,大概是你年龄的两倍。你是第一个发言的,按照广东人的习惯,老人或者长辈,碰到比自己年龄小的或者表现好的都要给他一个信封,叫"利是"。听说过没有?信封里放的是什么呢?过年的时候都有的,就是压岁钱。其实有时候里面放的不一定是钱,但比钱更珍贵的东西放在里面,我们看了以后会更高兴!一个是钱,一个是真情,你们说那一个重要?

生:真情!

师:对,千斤难买是真情——同学之间的友情,母子之间的亲

情,师生之间的真情。今天第一个发言的按照广东人的习惯我也发给你一个信封(发信封),不许看!(笑声)如果看了,没收。(笑声)

生:能不能自我介绍一下?

师:让我自我介绍还是允许你自我介绍?

生:两个都可以。

师:那谁先来?

生:请赵老师先介绍吧!

师:长者优先,还挺有礼貌,就冲你这条也该奖你一个信封。(笑声)本人姓赵,名志祥,老家江苏徐州市,现为深圳市后海小学一年级语文教师。(笑声)

生:我叫……我的人生格言是:给我一个支点,我能撬起整个地球!因为我特别喜爱看书,所以大家都喜欢叫我"大书虫"!

赵志祥老师是在外地借班上示范课。在上述教学片断中,巧妙利用了广东地域的文化习俗,(其实在其他许多地方也同样流行这样的风俗习惯)作为教学的一种激励技巧手段,将师生双方的陌生感一扫而尽,不但创造了十分活跃、和谐的课堂氛围,而且培养了学生的表达能力,不知不觉融进了礼貌文化教育。

(三)教学语言技巧设计必须把握教材的文化内涵

无论是自然科学学科,还是社会科学学科,每一课的教学内容,从文化的角度考察,内涵不可能完全相同。教学语言技巧的设定,教师必须正确把握教材的内涵。因为,引领学生深刻认识教材内容,理解其内涵,通常是教学的重要目标之一,而教学语言技巧服从教学目标,这是一个大原则。文化内涵的丰富性、复杂性、特殊性、深刻性,给教学语言技巧的孕育、生成、设计提供了肥沃的土壤、广阔的空间,同时在某种意义上做出了规约。

特级教师薛法根老师一次执教《螳螂捕蝉》。其中运用的两个技巧给人留下深刻印象。一是自然铺设台阶,依据课本的语言发展学生的语言。完全跳开书本去学习语言,往往是低效的。"螳螂捕蝉"是一个经典故事,很有文化含量,因此让学生在自然而然间能复述这个故事,借此发展学生语言,是一举多得的好事。薛老师了无痕迹地铺设台阶,很适合学生走上去,而且还能别出新意,有所创造。他先通过默写四组词语,(分别是:①蝉悠闲自由自在;②螳螂弓着身子举起前爪;③黄雀伸长脖子正要啄食;④侍奉吴王的少年拿着弹弓瞄准)"暗暗"帮助学生记"螳螂捕蝉"这个故事的梗概,然后联系这四组词语,教师边示范讲述"螳螂捕蝉,黄雀在后"的故事,要求学生边听边记。学生再根据四组词语和挂图复述故事,最后才是指名复述故事。实践证明,几位学生的复述不但准确、流畅,而且有创新,如把"蝉高高在上,悠闲地叫着,自由自在地喝着露水"说成了"蝉趴在高高的枝干上,悠闲地唱着歌,自由自在地吮吸着甘露",显得更为生动。二是大胆放飞学生思维,让学生创造性地弥补课文空白。好的文章像书法,有时密不透风,有时又疏可走马,疏可走马处自然可以让学生根据课文语境动动笔。课文写这位少年为了劝说吴王,拿着弹弓一连在王宫花园里转了三个早晨才找到机会,碰到吴王。花园里此时是怎样一番景象呢?薛老师就让学生以写台词的形式补一补,在学生表演时做旁白用,结果学生有目的练写,十分成功。这里不妨抄录一位学生的练笔:"清晨,朝霞映红了吴王花园。郁郁葱葱的树木、五颜六色的鲜花都被镀上了一层金黄色。几只黄雀躲在树丛里欢快地鸣叫着。这时,一位手拿弹弓的少年,正在花园的小路上徘徊。他不时地朝吴王的寝宫东张西望,似乎在等什么人,却又装出一副专心打鸟的样子。露水沾湿了他的衣裳,他也浑然不知。这时……"(学生开始上场表演)

薛老师在这节课上设计的技巧,就是正确把握住了课文的文化内涵,从教材实际出发精心设计的。

二、文化和教学语言技巧的调整

教学语言技巧在运用过程中常常需要临时修正、随机变化,一个重要的原因在于受到文化因素的强有力的制约和影响。教学语言技巧一般是在进入教学流程之前就可以大体设定的,付诸实践基本不走样当然是有的,但是教学过程中的变量因素、偶然因素是很多的,难以全部准确预测,教学语言技巧的运用倘若要求成功,那么就必须随机应变,作出临时决策,对既定教学语言技巧作出局部修正,特殊情况下也可能作出较大的调整。恰当的调整首先需要准确的判断力,判别出症结所在以及事态演变的程度、性质等。判断力是一个人的综合素养的集中表现,从某种意义上来说,就是文化判断力。其次,调整的实质是适应语境的努力,其中文化语境错综复杂、灵活多变,成为教学语言技巧调整的重要依据。

(一)教学语言技巧调整必须具有文化判断力

教学语言技巧的调整反映出教师的文化判断力。教师的语言有一部分是属于指令性的、结论性的,这些是死板的语言技巧,在课堂教学中不可缺少,但是这一类的语言比重较大,发展到极致,便是满堂灌,直接强迫学生接受教师的观点。随着教师教学观念的转变,教学语言技巧愈来愈表现出变通性的特点。这往往需要教师具有良好的文化判断力。

一位教师上作文评讲课,批评了少数同学忽视书写,把"壮"写成了"壮"(右边写成了个"土"字)字,提醒大家今后要注意。一个顽皮学生愤然不平地说:"不就是笔画长了一点吗,何必如此计较呢!"班上出现了骚动。教师微微一怔,马上想出了对策。他故意不直接与这位学生"交火",对全班同学说道:"请大家看这个'壮',从造字方法来看,是形声字,(一说会意)'丬'为声,像古代一种兵器,'士'为形,意气壮盛之士。如把'士'写作'土',其义是把兵器插在土丘上,这是何意?"同学们都会心地笑了。教师接着说道:"有一个仕宦人家,过节时,为炫耀其名门望族的显赫和尊贵,在府第门上题写了一副对联:'父进士子进士父子皆进士,婆夫人媳夫人婆媳皆夫人。'有位穷秀才气不过,就悄悄在上联描了三笔,在下联加了九笔,使其意骤变,主人看了差点昏死过去。谁能照此改一下呢?"一个同学走上黑板作了如下修改:"父进土子进土父子皆进土,婆失夫媳失夫婆媳皆失夫。"教室里响起了掌声,那位"鸣不平"的同学不好意思地说:"老师,我明白了。"

这一例,教师没有料想到学生竟然会写错字,还"振振有词"地辩护,但却正确判断出了问题的根源在于忽视一个小小的笔画的重要性,所以他不直接严词批评,而是运用了迂回解决的技巧,讲述了"壮"字的造字方法、文字学知识,一个短小有趣的对联故事,循循善诱,教学语言技巧调整运用得非常得体、巧妙。

(二)教学语言技巧调整必须顺应文化语境的变化

教学过程中的突发、偶发事件,严格地说,都是文化的冲突。对这些事件的认识,往往就事论事,凭借感性经验来认识、处理。我们如果能够改换视角,立足于文化,就可以更好地认识各种变量因素,理解其深层的背景,寻觅其潜藏的规律,巧妙顺应变化,从而恰当调整教学语言技巧。

在母亲节到来之际,一个初一的语文教师上了一节课堂作文课,题目是《给母亲写一封信》,要求当场写好经教师评改后寄给自己的母亲。一个平时作文不好的男生因反感母亲对他严格要求,想借此机会出一口"恶气",他在信中描述了自己的母亲对事业如何呕心沥血,对自己如何关爱备至,对邻里如何善待友好,信写得情真意切、感人肺腑,但在日期落款时,写成了西方愚人节的时间"4月1日"。教师在检查课堂作业时,发现了这封"愚人"的信,不声不响地把这封信作为范文在课堂上朗读,最后把日期读成了"农历四月一日",教师朗读完后,高度表扬了这个男孩作文进步快,对自己的母亲有深厚的感情,并希望他"在校做个好学生,在家做个好孩子"。果然,从此以后,这个学生进步神速,很快改善了与母亲的关系。

这一例中,类似这位学生的做法确实很少见。首先我们觉得应该表扬教师没有被信件的表层内容所迷惑,而是注意到了一个文化细节——信件的落款,发现了突如其来的问题。其次,也为教师临时决策,运用的假装不知、暗中鼓励的技巧而折服。这或许正是教学技巧的最高境界——不露声色,不留痕迹。

三、文化和教学语言技巧的质量

教学语言技巧的质量表现在许多方面,其中有三个问题最能够显示出质量的高低:一是结构方式,二是语言表达,三是艺术品位。制约和影响教学语言技巧质量的因素有很多,但众多的因素可以说都与文化紧密相关。

(一)教学语言技巧结构的文化性

教学语言技巧的结构实际上是教师教学思路的反映。结构的思路尤其能够表现出教师的逻辑思维文化素养,无论哪种技巧,我们都可以透过形式辨认出逻辑思维的运行轨迹。教学语言技巧可以按照顺向或逆向构建;可以按照集中或发散的路子构建;也可以按照求同或求异的方式构建。缺少逻辑思维文化素养,教学语言技巧就会走向不明,骨架软弱,条理不清。例如,顺向结构的教学语言技巧,在教学过程中运用最为普遍,教师引领学生的情绪、思路、语言渐渐地向教师的一方接近、靠拢、同化,常常表现为一个逐渐推进的过程,较高的境界能够在浑然一体的复杂现象中区分出或推进、或深化、或细化的清晰层次。

王燕华老师教古诗《春晓》,是这样一步一步循序渐进地引导学生去挖掘出诗人的内心情感的:

师:这春风春雨的声音是诗人醒来后听到的吗?
生:不,是作者想到的。
师:最后一行写什么?
生:不知道花落了多少。
师:花落得多还是落得少?
生:花落得很多。

师：花落了是不是作者亲眼看到，亲耳听到的？

生：这也是作者想到的。

师："夜来风雨声"和"花落知多少"都是诗人想到的。这两个"想到"有什么不同？

生："夜来风雨声"是作者回想到的，"花落知多少"是作者自己想到的。

师：春风那么轻，春雨那么细，为什么作者会自己想到花落了很多？

生：花已经开"繁"了，花瓣全都展开了，这时候只要有一点微微春风、细细春雨都会落。

师：想到花落了很多，诗人的心情怎么样？

生：他觉得很可惜。

生：他觉得很惋惜，花儿那么美，可是现在却都落了。

师：是啊，一年之中最美的就是春天，春天百花盛开，百鸟争鸣，一派生机勃勃的景象。花儿落了，春天也快过去了，所以诗人觉得很可惜。春天是美好的，也是短暂的，小朋友读到这里会怎么想？

生：我好想把这美丽的春天一直留在身边。

生：我们要珍惜时间，努力学习。

一个个问题，环环相扣，教师引导学生由诗中描写的春风春雨、花落多少，细细推想、体味春天的美好情景和作者隐藏的感情，融入了赞美春天、留住春天的真挚感情，学生的思路、情绪、语言逐渐"靠向"教师，有了较深的理解，获得一种艺术美、文学美的享受。在这一片断中，教师所运用的顺向结构教学语言技巧显示出严密的逻辑性。

(二)教学语言技巧的文化性

教学语言技巧是理性化了的概念，最终需要依靠教师的语言表述才能外显，才能运用到教学实践中去。语言既是一种特殊的文化现象，又是文化的载体，其表达水平直接关系到教学技巧的质量。美好的技巧设计只有通过准确、得体、生动的语言描述，才能在教学对象身上产生反响，进而取得实实在在的效果。反之，平淡无味、拗口

晦涩的语言绝不可能承载精湛的教学技巧的。

下面是特级教师钱梦龙上《论雷峰塔的倒掉》一课的一个教学片断：

师：对。这就使鲁迅不能沉默了。于是，他针锋相对，也来一个借题发挥，写下了这篇文章。请大家联系课文想一想：鲁迅借的什么题？发挥了什么意思？

生：他也是借雷峰塔倒掉这个题，抨击了那些希望恢复封建社会的文人。

师：说得好极了！他还用了一个很高级的动词，（笑）听出了没有？（生齐：抨击）你会写吗？

生：提手旁一个"平"。

师：这个字很容易读成"ping"，他不仅会写，而且没读错，真不容易。不错，鲁迅的这篇文章抨击了那些妄图恢复人压迫人的封建统治的人。鲁迅针锋相对地指出，人压迫人的封建统治是不可能恢复的，封建势力的垮台是历史发展的必然，是谁也阻挡不了的。课文里有一个句子非常深刻地表达了这个思想，看谁能把它找出来。这可是个"高级难题"，读书傻乎乎的人肯定是找不到的。（笑）

（学生看书后不少人举手）

师：啊，看来大家都不傻。（笑）好，你说。

生：莫非他造塔的时候，竟没有想到塔是终究要倒的吗？

师：好极了！完全正确。但是我还不满足，你能不能再说一说为什么找了这句。

生："塔是终究要倒的"说明封建势力是终究要垮台的。

师：这句话里有一个关键词，如果你能找出来，我算佩服你了。

生："终究"。（师插：为什么是关键？）说明塔的倒掉是"必然"的。

师：啊，佩服，佩服！（笑）他找出的这个句子是文章的中心句，我们叫它"文眼"。读这样含意深刻的文章，只要找到了文眼，就是抓到了中心思想，也就基本上读懂了文章。同学们很会读文章。同你们讨论问题,我感到很愉快。现在讨论 2 号卡片。"

钱老师在这一教学片断中运用的激励技巧堪称精彩。一是绝不吝啬赞美词,使用最高程度副词,加上重重的感叹号,"说得好极了!""好极了!""啊,佩服,佩服!"震撼力极强。二是激励学生不仅仅停留在表面的称道,同时抓住要点,说明道理原由。"他还用了一个很高级的动词,(笑)听出了没有?"在"啊,佩服,佩服!"后面说道:"他找出的这个句子是文章的中心句,我们叫它'文眼'。读这样含意深刻的文章,只要找到了文眼,就是抓到了中心思想,也就基本上读懂了文章。同学们很会读文章。同你们讨论问题,我感到很愉快。"相信学生会深信老师对自己的鼓励是真实的,不是虚假的套话。三是连续激励在表扬中巧妙地设置疑问,逐层解读,不断推进认识。"完全正确。但是我还不满足,你能不能再说一说为什么找了这句。""课文里有一个句子非常深刻地表达了这个思想,看谁能把它找出来。这可是个'高级难题',读书傻乎乎的人肯定是找不到的。"这是动态的高超激励技巧。

三、教学语言技巧品位的文化性

教学语言技巧的文化品位,是指主要由于文化因素决定的技巧的艺术价值的效应。教学语言技巧的宗旨,毫无疑问是指导有效进行教学实践活动。但是,除此以外,教学语言技巧本身也存在艺术价值的高低品位问题。教学语言技巧是说写者心力的凝聚、智慧的结晶、素养的表现,一旦形成,就具有相对独立的审美价值,既可用以指导教学语言实践,又可作为审美对象。教学语言技巧的品位层级很大程度上取决于文化的审美价值大小。

请看一个很简单的例子。设问的技巧在教学中是常用的。教郁达夫《故都的秋》这篇课文,有两位教师在导入课题时都运用了设问技巧:甲老师问:"这篇课文标题好在哪里?"乙老师问:"这篇课文的标题'故都的秋'能否改成'北平的秋'?"仔细品味,虽然仅是两个似乎差不多的问题，但是却表现出技巧质量、品位上的差异。甲老师的设问技巧"问域"太宽，缺少一个参照物，指向不很明确，难以让学生有方向地集中思考。乙老师的设问技巧，引入了比较，提供了参照物，与设问要研究的对象建立了联系，使学生的思考聚焦于两个标题的情感和文化内涵。乙的技巧品位明显要高于甲的策略品位。之所以会产生这种差异，关涉教师的包括教学认知规律在内的所有文化修养，高品位的教学语言技巧需要高层次的文化滋养。

　　目标性、认知性、适切性、人文性是教学语言技巧运用的四条主要原则。教学语言技巧的类型是丰富纷繁的，走向是开放多维的，结构是复杂变化的，形式是生动灵活的。得语言技巧形式比较容易，得技巧之精髓却是极其艰难的。倘若教师要在教学实践中得心应手地运用语言技巧，那么就必须严格遵循深层客观规律，无论是形象直观的技巧，还是逻辑推导的技巧，都应该合情合理、有根有据，容不得丝毫的随意性、盲目性。

第七章 教学修辞艺术

修辞学是一门提高语言表达效果的科学。教学语言的表达效果直接影响到教育质量,因此,教学语言必须重视、讲究修辞艺术。其实前面论及的教学语言的各种问题实质上也就是修辞问题,我们在本章集中探讨、论述教学语言修辞艺术的三个主要特征:语言组合的有序性、策略设计的启发性、手段遣用的多样性。

第一节 语言组合的有序性

语言组合的有序性,指的是教学语言特别注重、讲究语言的清晰条理和层次。

有序性主要是由教学语言具有鲜明目标的特殊性决定的。教学语言区别于其他语言的一个重要标志就是具有鲜明的交际目标,大至教学大纲,小至每节课、每个教学步骤,都必须具有特定的目标,而且,在某一时段,例如一节课,各个目标之间都存在有机联系,不能随意改换、颠倒。与之相适应,教学语言就必须做到井然有序,散而不乱。为了便于讨论,我们设定在一节课的范围内论述语言组合的有序性问题。

一节课,好像一篇文章,必须讲究起、承、转、合。其中缺少哪一个步骤都不行。

起,即开头、入题。入题的方式是多种多样的,从修辞角度考察,不外乎简和繁两种。简,即开门见山,一开头就提出教学目标、学习内容;繁,即曲折导入,或细致描写,或创设情境,或引用诗词,或讲述故事等。无论取简取繁,入题语言必须做到从特定角度开启教学过程,清楚明白。

有位英语教师在教学厨房器具单词与位置关系用语的内容时,开门见山地说:"同学们,本节课我们来仔细观察玛丽太太家的厨房,瞧瞧有些什么厨具物品呢,又是如何放置的?"这是取简开头,以较快的速度进入学习过程。

取繁开头也并不少见。一位数学老师《年、月、日》的教学是从猜谜比赛开始的:有个宝宝真稀奇,身穿三百多件衣,天天都要脱一件,等到年底剩张皮。(打一日用品)数学教学中体积概念的建立从乌鸦喝水的故事讲起:一只乌鸦口渴了,到处找水喝。乌鸦看见了一个瓶子,瓶子里有水,可惜水不多,瓶口又小。乌鸦喝不到水!乌鸦看见旁边有许多小石子,想出办法来了!乌鸦把石子一个一个地放进瓶子里,瓶子里的水渐渐升高。乌鸦终于喝到水了。如此引入,使学生很好地理解"空间""物体所占空间的大小",为体积概念的掌握打下了坚实的感知基础。有位语文教师上《故乡》一课,开始说道:"昨天,同学们书面提出了许多问题,都提得很好。有两位同学提了20多个问题,又多又好。大家提的问题涉及课文的每个方面,我把它们分成七大类:①一般疑问。②回乡途中的'我'。③闰土。④杨二嫂。⑤宏儿和水生。⑥离乡途中的'我'。⑦写景。大家提出了这么多问题,第一步走得很好。那么第二步该怎么走呢?大家说说看。"学生:"解决问题!"然后开始讨论一般疑问。这样简明扼要起头,条理清晰,且与教学全过程的内容相呼应。取繁开头,并不是教师画蛇添足,故弄玄虚,而是考虑到教学内容、教学对象、教学条件等因素的制约和影响,开个好头,便于有序、深入地展开教学过程。

承,即承接。承接是教学过程中不可或缺的环节。教学过程从某种意义上来说,是话题开展的过程,每当提出话题,一般都需要承接展开。承接贵在自然贴切。从修辞角度考察,承接有明暗之分。明承,就是以明确的语言表明将要展开话题；暗承，就是以表里差异的语言巧妙承接。

下面是特级教师薛法根执教《九色鹿》片断：

师：(陆续出示四组词语)课文中的这些词语谁已经会读了？

(教师指名三位同学一组一组地朗读，都读对了)

师：老师相信每个同学都能通过自己的自学认读这些词语了，那就一起读一读吧。

(生齐读)

师：(指着第四组词语：见利忘义、背信弃义、恩将仇报)这组词语有什么特点？

生：都是描写调达的。

生：都是写一个人品质很坏的。

生：都讲这个人没有良心。

生：这样的人就是灵魂很肮脏的人。

师：(在这三个词语下面书写"灵魂肮脏")这里的"灵魂肮脏"的"肮脏"和"环境肮脏"的"肮脏"有什么不同？

生："灵魂肮脏"是说一个人的品德不好；"环境肮脏"是说这个地方不清洁、不干净。

生："灵魂肮脏"就是小人，很卑鄙的小人。

师：对！同学们对这三个词语有了自己初步的理解和体会，的确，这三个词语刻画了一个灵魂肮脏的小人——调达！那么，调达到底做了什么见利忘义的事？做了什么背信弃义的事？做了什么恩将仇报的事？请你认真读一读课文，借用课文中调达的具体表现，描述一下这三个词语的含义，让别人一听，就明白这些词语的具体意思。

(生自由地朗读课文，并结合课文内容练习讲述这些词语的具体意思)

师：谁愿意来讲述？

生：王妃做了一个梦，梦见一头九色鹿，就想用九色鹿的皮毛做

件衣服,国王就重金悬赏捕捉九色鹿,调达就进宫告密。

师:你们听明白了吗?

生:没有听明白。调达怎么被九色鹿救起的事没有讲,后面的内容就不清楚了。

师:对呀!要将事情的前因后果讲完整,才能把词语的意思讲清楚。想一想,调达在被九色鹿救起后的表现?看到皇榜后的表现有什么不同?再来说一说,行吗?

生:调达被九色鹿从河里救起,发誓决不说出九色鹿的住处。但是,当他看到国王重金悬赏捕捉九色鹿的时候,心想发财的机会来了,就忘记了自己曾经发过的誓言,向国王告密。

师:这就叫——(生齐答)见利忘义!老师指的是他的进步!(众笑)谢谢你,说得多具体,多清楚啊!

生:调达看到张贴的皇榜,知道国王重金悬赏捕捉九色鹿,就一心想发财,顾不得对九色鹿发过的誓言,进宫告密,还带着国王的军队前去捕捉九色鹿,滥杀无辜。

师:你说得好!违背了自己的誓言,丢弃了应该有的道义。这就叫——背信弃义!

生:九色鹿从汹涌的波涛中将落水的调达救了上来,调达本应该知恩图报才对。谁知道他当着九色鹿的面郑重起誓,说决不说出九色鹿的住处。可是,一见到国王重金悬赏捕捉九色鹿,就把自己的救命恩人——九色鹿出卖了,进宫向国王告密,妄想发财。而且还真的带着国王的军队包围了九色鹿,想置九色鹿于死地。这就叫恩将仇报。

师:你们听明白了吗?

生:听明白了!

师:这就叫"会讲"!你这么一讲,恩将仇报的意思就清楚明白了。谁还能这样讲述……

师:刚才我们借助对词语的理解,初步了解了故事的主要内容。《九色鹿》这个民间故事最早出现在敦煌莫高窟的壁画上,千百年来深为广大人民所喜爱,就是因为故事谴责了贪心与负义,颂扬了善良与正义!今天,我们就一起来学讲这个民间故事。要讲好故事,首先要读好这篇课文。假如由前后四个同学合作朗读这个故事,你们认为可以怎么分工朗读……

这一例中,老师的教学指令清楚明白,先出示四组词语,要求讨论词语的特点,继而借用课文中调达的具体表现,逐个描述词语的含义,再一起通过朗读来学讲这个民间故事,深入学习讨论。这是明承。

暗承更能显示出修辞的艺术。例如,一位语文教师上《人民英雄纪念碑》,挂出一幅人民英雄纪念碑的挂图,有意将挂图标题、次序隐没、打乱,不允许学生看书,要求根据每幅图的背景和人物,分别说出它们反映了什么历史事件,并说明自己判断的根据是什么;然后给每幅图加上标题,并按时间先后重新排列一下。学生纷纷叫太难了,要求能看看书,哪怕一会儿也行。教师暗暗高兴,但不露声色,作考虑状,最后以无可奈何的表情宣布了"让步":"唉,真拿你们没办法!不过,最多只能让你们看 10 分钟,时间一到要自觉把课本合拢,能办到吗?"学生终于为自己争得了看书的"权利",似乎占到了什么"便宜",个个特别认真地阅读,作记号,对照挂图。这一例中,教师的目的是要从挂图的观摩承接到让学生自读课文,以便展开学习课文。看,教师"装"得多像!几句"无可奈何"的话语就自然巧妙地过渡到自读课文、讨论内容的下一步骤中去了。

转,即转折。教学过程应该是流畅的,但这是艺术的流畅,并非是平铺直叙,高低起伏、跌宕有致、盘旋迂回才能展现出教学的魅力。因而,转折同样是教学过程中的一个重要环节。例如,在小学数学课堂上揭示"商不变"性质时,教师面对师生共同列举的多个符合商不变性质的多个具体算式,提出疑问:"这些算式的被除数、除数都发生了变化,商却不变,其中是否蕴藏着奥秘呢?"由具体到抽象的转折表述,巧妙地引发了孩子们的思考。

从修辞角度考察,转折有顺转和逆转之分。顺转,就是顺着前一话题转折,大多是由总到分或由分到总,由浅及深或由散及聚,方向相同。逆转,就是逆着前一话题转折,有内容的变化、感情的起伏、性质的转化、思路的改换等。无论是顺转或逆转,都要注意上下间、内外部的联系。

有一个小学教学片断:主题情景图中有 3 个金鱼缸里各养了 4 条金鱼,还有一个金鱼缸里养了 2 条金鱼。让学生仔细看图后回答,这里总共养了多少条金鱼呢?学生把连加的后三个数凑成 10,得出一共是 14 条金鱼。老师配合学生的回答出示板书,并且提问:"我们能不能用别的方法来计算金鱼的总数?"有的学生回答:"这里出现了相同的加数连加,我们可以用乘法求它们的和。"又有的学生对此提出异议:"不行。这里有一个加数 2 跟其他加数不同,所以我们不能把这个加法算式改写成乘法算式。"当两种意见争执不下时,教师启发:"运用数学原理来解决具体问题时要有灵活性。在这种灵活性里,可以体现出创造性。对于这里的算题 4+4+4+2,我们能不能创造条件后,再用乘法呢?"思路的转换,大大扩充了学生们的思索空间:"可以先用乘法算 4+4+4,最后再加 2。""还可以先假设第 4 个缸里添了 2 条金鱼,求总数,然后再减去假设的 2 条金鱼,得出正确的结果。"学生的探究和发现的能力以及非常规思维的能力,就这样在教师教学用语的曲折迂回中得到了很好的发展。

又如,有位小学语文教师上《马踏飞燕》一课,引导学生讨论铜马制作的精巧。老师说:"对。这匹铜马的制作者想利用'马踏飞燕'来表现马之快,说明了什么?用本段中的两个词概括。"学生:"构思奇妙、匠心独运。"教师:"下面来看看我们同学们是不是也能'匠心独运',假如要你来表现一匹静止不动的骏马,你会怎样去构思?"学生展开热烈讨论,有的学生想出了"让一只飞燕落到马的背上"的表现方法。这一例是逆转,教师跳出了课文的内容和作者的思路,转入对立面探讨,而又以"构思奇妙""匠心独运"的词语紧密衔接,妥帖自如,加深了学生对课文的理解,培养了学生创造性的思维能力。

合,即合题。题,不必仅仅局限于标题,可以理解成教学主旨。一节好课,必须要有良好的结尾,有始有终才算完整、成功。结尾之所以重要,还因为教学过程中复杂的变化最终要在学生头脑中留下简明、深刻的印象,收万端于一纲。从修辞角度考察,合题有收拢式和发散式之分。收拢式,就是有层次地将教学内容简要归结,有的还用序数作为标志。发散式,就是在简要归结的基础上,再激波澜,留下余味,巩固、深化学生的认识。例如,有位物理教师讲完电磁波谱之后,对各种电磁波的主要作用、观察方法、产生方式及用途一一进行了扼要归纳总结,而后,指着教室内的日光灯和室外走廊上的白炽灯问道:"同样功率的日光灯和白炽灯,为什么日光灯比白炽灯亮?"一石激起千层浪,学生对日常生活中看到的事实和能量守恒相悖现象产生了浓厚兴趣。教师却戛然而止,留待课外思考、讨论。这一例是收拢式和发散式相结合的合题,陈述有条有理,提问留有空间和余味,由归纳结论而自然引发。

以下是著名特级教师邱学华在《神奇的数字编码》课堂实录中的案例片断,我们可以很好地感受到他教学语言中起、承、转、合的有机结合、浑然一体。

师:同学们都知道"数字家族"有哪些成员?

师:对,阿拉伯数字虽然只有10个,但是它们却是神奇的。如果我们按照不同要求、不同顺序编排起来,就会有千变万化,传递各式各样的信息。同学们想不想知道数字的神奇?

师:好,我们这堂课就来学习学习"神奇的数字编码"。(板书)

师:同学们课前都已作了调查,现在来说一说,通过调查,你们知道哪些地方需要用数字编码?

(学生纷纷回答:汽车牌照号码、自行车牌照号码、门牌号码、电话区号、邮政编码、身份证号码、商品条形码……)

师:很好!那么,同学们在调查中有没有什么疑问或者不明白的问题?请提出来大家一起讨论。

师:同学们提出了很多问题,说明你们在调查中认真观察、积极思考,会提出问题是一种重要的学习方法和研究方法。根据大家提出的问题,这堂课就来解决电话区号、邮政编码、身份证编码、商品条形码四个方面的问题。

师:你们会打电话吗?怎样打外地电话?

师:让我们来看一看这个电话号从哪里打来的?(利用多媒体课件在屏幕上出现电话机并响铃,话机显示:021-59144590)

生:从上海打来的。

师:你怎么知道的。

生:021是代表上海的电话区号。

(屏幕上立即出现打电话的人像,并用上海话说出:"侬好,阿拉上海贸易公司。"同学们高兴得都笑了。利用多媒体课件按上述同样的办法,由学生自己说出从北京、常州、沈阳、美国等地打来的电话)

师:经过调查,你们还知道哪些城市的电话区号?

师:你们的调查工作做得很出色,知道了这么多电话区号,现在看谁能找出电话区号编码的规律,先分小组讨论。(学生座位是分组围坐,讨论起来很方便。经过热烈讨论,学生分组派代表说出编码规律)

师:写信要写上邮政编码,邮政局分信人员只要看到邮政编码,就能知道这封信寄到哪里?

师:你们通过调查知道哪些城市的邮政编码?

师:你们还有什么问题吗?(学生提出的问题有:为什么电话区号是4位,而邮政编码是6位?能不能把邮政编码同电话区号一致起来?全国各地邮政编码编排起来有什么规律?)

(邱老师先要求大家分组讨论,发表自己的看法,再引导大家达成共识:电话区号只是一个城市的代号,具体打哪一家电话,还要拨电话号码,因此4位就够了。邮政编码里必须要有哪个城市、哪个区县、哪个街道的信息,4位是不够的。邮政编码的排列同电话区号一

样也是由北向南,由东向西逐渐增大,内蒙古是01、西藏是85)

师:年满16岁以上公民都有身份证,每个人的身份证号码各不相同,在公安局只要输入这个号码到电脑里,就能找到这个人。课前你们调查父母、亲戚的身份证号码,请到黑板上把它写出来。能不能说出是怎样编出来的。

师:身份证编码有18位,比较复杂,同学们通过自己的调查已经知道其中的奥秘。想不想知道邱老师的身份证号码?现在我写出来,请大家说说从中可以获得哪些信息。

师:课前请大家调查商品和图书上的条形码,请把自己带来的商品和图书上的条形码相互看一看,并把编码写到黑板上。

师:可见,条形码的用处很大。你们还有什么问题吗?

师:同学们提出很多问题,说明大家在积极思考,学问学问,要又学又问。这些问题要靠你们自己去解决,可以请教别人、查阅书本,也可上网查询。现在有一个条形码的专业网站叫"条形码搜索大全(www.barcodes.com.cn)"。

师:这堂课有什么收获,学到了哪些学习方法和思考方法?

本节课选材来自学生周围所见到的编码,老师通过教学语言的魅力带领学生们从简单的电话区号(4位)到邮政编码(6位)、身份证号码(18位),最后到比较复杂的条形码,由浅入深,由易到难的逐个研讨,兴趣盎然。在课前组织学生到生活中搜集调查,在课内教师利用语言的转折、辨析引导学生提出问题,让学生自主尝试发现编码规律,把课堂数学内容同生活联系起来,设计十分精彩,课堂气氛活跃,令人叹服。

第二节 策略设计的启发性

策略的启发性,指的是教学修辞策略的制订运用具有鲜明的启发、引导的特点。

修辞策略,通俗地说,是运用修辞手段的指导思想。现代教育思想与传统教育观念的一个明显、重要区别,即不但重视结果,而且尤为注重学生认知的过程。学生自主学习,必然会遇到困难,该抓什么问题,怎样去解决问题,都需要教师的启发和引导。修辞策略的启发性正是顺应了学生认知过程的规律特点。启发性的具体策略是多种多样的,这里列举三种略加分析。

"大开缓收"。这一策略就是力求多方面放开学生的思路,少加限制,在放开的过程中寻找"战机",选择突破口,逐步引向深入。以下是《分数的初步认识》中首次引入分数时的教学片断:

师:唐僧带着徒弟们去西天取经。路上大家又渴又累,师傅说:"八戒、悟空快过来,我分桃子给你们吃。"这哥俩一听别提多高兴了,急忙跑上前去。师傅接着说:"吃桃子可以,但有个条件,你们每人得到几个桃子要用数字表示出来。"徒弟俩连忙点头说:"行啊,行啊!"师傅说:"我有四个桃子平均分给你们两个人,每人得到多少呢?"

生:(齐)两个。

师:师傅又说:"我有两个桃,平均分给你们两个人,每人分到几个?"悟空说一个。这时,师傅拿出一个桃子问悟空和八戒:"一个桃,平均分给你们两个人,每人得到多少呢?"

生:(不由自主地)半个。

师:对,半个。半个该怎么写呢?悟空、八戒你看看我、我看看你,不知如何是好。同学们,你们能用自己喜欢的方法表示一个桃子的一半吗?

(教室里立刻热闹起来,有的同学接过老师手中的粉笔,跑到黑板前用不同的方式表示着自己心中的"一半")

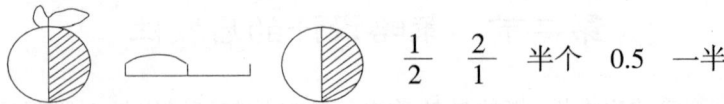

(接着,老师请这些同学一一介绍自己的表示方法,并解释每种

表示方法所代表的含义。最后,老师停在符号 $\frac{1}{2}$ $\frac{2}{1}$ 前)

师:这是什么意思?

生:这是二分之一,表示把一个桃子平均分成两份。每份是相等的。

师:你们从哪里见过二分之一?

(写 $\frac{1}{2}$ 的同学很自豪:我没有见过,是我自己想出来的。写 $\frac{2}{1}$ 的同学想了想:我在一本数学书上见过)

师:同学们用自己喜欢的方法表示了一个桃子的一半,说明你们很有办法。我向大家介绍一种更科学、更简便的表示方法。当把一个桃子平均分成两份,表示这样的一份时,可以像这位同学一样用这个数 $\frac{1}{2}$ 来表示。(师边说边走到黑板前,用红粉笔框住 $\frac{1}{2}$)

从有趣的故事到多样的图像表达,从图像表征到符号表征,孩子们在广阔的感知土壤中孕育着思维的腾飞,可见,这一策略的使用,需要教师宏观把握的胆识和能力。从具体的表达来看,语言通常具有较大的模糊性、鲜明的多向性。

连续追问。这种策略常常抓住一个问题,或由表及里,或由此及彼,或由大到小,连续提出问题,让学生的思考向纵深方向发展。表现在语言形式上,这些疑问排列有序,环环相扣,而且时有激励、鼓动性语言相伴。例如,有位语文教师上《驿路梨花》,先请学生列提纲讲述故事。讲述课文第一部分时有这样一个教学片断:

师:是谁叫"我"和老余进去的?

生:小屋门上写的字"请进"。

师:这字是谁写的?

生:是梨花姑娘写的。

师:他们进去了又怎么样呢?

生:小茅屋里安排得井井有条。

师:"井井有条"这个词用得十分确切,再说下去。

生:梨花姑娘为过路人想得挺周到的,所以要说得详细一点,说得好一点。

师:说得对!大家说说看,这一段里哪些词最能体现这位哈尼小姑娘处处为过路人着想?

生:屋里有干柴,有米,有盐巴,有辣子。

师:你看,想得多周到啊!还有没有?

生:有厚厚的草,还有水是满的,清凉可口。

师:清凉可口,对,对,还有没有?

这一例中,教师共提出了七个问题,(含一个相当于问题的"再说下去")七个问题从门上的字开始,问到进屋所见的物品。由门外到门里,从不完整到完整,由物品到人品,一路追问,联系紧密,追溯出梨花姑娘美好的心灵、高贵的品质。

触类旁通。这种策略从问题外围入手,通过不同事物、不同事理的相似点、相异点的比较、启发,引导学生解决问题。设比取喻、对照类比、引导故事等是常用方法。从研究"能被2、5整除的数的特征"的过程与方法,通过类比,获取"能被3整除的数的特征",并引申至思考"能被9整除的数的特征",可谓是教学语言触类旁通策略的典型案例:

师:同学们,想和老师比赛吗?请你任意报一个数,我们比谁先判断出这个数能否被3整除。我口算,允许你们用计算器计算。好吗?

(生随便说,师对答如流,随即把能被3整除的数写在黑板上:33、36、99、96669、123、231、312、6318)

师:还想和我比吗?

生:我不想和你比了,我们与你比每次都输,你肯定有什么秘密?

师:我确实知道一个秘密,这个秘密实际就是——

生:能被3整除的数的特征。

师:那么,什么样的数能被3整除?这就是我们今天要研究和学习的问题。

师：我们怎么开始研究呢？想想，我们以前是怎样研究这类问题的？

生：我们在学能被2、5整除的数时，是先找出一些2、5的倍数，再找它们的一些规律，我想研究能被3整除的数也能这样。

师：说得真好！这是我们最近研究数的问题时经常用的方法。现在黑板上就有一些3的倍数，请你仔细观察、分析类比，大胆猜一猜什么样的数能被3整除？

师：同学们，这节课你们有什么收获？

生：我学会了能被3整除的数的特征，知道了一个数的各位上的数的和能被3整除，这个数就能被3整除。

生：我会快速判断一个数能否被3整除。

生：我知道了只要举出一个反例，就能把这个猜想给推翻！

生：我还知道研究一个数学问题要经过三个大步：猜想、验证、结论。

师：同学们，让我们一起来回顾这节课我们是怎样进行研究的。我们是先举出一些3的倍数，然后仔细观察、分析类比，大胆猜想，举正、反例验证，得出了一个结论，最后我们还对它进行合理的解释。这是我们在研究数学问题时常用的方法。

师：今天的作业就是运用这个方法，并根据能被3整除的数的道理，想想什么样的数能被9整除。

这种策略在语言的表述上，对事物、事理力求浅显、形象描述，重点突出可比性、相通性。例如，一位教师在一节思想品德课上这样教育学生："我在黑板上画了大圆和小圆。如果我要问你们它们哪一个接触的圆外面积大，同学们一定知道是大圆，因为大圆的圆周大，接触的圆外面积大，如果把圆的面积比作人们已掌握的知识，圆外的区间比作人们还不知道的无穷领域，同学们说说看，怎样才能开拓那未知的领域呢？"学生："增多已知的知识。"教师："对。这也告诉我们，知识越多的人，越知道自己知识的不足，因而越能谦虚谨慎。相反，知识很少的人往往自命不凡，得意忘形。今后我们应该怎样呢?"学生:"谦虚谨慎,不骄不躁,刻苦钻研,掌握更多的文化知识。"这一例中,教师通过圆的设喻,从有形的图案着手,向无形的思想深处推进,通俗易懂,富有启发性、说服力,取得了良好的教育效果。

第三节 手段遣用的多样性

手段遣用的多样性,指的是教学运用的修辞手段是丰富多彩的,具有动人的魅力。

教学修辞世界之所以色彩缤纷,除了其他一些原因之外,很重要的一点与所属语体的特殊性有密切关系。教学语言是接近演讲但又不同于演讲的一种谈话语体。在演讲的语言交际活动中,演讲者处于控制地位,自由发挥创造的空间很大。但教师又不单纯是演讲者,面对的是特殊的学生群体,师生之间需要相互交流,教法与学法渗透,个性与个性碰撞,知识与能力交织,现实与未来映照,凡此种种,无不对教学修辞手段的多样性起着重要的影响作用。这里略说三个方面。

一、句式的多样性

口语句式与书面语句式相比,口语是丰富多样的,教学语言主要以口头形式表达,所以教学语言拥有丰富多样的句式。个中的情况,与一般的口语交际又有些不同。陈述句、疑问句、祈使句、感叹句四种基本句式类型,在口语交际中经常用到的,一般以陈述句为主,但由于教学语言特殊的任务、对象、性质,虽然同样以陈述句为主,但疑问句、祈使句、感叹句的使用频率要比一般口头交际的语言高得多,在某些场合,还可能超过陈述句。特别是疑问句(包括一般疑问句、设问句、反问句)几乎在平常是必用的;感叹句多用来描述有关内容和鼓励学生;祈使句则用以对学生提出某种要求。我们统计了一下钱梦龙老师《故乡》一课讨论"杨二嫂"的一个片断,教师共说了46句话,(以句号、问号、感叹号为标准)其中陈述句14句,疑问句25句,感叹句4句,祈使句3句。①在"数的整除性"教学中,既要巩固规则又要避免学生因不断重复而引发的厌烦,往往需要多种句式的有机结合。求一个数的因数,就可以用多种句式和语言来表述。18是哪些数的倍数、写出18的所有因数、18的约数有哪些、18能被哪些数整除、从小到大依次罗列出整除18的所有自然数……

肯定句和否定句的使用。由于教师不断在教学过程中启发、引导学生发言,不能不对学生语言作出对、错的判断,所以往往交替使用肯定和否定句式,有的还要着意强调,或者富有艺术性地委婉表述。"说得对!""好!完全赞成。""很有见地!""他说得多仔细啊!"这是强调性肯定。"能否补充完整一点呢?""你这样说,恐怕人家不懂吧?""我知道你的意思了,重新概括一下。""如果再发挥一下就更好了。"这是委婉的肯定,使学生乐于接受意见。以下是《年、月、日》的教学片断:

师(出示准备好的日历本,板书课题)今天的年、月、日,从日历本上可以看到。年、月、日都是时间单位。以前我们学过时间单位吗?

生:学过时、分、秒。

师:好,哪组说说,今天我们要学什么?

生:要学年、月、日的知识。

师:不错,能再具体点吗?

生:以前我们学过多少秒等于1分,多少分等于1小时,今天我们也要学年、月、日的进率。

师:现在想一想,你们都知道年、月、日的哪些知识?先小组讨论,再推出代表发言。

师:啃!你们知道这么多年、月、日的知识,真聪明!现在大家看

---

① 钱梦龙:《导读的艺术》,180~182页,人民教育出版社,2000。

看课本,看书上还有什么刚才没有讲到的;另外对书上说的有什么意见,看哪组能提出意见来。先在小组里说一说。

师:大家学得真好!不要老师讲,就都学会了。下面再说说,你们对书上说的有什么疑问、有什么意见吗?

生:我有意见。书上的年历是1993年的,但今年是1998年,太落后了。

师:为什么会这样呢?

生:可能这本书是1993年出版的,过了这么久,应该把年历换一换。

师:好,我们把这条意见反映给写书的先生。(表扬这位同学)

师:有什么好方法帮助我们记住大月、小月?

……

师:好!你叫什么名字?你真是个数学家!我们可以编个歌诀:7月前面是单数,8月后面是双数。

师:大月、小月我们学好了,但是平年、闰年更难了。

生:(齐)不怕!

师:也不怕!有信心,好!找找规律看。(课件出示1980—2000年各年份的天数)

……

上述教学评价中肯定句式与否定句式的有机结合,使教师的评价语言具有更强的激励力量,有效促使学生积极主动地对已有知识经验的梳理与未知知识的探究。

短句和长句的使用。教学语言兼收并蓄,以短句为主,这是合乎口语修辞要求的。不过,由于教学语言具有规范性、科学性的要求,故又融入书面语言的某些特点。在有些场合必然使用较长的句子,为了保持流畅宜于耳听,教师常常合理碎分长句,实际上是长句,表面上却是短句。如小数乘法法则的表述:小数乘法先按照整数乘法乘,根据因数中共有几位小数,就在积得右边起向左数出几位,点上小数点,再把小数末尾的零去掉。又如,一位语文教师上贾谊的《过秦论》,结尾小结道:"古人写史论,都是从当时的政治形势出发,或借古讽今,或以古鉴今,或论历史事件往往抓住一个方面,虽不全面,却比全面论述更能切中时弊,引起统治者的注意。"这是个很长的句子,宾语部分包含一个三重复句,由于合理分解,表述起来简洁明快,无累赘之弊病。

二、色彩的多样性

这里说的色彩,主要指语言的感情色彩。教学语言从某种意义上来说,可以看做是教师与学生心灵的对话,教学语言不能不渗透进教师丰富多样的感情色彩。又由于教师个性的差异,教师语言表达或者修辞手段运用又总是带有个人的特色。成熟的教师,其语言呈现出风格美的魅力。

有的教师遣用词句透出平朴、亲切,如春风细雨,滋润学生的心灵。下面是于永正老师《小稻秧历险记》教学片断:

师:(在黑板上写出:团团围住　不由分说　一拥而上　气势汹汹　蛮不讲理)这几个词谁心里明白了,明白的上来。

师:我们来演一下。我当小稻秧,你们当杂草。

(生在老师边读边演边指导下,学习兴趣盎然,恰如其分地演好了在黑板上写出来的几个词。师生关系空前融洽,学习不仅成就了自主,而且成就了兴趣,使内驱力旺盛)

师:感谢你们的表演。各位杂草坐好了。(文本与学生融为一体)

师:"警觉"是谁写的?现在心里明白了吗?(生答)

师:我不太满意你们的答案,其实我也不能说清楚,但我能演。现在请两位同学来配合我表演,一位同学读喷雾器的话,最好要背;一位读旁白。

(生按老师的要求背、读。师扮演杂草警觉的样子。演得活灵活现)

师:"警觉"懂了吗?懂的话我们一起读这段。

(生在老师的指导下读得很精彩)

师:"警觉"这个词擦掉了,"收拾"谁写的,懂了吗?

生:还有点不懂。

师:你读下一段,边读边思考,你可能就懂得了。

(生读)

师:懂了吗?

生:懂了。就是指把杂草消灭。

师:我说一句话,看谁知道我这句话中"收拾"的意思,"今天,妈妈说:'你把房间收拾一下'"。

生:整理的意思。

师:对。要联系上下文来理解。

师:(指着黑板上写的歪歪扭扭"有气无力"这个词)"有气无力"这个词,我看看就知道什么意思啦?谁写的?

(生站起)

师:你懂了吗?懂了请你把这一句话读一读。

(生读得有些味道了)

师:读得还不够有气无力。要么药是假的,要么农药洒得不够。我再给你喷一遍,哧——哧——哧——

(生读得更有味了)

师:(表扬)谁来比比?

师:"纷纷"谁写的?懂得的同学站起来。

(生纷纷站起来)

师:我读课文,你们演。"……杂草纷纷倒下。"

(生有气无力地纷纷倒下)

师:现在懂什么意思了吧!那"清明时节雨纷纷"中"纷纷"是什么意思?(生答)

师:现在这些词都解决了,还有几个问题谁提出的,现在懂了吗?(生答)

(生读文章)

师:三项任务完成了,还有一项写字呢?

(师指导写字)

这一例中,于老师"蹲"下来,与学生处于平等位置,打成一片,语言十分自然亲切,全然没有教师的架子。

有的教师则善于用幽默色彩的语言讲解,感染学生。例如,特级教师林伟彤有一次辅导学生写议论文,针对学生刚开始学写作的困难,说道:"议论文并不神秘,我三岁的小孙女也会写议论文。有一次小孙女说:'我最喜欢爷爷了。(论点)爷爷喜欢我,不骂我,买棒冰给我吃,还带我到儿童公园去玩。(四个论据)所以我喜欢爷爷。"整个教室充满了笑声,在笑声中学生理解了议论文的基本特征,消除了畏难情绪。

还有的教师语言是以激情澎湃、庄重典雅、清新明丽等色彩基调为特色的。以下是北京著名特级教师吴正宪老师在《解决问题的策略》中的教学片断:

师:(师请一位学生在教室里走一走)根据这位同学的走路动作,大家想提怎样的问题?

生:a.你走了多少米? ——(生演示回忆总路程的概念)
　　b.你一分钟走多远? ——(生演示回忆速度的概念)
　　c.你用了多少时间? ——(生演示回忆时间的概念)

师:一分钟走500米,一分钟就是时间,500米就是速度,你可以回忆求出哪一些?

师:请同学说一说"同时""相遇""相对""相向"这四个词的意思。(并请两位学生上台表演)

生:同时就是两个人一起走,(学生表演感受同时的概念并配以线段说明)相遇就是两位好朋友走到一起碰到了!(学生表演感受相遇的概念并配以线段说明)相对就是两个人面对面地站在一起!相向是两个人对着走。(学生表演感受相向的概念并配以线段说明)

师:请同学演示两人同时一分钟走多远、两分钟走多远、三分钟

走多远、四分钟走多远。

师：说一说两位同学，8点同时相对走8点零5分相遇，他们走了多少时间？

师：两人同时出发，同时相遇就是我们今天要学的相遇问题！（点明课题）

师：请同桌用文具盒，一边读题、一边演示这一道应用题，注意相遇了就不要动了。

师：请你们说一说在什么地方相遇的。

生：在中间就相遇了。

生：在靠近乙地的地方相遇了。

师：出现不同方法，思考他们谁说得更准确些？

……

吴正宪老师以她饱满的精神面貌、充满激情的语音语调感染着身边的每一位学生，唤醒了学生们求知的欲望，调动了他们的学习积极性。

三、辞格的多样性

辞格，即是比喻、比拟、排比、设问、反问等修辞手法。为了能够有效地达到传授知识、培养能力等目标，教师常常灵活遣用多样的辞格，以求取得良好的教学效果。这里所说的多样，要具体情况具体分析，相对来看，其针对性、实用性相当明显，常用辞格居多，同时不排除在特定的条件下使用一些技巧较高、构造较复杂的非常用辞格。

具有生动形象性效果的各种辞格运用广泛、普遍，能使学生通过具体的感性的形象思维活动把握抽象的理性知识。例如，有位化学教师在讲解"活化能的高低与活化分子百分数大小关系"时，描述道："活化能越低，活化分子的百分数越大，这就像跳高一样，横杆越低，能跳过去的人所占的比例就越大。"针对学生对离子化合物、共价化合物的电子式容易混淆的现象，这位老师又说："离子化合物中的成键电子是'私有制',(归阴离子所有)因此用'篱笆'(括号)围住,同时标出'贫富';(得失电子数目)共价化合物中的成键电子是'股份制',合股经营,围不得'篱笆',分不出'贫富'。"两例都用了比喻修辞手法,既有明喻,又有暗喻、借喻,化难为易,幽默风趣。还有一位历史教师在讲述抗日战争胜利原因时,先设了个谜语:1945年重庆谈判期间的一次酒会上,一位国民党方面的记者说:"我出了个谜语给大家猜,谜面是'日本投降的原因',打我国古代一人名。"国民党方面记者的谜底是"屈原",认为日本投降是屈服于美国原子弹的威力;而共产党方面记者的谜底是"苏武",他认为日本投降是慑于苏联红军等的强大武力。你们认为谜底应该是什么?学生热烈争论,最后教师揭示了谜底"共工"——古代神话传说中的一位英雄。抗日战争是中国共产党倡导的,以国共合作为基础的,抗日统一战线为旗帜的全民族的抗战,且得到了国际反法西斯力量的大力支持。这一例所用谜语,谐音双关,具有很高的文字技巧,结构也颇复杂,用得巧妙,颇具匠心,给学生留下了深刻难忘的印象。

　　教学修辞艺术实际上是对教学语言艺术美的追求:清晰之美、和谐之美、理性之美、形象之美、幽默之美,等等。随着当代修辞学研究的深入发展,教学语言的修辞艺术视野也日益拓宽,从语言布局、策略选择、手段遣用等更广阔的层面上考察研究。精湛教学语言修辞艺术不仅需要教师厚实的语言功底,而且需要教师能够居高临下,整体把握教学规律,熟练驾驭语言环境,灵活调动、得体运用各种修辞手段。

第八章　教学语言的融合

教学语言的融合之美，是指教师的语言与学生语言和谐交织、浑然一体的一种语言风格美。

我们曾在第二章中简略提及教学语言的融合之美，但没有详细展开论述。教学语言的融合之美在当前教学改革不断深化的背景下，具有特殊的重要意义，是新颖师生关系在教学语言中的体现；而对融合之美，在我们的视野中，尚未见到较为集中、深入的探讨，因而有必要对此作进一步的探讨。

本章着重论述教学语言融合之美的美学特征、主要类型、追求途径三个问题。

第一节　教学语言融合的美学特征

教学语言的融合之美具有交织性、包容性、规律性三个主要美学特征。

一、交织性

融合之美的第一个美学特征是交织性，即教师的语言与学生的语言等因素相互交织、渗透。教学语言的融合之美，着重考察的当然是教师语言的审美魅力，但是与其他风格美有所不同，融合之美的形成、展露、评价，绝对不能脱离学生的因素。首先，从融合之美的形成来看，有对立、有矛盾，这是融合的前提。如果没有学生的存在，就无所谓教学语言的融合。个中的道理其实是很明显的,即融合必须具有特定的对象。其次,从融合之美的展露来看,融合之美的具体展露总是依附于师生的语言交际的互动之中。教师的语言具有特殊性,针对性特别强,融合之美总是在与学生的交流、沟通之中显现出来。学生的语言表达和其他因素往往能够左右教师语言融合的方向和形式等。再次,从融合之美的评价来看,在认识、评价融合之美时,我们又必然紧密联系学生的语言作出判断。有没有融合,是怎样融合的,产生了什么样的具体教学效果,孤立地考察教师语言,是很难或者无法作出正确评判的。

请看一段教学实例:

师:(物理教师讲匀速直线运动,先在黑板上画图,标出质点)请同学们看图并思考,质点在运动过程中每小时都走10公里,这是不是匀速直线运动?

生:是。

(大多数学生沉默,思考)

生:不一定。一个小时的时间是很长的。假如前半个小时只走24公里,后半小时走36公里,加在一起也是60公里,当然不能说是匀速直线运动。

师:那么,假如半小时、半小时都是走30公里,是不是就是匀速直线运动了呢?

生:还是不能这样说。

师:大家能给匀速直线运动下个定义吗?

生:物体在任何小的相同的时间内,通过的位移相同,这种运动就叫做匀速运动。

师:想想看,这个定义完整吗?

生:不完整。他没有说出直线运动。这个定义应改为:在直线运动中,物体在任何小的时间内,通过的位移都相同,这种运动叫做匀速直线运动。

教师在此设置了几个疑问,孤立地看这几个问题语言,很是普通,两次请学生判别,再请学生自己给匀速直线运动下定义,作出修正。但是联系学生的回答考察,教师的语言紧紧抓住了学生极易疏忽之处,针对性和启发性很强,教学进程在师生的互动中渐次深化。可以断定,经过这样几次反复,学生对匀速直线运动定义的理解就会非常深刻。教师语言的精彩如果脱离了学生的语言,我们是无法作出正确判断的。

二、包容性

融合之美的第二个美学特征是包容性。语言风格美的分类是个极为复杂的问题。一般说语言风格美的种类之多,在理论上可以大体划分出界限,但从严格意义上说,都不同程度呈现出相互渗透的状态,边缘并不是非常清晰,特别落实到具体的语言交际活动中,常常在同一片断中多种语言风格同时交织呈现。教学语言融合之美的包容性的特征,主要是指它具有比其他风格美更为强大的渗透力,无论在理论上,还是在教学语言交际活动中,能够容纳多种风格美的同时存在。例如,融合之美在教学实践活动中,可以同时表现出或朴素、或华丽、或明朗、或含蓄等多种风格美,和谐相处,交相生辉。在小学数学特级教师李烈老师的课堂上,孩子们学习数学知识往往是从快乐地交谈中开始的,下面是她执教的"长方体表面积练习课"课堂实录中的部分片断:

师:上课之前我们聊了一会儿,聊得很开心。我觉得我们一下子很熟悉了,心理距离就没有了吧?那么下面呢,我们就接着聊,聊的就不是刚才这一些话题了,我们要聊的是数学。我们这节课上数学课,看看一会谁会聊,看看谁思维最活跃,而且发言的时候最勇敢,不怕说错。如果你们都说对了,那还要我干吗,是不是?咱们是研究、一块学习、讨论,你没准儿想法是错的,但可以为大家提供一个学习的宝贵资源了。你为什么错了?怎么想的呀?会不会来分析?你为大家作了贡献的。当然,你一会儿是对的,更是贡献。所以我希望待会儿我们是一块儿学习,一块儿讨论,你不要把我当老师,我拿你们也当老师,你们相互之间也是老师,我是大老师,你们就是——

生:小老师!

师:准备上课啊!(师生问好)

师:每个同学已经拿到了一个——

生:小火柴盒。

师:小火柴盒是吧,以前见过吗?

生:见过!

师:划过吗?

生:划过!

师:那就很熟悉了,是吧!那么看到这样一个火柴盒,从数学的角度,你能联想到哪些数学知识或者立刻想到可以求什么问题吗?

生:我可以联想到体积、容积还有表面积。

师:嗯,体积、容积、表面积,还有吗?

生:我可以想到这个火柴盒是长方体的。

师:好,是长方体的,还有吗?

生:我还可以想到火柴盒把这个里面插进来后是6个面。

师:嗯,要是拿出来呢?

生:拿出来就1、2、3、4、5、6、7、8、9、10,10个面。

师:好,没错!另外咱们要有一个数学的感觉,拿出来一看,哦,俩俩,立刻就下结论,几个?

生:4个!(外盒)

师:像1个、2个、3个、4个……要这么数,就有点太小了,有点像低年级的孩子,是不是?就没有数学感觉了!

师:好,还有吗?刚才有同学说想到它是一个长方体,想到长方体,我觉得你立刻就应该想到,既然是长方体,它就应该有?

生:6个面、12条棱、8个顶点。

师：还有？

生：4条高、4条长、4条宽。

师：好，你用手势比画一下，那长一般用手势，怎样比画？长，这样吧！宽呢？一般怎么表示？高呢？就这样。(师生一起比画)好了，想到它的长、宽、高，立刻就可以求出它的——

生：表面积。

师：还有同学呀，一下子抓住了这个特点，它有内盒还有外套，是吧？还知道它一共有几个面，还能想到什么？如果你是火柴盒厂的厂长。

生：我会想到做这个火柴盒需要用多少材料。

师：需要多少材料，也就是需要多少纸板，对吗？

生：对！

师：真不错，发现你们思维真的很活跃！你看刚才同学们看到这个长方体火柴盒，在短短时间想到好几个问题。一个是想到了火柴盒的什么？

生：表面积。

师：表面积。(板书)还想到了什么？

生：体积！

师：体积。(板书)还想到什么？

生：容积。

师：容积。(板书)容积跟体积一样吗？

生：不一样。

师：但就这个火柴盒来讲，它这个外壁一般很薄很薄，所以我们就可以——

生：忽略不计！

师：这样我们就可以把它们看成一样的了。刚才你们说到了，还想到什么了？它里面有个内盒，外面有个外套，刚才有位同学说了，一共几个面？

生:9个面。

师:那这9个面是火柴盒的表面积吗?

生:不是!

师:我们可以叫火柴盒的什么面积呀?

生:总面积。(教师板书)

师:内盒和外套共多少?还想到什么了?刚才同学说——

生:做火柴盒用材料。

师:用材料也就是说,这个材料是指纸板的——

生:面积。

师:哎,我有一个问题,你说这纸板的面积和这个火柴盒的总面积是不是一样呀?

生:一样!

生:不一样!

师:看来同学有不同意见。现在咱们这样吧,因为时间有限,我们不可能把它方方面面的问题都研究到,今天咱们就集中研究它的面积好吗?

生:好!

师:体积,咱们今天就不研究了。好吧!那三个面积问题,我们要开始研究的话,要先研究哪个?

生:表面积。

师:为什么要先研究表面积呢?

生:我认为后面的两个问题都离不开前面的表面积。因为前面的总面积中包括火柴盒的表面积。

生:我觉得应该先算总面积,因为表面积也包括在总面积里面。

生:老师,我觉得应该先算纸板的总面积。因为先算出纸板的总面积,才有总面积和表面积。

生:不一定!

师:其实我听了,倒是突然明白这个意思了。你的意思是不是

说,如果要求纸板总面积的话,在求纸板总面积的过程中,总面积和表面积就求出来了。有道理!刚才有位同学要先求表面积,因为在这三个题目中是最简单的。都有道理!但一般我们研究问题都是由小到大,由简单到复杂。所以,我们就应该先研究第一个问题——表面积。求表面积的基本公式,大家说一下!

……

师:感谢几位小老师,几位同学真的在讨论、研究。谁来评价一下!

生:我觉得学到了多种方法。

师:其实不只是一题多解,关键是不同的思路、不同的角度。一题用多种方法解,相当你做了几道题,那比做一道题好处大多了。还有吗?

生:可以听取其他同学的意见,下回自己就知道怎样做了。

师:好处很多。我有一个建议:上来说的同学说得慢点,要想效率高,大家要认真听,听后要立刻反应,要质疑,这就是一种真正的讨论。如果要补充,要先围绕发言的同学讨论,然后再说别的思路。在算的过程中,不断生成新的想法。实际上求总面积,简单归纳有几种方法?

……

师:好了,同学们,就这么一个小小的火柴盒,我们发现有这么多问题值得研究。如果不结合实际考虑,只求出它的表面积就太简单了吧!实际生活中,不只是我们在课堂上学的那个数学的基本公式,所以我们要灵活运用,好吗?我还有个问题,两个火柴盒放在一起拼的话,有几种拼的方法?

师:见过这个燕京啤酒的箱子吗?拆开过吗?你知道这个长方体展开是什么样的图吗?没拆过的同学回家拆拆看,这是一个作业。第二个作业,每个同学用一张长方形纸,不许裁但可以粘贴使它变成一个长方体盒子,可以吗?

时而感性,时而理性,多种语言风格的同时交织呈现,使李烈老师的课堂里有疑问,有沉思,有笑声,还有争辩。教学中,她利用师生手中小小的火柴盒,及时解读教育对象的反馈信息,不断调整自己的语言表述,始终以热情的鼓励、耐心的等待、巧妙的语言引导学生们和她的思维共鸣、情感共鸣,形成了师生互动生动活泼的精彩场面。在交流、合作、解释时学生们争论不休,师生间的各抒己见,使课堂充满了生命的活力,这是教学语言包容性融合之美的真实写照。

下面是一位老师在上朱自清的《绿》的一个教学片断:

师:我们这才明白作者为什么到现在才写到梅雨潭的绿,在梅雨潭之前写梅雨亭,在梅雨亭之前写梅雨瀑,都是一种映衬,一种蓄势。试想,远眺飞瀑,美,令人惊诧;坐观水花,饶有情趣,更令人惊诧;但绿的神光在指引,在撩人,于是作者一路追寻,来到潭边,当他俯视绿潭,心摇神荡,忘情一切,整个心给梅雨潭的绿占有了。这样层层蓄势,便让"绿"的出现具有更大的张力。[1]

师:这是怎样的绿呀?文章用了哪些比喻?闭上眼睛,想象一下:"仿佛一张极大极大的荷叶铺着",写什么?

生:写绿的形状平坦宽阔。

师:"她松松地皱缬着,像少妇拖着的裙幅",为什么?

生:写绿的波纹,是一种动态。

师:"她滑滑的明亮着,像涂了明油一般,有鸡蛋清那样软,那样嫩",绿的波光"明""亮""软""嫩",你的哪些感觉体验到了?

生:视觉、触觉。

师:春游珍珠泉,当我们把手伸进泉中,清清的泉水在我们的指缝间流过,我们正是用肌肤感受到泉的清冽。"她又不杂些儿尘滓,宛然一块温润的碧玉",用你们的掌心去抚摩一下,感受到了吗?是多么温润纯净啊。这就写出了绿的清澈。作者从形、波、光、色不同方面来描绘。随着作家的笔触,我们的眼前似乎出现了微微荡漾的绿色涟漪,我们的肌肤似乎触摸到了蛋清的软嫩,我们的视觉、触觉、感觉都成了欣赏"绿"的艺术通道。显然一个比喻是不足以表达的,

那就用一连串的比喻,从不同的角度描绘。这种比喻,就是博喻,又叫莎士比亚式的比喻。[2]

(学生诵读课文有关比喻部分的语句)

师:这样多角度的比喻,把绿之美充分表达出来了吗?

生:(齐)"我曾见过北京什刹海……秦淮河的也太暗了。"

师:北京什刹海的绿杨,纵然美,太淡了;杭州虎跑寺的绿壁,纵然美,太浓了;西湖的波太明了,秦淮河的,也太暗了。有一句话,作者没有说,也不需要说,那就是,只有梅雨潭的绿——[3]

生:(齐)不浓,不淡,不明,不暗,恰到好处。

……

《绿》作为脍炙人口的散文需要执教者用融合之美的教学语言去赏析,去调动学生的学习积极性,用多种风格的教学语言来增强教学语言的表现力。这一教学片断体现出师生之间心灵的互动和沟通,开拓生发了《绿》的美。[1]是一段清新优美、形象生动、鲜活灵动的教学语言。讲求文采、情思丰富、声音和谐,体现出清丽鲜活的教学语言风格。当老师要求学生闭上眼睛,想象梅雨潭时,学生的语言被老师的语言所同化,达到了师生交际语言的融合,再加上[2][3]这几段具有疏放风格的教学语言的尽情描述、铺陈,激发了学生的思维,有了学生"不浓""不淡""不明""不暗"恰到好处的齐声回答。在这个教学过程中,也不乏质朴平易、明白晓畅的教学语言。可见在教学语言交际活动中,能够容纳多种风格美的教学语言的同时存在,而且它们的确能和谐相处、交相生辉,体现出多种语言风格相互包容并交织呈现的教学语言的融合之美。

三、规律性

融合之美的第三个美学特征是规律性。教学语言融合之美的表现形式尽管是纷繁复杂的,但其中隐藏着必须遵循的规律。这里说的规律性,主要包含三个方面的意思:感情相通规律、深浅适度规律、关联密切规律。

一是感情相通规律。具有融合之美的语言总是与学生的感情在不同程度上相通的,感情是融合的基础。很难设想,师生之间感情尚存在较大的隔阂,教师的语言却能够产生融合之美。感情的相通当然有各种表现形式,但很重要的一点是从教师真诚的语言中体现出来。青年教师易冬平老师执教《四季的脚步》时,有这样一段与学生的对话:

师:哪位小朋友最喜欢去迎接秋天的脚步?

生:我最喜欢去迎接秋天的脚步,我喜欢秋天。

师:是吗?老师也和你一样喜欢秋天。秋天,它又会给我们带来什么礼物呢?

生:秋天是收获的季节,有许多水果吃。

师:你爱吃水果?咱们可是知音。你真是热爱生活的人。

生:秋天来了,我可以把落叶捡起来当书签。

师:(摸着该生的头)多么富有情趣呀!你是一个热爱大自然的孩子。

亲切而热情的话语,无不是真诚爱心的袒露。沐浴着爱心的"吹面不寒杨柳风",学生获得激励,享受着被赏识的喜悦,开启了智慧,树立起信心,而且心扉洞开,与老师情意交融、心心相印。这样的教学语言,贴近学生的心灵,融合之美鲜明,表现出师生间之间感情的和谐相通。

二是深浅适度规律。由于特定对象的制约,教师的语言必须切合学生的认知规律,考虑学生的接受能力,过于深奥的语言连起码的沟通目的也达不到,何谈融合?过于浅俗的语言仅仅停留在表层的沟通之上,是无法取得高品位的融合之美的效果的。下面是童话《皇帝的新装》的教学片断,教师根据学生的认知规律,运用激趣的语言,创设了"给这篇童话加个副标题""用一个字来概括这篇童话的故事情节"等孩子们兴趣盎然的活动,把深刻的哲理蕴含于浅显的语言表述之中。

师:打开书!(板书:皇帝的新装)《皇帝的新装》是一篇童话,作者安徒生。下面默读"提示"第一段,读后请同学们说说你认为介绍作者这部分内容,应该抓住几个要点。

生:我认为应该抓住五点:名,安徒生;时,19世纪;地,丹麦;评,世界著名童话作家;作,《卖火柴的小女孩》等。

师:很好!下面准备读课文。读完之后,请你们给这篇童话加个副标题,一个什么什么样的皇帝。(板书:一个……的皇帝)省略号什么意思?

生:(齐)要填出来形容皇帝的词语。

师:对!你怎么认为就怎么填,所以在读课文时,要边读边思考。下面按座次朗读课文。

生:我添加的副标题是"一个愚蠢的皇帝"。因为课文中那两个自称是织工的骗子,根本没织衣服,也没给皇帝穿衣服,只是做做样子而已。而皇帝为了炫耀自己,还穿着这件实际上并不存在的衣服去参加隆重的游行大典。这一切,作为常人都能分辨出来,他却上当受骗了,所以我认为他是个愚蠢的皇帝。

生:我拟的副标题是"一个爱美的皇帝"。因为文中的皇帝一天到晚考虑的总是穿新衣服。

师:你说的"爱美"是他的优点还是缺点?

生:当然是缺点。

师:如果是缺点,光说"爱美"是不行的。爱美之心,人皆有之。我也爱美,你们看,我上课还穿西服系领带呢!我这60岁的老头儿,也爱美。但是,这是优点不是缺点。作为教师,应该穿着整洁,落落大方。你能不能把刚才的说法稍加修改,使人一听就知道说的是缺点。

生:(稍停一会)爱美过度。

师:很好!过分讲究穿戴就是缺点了。这也就是我们常说的什么词——

生:(众笑)臭美。

师:就是这样说的。这显然是贬义。

生:我认为是"一个虚伪的皇帝"。因为他天天换衣服,每时每刻都换衣服,换得太勤了。

师:这叫虚伪?老换衣服就是虚伪吗?

生:这叫虚荣。

师:对! 那么什么叫虚伪呢?

生:虚伪就是不实事求是,不暴露真面目、真思想,搞伪装,说假话。总之,是装出一副假象。(师点头表示肯定)

生:我添加的副标题是"一个不可救药的皇帝"。因为他整天想的是穿新衣,从来也不关心国家大事,这样统治国家,国家必将走向灭亡。所以他是一个不可救药的皇帝。

师:他不可救药的主要表现是什么呢?

生:(似有所悟)噢! 主要表现在课文的最后,当那个小孩儿的话已经普遍传开的时候,那皇帝不仅继续游行,而且表现出一副更骄傲的神气。这就表现了他的顽固不化,不可救药。

师:说得好! 就是这样。

生:我加的副标题是"一个昏庸的皇帝"。他身为皇帝,不去管理国家大事,不去关心臣民百姓,而是整天泡在更衣室里,可见他是个昏君。他听信骗子的谎话,他还听信内臣们的话,赤身裸体去游行,都说明他一点儿头脑都没有。他是个十分昏庸的皇帝。

生:我拟的副标题是"一个无能的皇帝"。他认为最诚实的、很有理智的、最称职的老大臣,却向他说假话,作假汇报,可见这个老大臣是不诚实的,没有理智的,不称职的。他连自己身边的最信任的大臣都没有认清,这说明他是十分无能的。

生:我拟的副标题是"一个无知的皇帝"。我认为那两个骗子并不高明。他们的谎话,只要有点头脑的人便可识破。可是这个皇帝呢,当他在织布机前看不到布料时,竟然没有丝毫的怀疑,而是在想自己是否不够资格当皇帝。他真是连起码的知识也没有,他是一个无知的皇帝。

生:我加的副标题是"一个不称职的皇帝"。我说他不称职并不是因为他看不见布料,而是因为他不务正业,不明是非,不辨真伪。这样一个昏庸、虚伪、无能的皇帝是不称职的。

师:大家从现象到本质阐明了自己的观点,这很好。刚才大家的发言绝大部分是对的,个别有点毛病的也纠正了。通过这个练习,我们对课文中的主要人物——皇帝——有了一定的认识,下面我们再来研究一下这个故事的情节。谁能用一个字概括这篇童话的故事情节?或者说这个故事是围绕哪一个字展开的?给大家一分钟的准备时间。

……

师:大家发表了不同的见解。你们分别用蠢、骗、伪、假、傻、装、新、心八个字概括这篇课文。那么,这八个字哪个是正确的呢?

师:很好!大家的积极性很高。不过,如果请你们现在就发表意见,恐怕还是各抒己见,一时很难统一。那么,怎样才能比较迅速地把正确答案筛选出来呢?下面我就教给你们几种办法。(众生活跃)

师:首先,大家使用"排除法",把不切题的答案排除掉。我们先回忆一下,刚才我是怎么提出问题的。刚才我说的是:谁能用一个字概括这篇童话的故事情节?

生:既然题目的要求是用一个字概括故事情节,那么蠢、伪、假、傻这四个字是不对的,因为这四个字说的是皇帝这个人物,是不切题的。

师:完全正确。咱们就把这四个字排除掉。现在还剩下骗、装、新、心四个字,咱们使用"检验法"进一步解决。什么是"检验法"呢?就是把这四个字,一个一个地试用,进行检验,能够适合于文中所有人物的就留下,不能适合于文中所有人物的就去掉。

生:"新""装"这两个字都不能单独地用在课文中所有人物身

上。因为一单独用就说不清是什么意思啦。所以,这两个字是经不住检验的,应该去掉。

生:"骗"和"心"这两个字都可以。我试了一下,这两个字用在哪个人物身上都说得通。

师:现在还剩下两个字了,咱们使用"比较法"来解决,作最后的筛选怎样比较呢?就是用这两个字分别用于每个人物,比比看,看哪个字更准确,哪个字更能表现出这个故事的特点。

生:我认为"心"字不如"骗"字好。在这个故事中,所有的人物都和"骗"字有关系,有骗人的,有被骗的,还有不被骗的。总之,一个"骗"字说出了这篇课文的特色。

生:我也认为"心"字不如"骗"字。"心"指的是心理活动,就是思想。这个故事中的人物都有他自己的思想。这样一想,用"心"字概括很好。可是再一想,哪一篇课文中的人物都是有思想的。这样一来,这个"心"字,用它概括这课可以,用它概括别的课也可以。所以,用"心"字概括这一课,不能说出这一课的特色。

师:还有不同意见没有?(众生摇头)

师:大家的看法是对的,本文是围绕一个"骗"字展开的。(板书:骗)请大家回忆一下,开始你们提出了八个字,我们为什么能够在这样短的时间里就统一了认识呢?这是因为我们采用了恰当的筛选方法,这就是排除法、检验法和比较法。希望大家记住这三种方法,并在今后注意学习运用。

师:这篇课文是围绕一个"骗"字展开的。请同学们说说,文中的各种人物是怎样围绕这个"骗"字进行活动的呢?

……

师:很好!就是这样。现在我们总的看一下。(边说边板书)骗子行骗,皇帝受骗,官员助骗,百姓传骗,小孩揭骗。这个故事从骗子行骗开始,到小孩揭骗结束,始终没有离开这个"骗"字。所以说,这个故事是围绕着一个"骗"字展开的。

三是关联密切规律。融合之美既体现了教师语言与学生的紧密联系,又体现了教师语言与教学过程中的各种因素的平衡关系。为此,融合之美需要教师精心设计教学过程的每一步骤、每一环节。以下是小学数学特级教师卫建玫执教的《长方体的认识》(苏教版第10册)一课的教学片断:

(1)摸出来的精彩

师:这节课老师给大家带来一个魔袋,里面有很多的物体。你能从中摸出一个长方体吗?

师:不错,摸得还真快,感觉还真灵。

师:请同学们把摸的长方体的物体高高举起。

师:这个圆的形状是长方体吗?

师:你能不能把你的感觉或是成功的经验,与大家说一说。

生:我感觉它的6个面都是长方体,对边都是相等的。

生:我摸的时候,有8个角。

生:我还有发现,有4边是窄的,有2边是宽的。

师:我们同学分别是从面、角、边来感觉。所以一摸就成功。他们摸的时候这些感觉,换句话说,就是抓着了长方体的某些特征。那长方体有哪些特征呢?通过这节课的学习,大家就明白了。

(2)做出来的精彩

师:老师给大家准备一些材料,利用这些材料加上你的巧手,你们就可以做出一个或是两个长方体,要做得又快,又好。制作材料有方形纸板、萝卜、养料小棒、插口、刀、刀板、透明胶等。制作时,小组合作,边观察,边制作,边读书,边修正,并讨论组织汇报时的语言,力求准备精彩。展示时,介绍制作所用的材料、方法及你们的发现。

(3)说出来的精彩

师:刚才同学做得非常非常投入,你们一定想把你们的成果展示一下。

生:用萝卜切出一个长方体。

师：作成这个长方体至少要切几刀。

生：切6刀。

师：切6刀是因为长方体有6个面。

师：是不是6刀一定能切出一个长方体呢？

生：不能，所以切歪时，需要修正。

师：做得很好，说得也很好。边做边思考。

师：除了切的，还有其他的吗？

……

师：在长方体中，这些小棒叫做什么？

生：叫做"边"。

生：我觉得说的是棱。

师：说说你对棱的认识。

生：3个棱就组成一个角。

生：两个面相交的边就是棱。（指一指棱）

师：这个长方体有多少条棱？我们就可以将4组相等的棱也叫做"相对的棱"。

师：有8个插口，叫做？

生："角"。

师：在数学中，这叫"顶点"。

师：在你做的长方体中指一条棱，说一说它是由哪2个面组成的。

（学生动手摸一摸）

(4)画出来的精彩

师：它是一个长方体。（电脑课件出示一个立体的长方体）

师：相交于一点的3条棱，又叫长，宽，高。（通过电脑课件的动态演示，学生经历了实物—模型—图形—变式的认识过程，建立了它们之间的联系。在图形位置变化、特征增加的变化中，丰富了对长方体特征的全面认识）

(5)玩出来的精彩

师:我们玩一个游戏。老师准备了一些长方体的盒子,一些圆球。比赛谁能把这些物品堆得高,堆得多?

教学中,教师的语言与教学过程中的各个环节遥相呼应、丝丝入扣,成功地组织学生进行了真正有价值的数学实践活动,让学生在摸、做、说、画、玩的活动线索中亲历知识形成过程,在与教师的语言交流中不断地被纠正表述的不足,使得学生对于长方体的认识十分透彻,达到了一个新的深度。

第二节　教学语言融合的主要类型

教学语言的融合之美是可以继续划分类型的。划分的标准多种多样,按照语言融合的倾向,我们将其划分成主导型、均等型和辅助型三种。

一、主导型

主导型,是在师生语言交际的过程中,教师占据主导地位而形成的语言的融合之美。也就是说,在教学过程中,学生的情绪、思路、语言渐渐地向教师的一方接近、靠拢、同化。主导型融合之美常常表现为一个逐渐推进的融合过程,较高的境界能够在浑然一体的复杂现象中区分出或推进、或深化、或细化的清晰层次。主导型融合之美在教学过程中最普遍的表现,是教师引导学生一步一步循序渐进地思考、认识、解决教学目标中的重点、难点问题。主导型融合之美的形式标志可以是教师设置精当的、环环相扣的问题,得到良好的反应;可以是教师精当的点拨,从而引发学生对新发现、新认识的生动表述;也可以是在教师的导航下,学生破解困难问题时师生情感的外显语言,当然也可以是上面提到的几者同时展露。

请看一位老师教《孔雀东南飞》中的一个片断:

师:同学们,上节课我们读了《孔雀东南飞》,大家对《孔雀东南飞》是不是有了点模模糊糊、朦朦胧胧的印象啊?

生:(异口同声)是。

师:好。那我们这节课就来猜一猜、说一说《孔雀东南飞》。

生:(疑虑地说)猜一猜?

师:嗯。请问刘兰芝为什么要离开焦仲卿?

生:(抢着说)老师,您说得不对。不是刘兰芝"要"离开焦仲卿,而是被焦仲卿的母亲逼迫,被他们家赶出了家门。请注意是"逼迫"。

师:好。那么请问焦仲卿的母亲为什么要"逼迫"她呢?

生:因为看她不爽!("不爽"引得同学们一阵大笑)

师:为什么看她"不爽"?大家一起来猜一猜。

生:因为刘兰芝任性。

师:从哪儿看出来的?

生:她婆婆说她是"此妇无礼节,举动自专由。"

师:还有别的原因吗?大家抓紧时间猜一猜。

生:因为刘兰芝与焦仲卿"门不当,户不对"。

师:有根据吗?

生:刘兰芝是"生小出野里,本自无教训",焦仲卿是"汝是大家子,仕宦于台阁"。

师:还有吗?

生:(小声地说)因为……因为……刘兰芝没有生孩子。

生:对。(不少同学附和)

师:为什么没生孩子就逼她走呢?

(许多同学陷入了沉思,保持着沉默)

生:(一个大胆的男生说)老年人都想抱孙子。

师:这是事实。那么我们从封建伦理道德来看呢?

生:不孝有三,无后为大。

师:什么意思?

生:"无后"是大不孝,因为"无后"就是断香火,就是断子绝孙。

所以焦仲卿的母亲就找借口"逼"她走。

师:有一定的道理。还有吗?

生:(一个胖乎乎的男生说)有。我认为是嫉妒心理。

师:谁嫉妒谁啊?

生:焦仲卿的妈嫉妒刘兰芝。

师:啊?从何说起?

生:因为刘兰芝长得漂亮,又聪明能干,焦仲卿非常爱她。他妈担心刘兰芝会取代自己在家庭中的地位,还担心儿子会疏远她。

师:好。你分析的角度较新。还有吗?(学生沉默)

师:刚才大家从不同的角度,推测了焦仲卿的母亲逼迫刘兰芝的种种原因,既有伦理方面的,又有心理方面的,我认为大家猜得不错。下面,请同学们说一说。首先,请女同学说一说"这个婆婆怎么样?"

生:不好。

生:夹石。(方言词,意即"蛮不讲理")

师:为什么?

生:她横挑鼻子,竖挑眼。

生:鸡蛋里挑骨头,生找毛病。

生:她虐待刘兰芝。

师:"虐待"从何说起?

生:刘兰芝"鸡鸣入机织,夜夜不得息。"这不是虐待是什么?

生:她棒打鸳鸯散。(女同学义愤填膺地声讨着)

师:面对这样的婆婆,我们怎么办?

生:不理她。

师:行吗?

生:不行。

师:为什么?

生:因为那时女子在家庭里没有地位。

师:那么"婆婆"不是很有地位吗?

生：婆婆年轻时也没地位，可她现在有了。噢，对了。这就叫做"多年的媳妇熬成婆"。看来，刘兰芝也只有慢慢地"熬"了。

师：好了。现在请男同学说一说这个妈妈怎么样？

生：好！

师：要拆散自己婚姻的妈妈还是好妈妈吗？

生：是。

师：为什么？

生：她虽然逼迫刘兰芝，但也是为了这个家，还是为她儿子好。

师：我们的男同学真是好样的，这么热爱自己的妈妈，真是"世上只有妈妈好"。你们的妈妈没有白养你们，她们听了一定很高兴。

生：（一个女生生气地说）还好样的！爱，那也要看怎么个爱法。对的，我们就要去爱。不对的，我们也不能爱。

师：唉！真是"隔层肚皮隔层山"啦！女同学说婆婆不好。男同学说妈妈好。那么请问男同学如何解决婆媳矛盾？

生：先和母亲好好地谈谈，尽量做好母亲的思想工作。

师：做不通怎么办？

生：分家。单过。

师：其他男同学同意吗？

生：不同意。

师：为什么？

生：母亲把我们养这么大，容易吗？我们不能娶了媳妇忘了娘。

生：不分。那就和他离婚！（一个女生坚定地说，其他女生附和）

师：唉！到了这种程度，你看这日子还怎么过？（大笑）俗话说"清官难断家务事"。"难断"是因为公说公有理，婆说婆有理。你不让我，我不让你，僵持不下，结果必然是两败俱伤。如果人与人之间多一点沟通，多一点理解，多一点尊重，那么生活就会变得和谐幸福。同学们，你们会成为焦仲卿吗？

生：不会。

师:你们会成为刘兰芝吗?

生:不会。

师:那我就放心了。我衷心地祝愿你们将来爱情幸福,生活美满!

(学生热烈鼓掌)

这位老师先安排一节课让学生自由读课文,只字不提作者、背景、评价等相关材料。紧接着又安排一节课让学生讨论,目的就是不想让现成的或教师的结论左右学生的思维,让学生尽情地讨论,抒发他们原汁原味的情感认知。而学生的思路渐渐地向教师的一方靠拢。主导型融合之美就是这样一个逐渐推进的融合过程。"请问刘兰芝为什么要离开焦仲卿?""还有别的原因吗?""面对这样的婆婆,我们怎么办?"教师引导学生一步一步思考、认识、解决教学目标中的难点问题。

在艺术课教学中,教师占据主导地位而形成的语言的融合之美也随处可见。下面是一位美术老师上《纸拖鞋》的教学片断:

师:(神秘、充满自信地)我这儿有一个拖鞋超市,里面有一些很特别的拖鞋,同学们来看一看,觉得怎么样?(出示20个纸拖鞋,将之有顺序地贴在黑板上,并进行编号1、2、3、4……方便学生评价)

生:很漂亮。

师:你最喜欢哪一只?为什么?

生:我喜欢3号鞋子,因为它的颜色很好看。

生:我觉得7号鞋子漂亮,样子比较特别。

生:我认为16号拖鞋很好,因为上面的小熊很好玩。

师:这些鞋子都很漂亮,每只都有它的特别之处。你们想来试穿一下吗?

生:(大声地)想。

师:谁来试一试?

(全体学生跃跃欲试。一男生很快地跑到讲台上)

师:你喜欢哪一只就试穿哪一只,自己随便挑。

（男生取下一只大的，脱下自己的鞋子，穿上，有点大）

师：穿上感觉怎么样？

生：太大了。

师：哦，这只鞋子虽然你很喜欢，但太大了，穿不成，那要选一只稍小一点的。谁再来试一试？（扫视全班，指一名没有举手的女生）你来试一试。

（女生怯怯地走到前面，有些犹豫，不知道挑哪只好）

师：（幽默地）大胆地挑一只，没关系，随便试穿不要钱的。

（学生笑。女生选了一只小心地穿上）

师：感觉怎么样？

生：（抢着说）有点小，脚跟还在外面。

师：（非常可惜地）这只鞋子虽好看但也不适合你，稍大一些就好了，对吗？

（女生点了点头）

师：还有谁想来试一试？

生：（另一男生选一只很快地穿上）老师，这只我穿着刚好。

师：看来鞋子漂亮还不是最重要的，最重要的是什么呢？

生：要穿着刚好。

师：对，也就是大小合适，这就是我们设计制作拖鞋的重要原则。

可见，这个教学环节的教学目标是让学生理解制作拖鞋的重要原则：大小合适。在师生语言交际的过程中，教师占据主导地位，学生的思路、语言逐渐向老师靠拢、同化，通过创设"拖鞋超市"让学生选购试穿的情境，师生共同达到语言交流的融合之美，学生亲自体验和感受到了鞋子合脚的重要性，也让学生充分认识到了美术与生活是密不可分的。

二、均等型

均等型，是在师生语言交际活动中，教师与学生的交际角色处于相对均等地位而形成的语言融合之美。也就是说,师生双方的情绪、思路、语言交相融合。均等型融合之美因为教师不扮演主导的角色,所以教学氛围显得自由和宽松,教师的语言不一定具有鲜明的层次,随时可能随着话题的转移而改换方向。这种融合之美在师生共同探究问题的教学方式中比较多见。教师不先入为主,不轻易表露主观倾向,不指责学生,而是在互动的和谐气氛中让学生逐渐深化认识、解决问题。均等型融合之美的语言形式,口语性标记鲜明,口吻一般亲切随和,句式长短参差,转换灵活自如,有时虽然可能言辞激烈,但主要为追求真理,这是双方共同的心声,并不会影响融合之美。在小学数学特级教师葛文君《乘法分配律》的课堂教学中,老师巧妙地创设情境,体现民主意识,真正做一名学生学习活动的组织者、合作者、促进者,让学生在轻松、愉快的生活化的课堂环境中自主探究、自我发现。请看以下片断:

师:同学们,你们去过苏果超市吗?你们去过森林超市吗?想不想去看一看?小熊开了一家森林超市,它想干什么呢?我们一起去看看:(多媒体画面呈现:森林超市招聘广告:本超市急聘一名有数学头脑的收银员,待遇优厚)

(小猪和小兔前来应聘)

师:小熊决定进行考试,择优录取。请同学们一起参加这个录取工作。第一轮比赛开始了:森林俱乐部准备召开小动物运动会,在本超市买了4副乒乓球拍和乒乓球。(呈现题一)乒乓球拍每副15元,乒乓球每个3元,一共几元?小猪和小兔很快算出了结果,你知道它们是怎么算的吗?

生:小猪 $15×4+3×4=60×12=72$(元)

　　小兔 $(15+3)×4=18×4=72$(元)

师:仔细观察这两道算式,你有什么发现?(左右两边的算法不同,但得数相同)每种算法,先算什么,再算什么?结果怎样?结果相等,我们可以怎样连接这两个算式?

师：森林俱乐部为裁判员买了5套运动服。上衣单价55元，裤子45元。一共花了多少元？这回小兔一口就报出了价格，小猪却算了很长时间，同学们，你知道小兔是怎么算的吗？小猪又是怎么算的呢？小兔为什么算得这么快？

生：小兔(55+45)×5=100×5=500(元)

　　小猪55×5+45×5=275+225=500(元)

师：仔细观察这两个算式，你又有什么发现？

……

师：观察这三个等式，每个等式都有几个数组合而成？通过观察这几道等式从左边到右边，你能发现什么规律吗？是不是任何三个数组成这样的算式都具有这样的规律呢？下面我们共同合作，验证一下：谁能举出三个数。如……

以下是扬州市梅岭小学刘茵老师上《我应该感到自豪才对》(苏教版小学语文第六册)一课的教学片断：

师：同学们，世界上的人形形色色，有的容貌出众，有的长相普通。今天就请大家评价评价刘老师的外貌特征。

生：脸大大的。

师：脸大好啊，面子大嘛。

生：高高的，就是太瘦了。

师：瘦子显得精干，不容易得高血压、心脏病，做衣服还节省布料呢。(生大笑)

生：嘴小小的。

师：嘴小巧言，能说会道呀，你们不是都很喜欢刘老师上的课嘛。

生：是啊是啊，刘老师的声音可好听了，朗读课文的时候很有感情。

生：鼻子有点塌，不好看。

师：高鼻梁虽然好看，但要是走路不小心碰到电线杆，可要比我这个塌鼻子多吃苦头！

生：那刘老师就没什么缺点了！

师:在别人眼里是缺点的东西,说不定正是值得你自豪的优点呢!
……

师:我们今天学的课文就是——(板书课题)

生:(齐读课题)《我应该感到自豪才对》。

师:"自豪"这个词是什么意思?

生:"自豪"就是自己感到骄傲,所以题目也可以改成《我应该感到"骄傲"才对》。

生:我觉得"骄傲"不好,因为骄傲使人退步。

生:我查过词典了,"骄傲"有时候不一定是自满的意思,比如说"我身为中国人,感到很骄傲",骄傲就是自豪的意思。

师:对!你真是个好学的孩子。字典和词典都是我们的好朋友,你们看,向这两位老师求助,也能帮助你们解决很多问题。

(学生自由朗读课文第一、二自然段)

师:同学们读得很认真!课文能读通吗?现在看谁读得好。(指名读)

师:你读得很有感情,能给大家说说你是怎样读好课文的吗?

生:我就是在朗读的时候把自己当成课文中的小动物,像小骆驼、小红马那样想、那样说。

师:你的方法真好!可是,我们怎么知道课文中的小红马、小骆驼在想些什么、说些什么呢?

生:插图里的小红马抬头挺胸,脸上的表情非常骄傲。

生:它一副得意扬扬的样子,好像在对小骆驼说:"这么丑,怎么配跟我站在一块,去去去!"

生:小红马觉得自己很漂亮,显出一副高高在上的样子。

师:小骆驼又是一副什么样子呢?

生:背上长着两个驼峰,像个驼背老人,一点也不好看。

生:脚掌又大又厚,像套了一双大棉鞋。

生:这样的脚掌走路肯定不方便,比不上小红马的脚掌,轻快灵巧,跑起来"得得得",多好听!

师:插图上能看清楚它的眼毛吗?
生:看不出来,画得不清楚。
师:想象一下,如果你长了两层眼毛好不好看?
(生摇头)
师:小骆驼心里会怎么想呢?
生:我看它站着不动,心里肯定很难受,心想:"爸爸妈妈怎么把我生成这副模样呀?"
生:小骆驼心想:"小红马多帅啊,我要长得像它就好了。"
师:是啊,如果有家美容院,帮"我"割去两个肉疙瘩,拔掉多余的一层眼毛,再把脚掌修得小一点、薄一点,那多好啊。
(学生笑了)
师:现在,你们是不是好像看到了故事里的小红马和小骆驼了?试试看,把自己想象成故事里的角色,再来读一下课文吧!
……
师:你要是小骆驼的妈妈,看到自己的孩子受了委屈,你怎么办?
生:我会找小红马,让它向我的孩子道歉。
生:我会好好安慰小骆驼,告诉它驼峰、脚掌和眼毛的作用。
师:大家说得真好,可是骆驼妈妈可没有像你们说的那样做,她一点也不心疼自己的孩子。
生:不对不对,骆驼妈妈是"疼爱"地对小骆驼说话的。
生:骆驼妈妈虽然没有说安慰的话,可她有自己的方法呢!她是想让小骆驼到沙漠里去走一趟,自己体会脚掌、眼毛、驼峰的用处。
师:对!让小骆驼身临其境地去感受,要比妈妈说一千句、一万句还管用。
生:事实胜于雄辩!

这一课的导入新颖独特,教学语言风趣幽默、新鲜活泼,令学生耳目一新。教师与学生的语言交织、渗透,当学生说刘老师相貌上的缺陷时,教师用幽默风趣的话道出它的有用之处,并用"在别人眼里是缺点的东西,说不定正是值得你自豪的优点呢!"这句话揭示了课题,为课文的学习埋下了伏笔。接下来一串充满人情味的师生对话,引发了阵阵笑声,使学生感受到真实、亲切,创设了轻松愉快的气氛和节奏。教师和学生完全处于平等的地位,由学生自由发挥其想象力来解读文本,鼓励学生敢于质疑,但教师巧妙地加以肯定和引导,既让学生初步了解了一词多义的现象,又潜移默化地对孩子的学习方式产生了影响。这样的教学语言完全建立在师生感情相通的基础之上,教师循循善诱、适度点拨,孩子们实话实说、畅谈感受,他们抒发的感情真实细腻,完全进入了课文的角色当中,教师多方设法引导学生讨论,使孩子们更深刻地体会到骆驼妈妈真诚、无私、艺术的"疼爱",师生之间达到心灵相通,情感共鸣,个性飞扬,智慧尽现,课堂真正成了师生共同创造的舞台。

三、辅助型

辅助型,是在师生语言交际活动中,教师的交际角色处于辅助地位而形成的语言的融合之美。也就是说,教师的情绪、思路、语言向学生一方接近、靠拢、同化。辅助型融合之美,从表面上看,似乎教师处于辅助的非主导地位,但实际上是一种更高层次的主导,教师长时间训练、培养的结果。教师之所以会向学生一方趋同,当然是由于学生的语言或有创见,能折服人;或有感情,能打动人;或有特点,能发人深省。其中包含着教师平时的心血。这种类型的融合之美多见于研究性学习过程,学生具有较强的自学能力,能够发表独立的见解,而且表现出出色的口才。辅助型融合之美的语言形式,较多的是教师的有力肯定、由衷赞叹、热情鼓励、自然补充、婉转修正等。

一位老师教"春色满园关不住,一枝红杏出墙来"的诗句,有这样一段对话:

师:同学们,你们看,这是什么?(老师从讲台下拿出一枝课前采

摘的红杏）

生：这是杏花。

师：请你们想象一下，"一枝红杏出墙来"是一幅什么样的画面？（老师要求学生用水彩笔画下来，并挑选了一幅用实物投影仪展示出画面）

师：从同学们的画中我已经知道大家理解了"一枝红杏出墙来"的意思，这意思是——（被学生打断）

生：一枝红色的杏花从墙上面伸出来了。

生：一枝红色的杏花从墙上伸出脑袋来了。

师：用拟人的修辞手法，说得真生动！

生：一枝红色的杏花嫌院里的天地太小，就爬上了墙头，它要看看外面更大更精彩的世界。

生：主人不在家，客人来访不能进门，红杏从墙头伸出热情的手来代主人向客人打招呼呢！

师：哦，说得更生动形象了！大家肯定从这一枝伸出墙头的杏花想到了院内的情景。

生：院内一定有棵杏树。杏树有很多这样的枝条。

生：杏树上开满了杏花，整棵杏树红红火火。

生：整棵杏树生机勃勃，一片火红，让人看上去暖洋洋的。

生：院子里一定还有很多花草树木。

师：院子里的景色一定是很美的，老师很想把它描绘出来，谁能帮助老师说一说？（有学生举手）不忙，请大家先闭上眼睛想一想再描述。

（学生闭眼想象，口里述说，一副很陶醉的样子。三分钟后，老师让同学们描述，多位同学兴致勃勃地描述着）

师：同学们的想象力非常丰富，比老师想的好多了。你们所描述的景象用诗歌中的哪四个字可以概括？

生：春色满园。

在这个教学过程中,学生积极开动脑筋,展开了丰富的想象,生动地描述了诗句的形象,有的感受很有新意。而老师则有意"降低"自己的身份地位,处于辅助地位,甚至请学生"帮忙",较多的是不失时机的肯定和赞扬:"说得真生动!""说得更生动形象了!""同学们想象非常丰富。"当然,这中间也有教师的引导作用,只是比较隐蔽,教师尽可能地调动学生的积极性、主动性,让学生自己动脑解决问题。像具有这种倾向的教学语言就属于辅助型融合之美。

辅助型融合之美的教学语言往往也可用极具挑战性的提问来表述。著名数学特级教师华应龙上《中括号》一课片断:

师:(他先在黑板上写了"1、2、3"三个数字)我写了什么?

生:阿拉伯数字。

师:阿拉伯数字是由谁发明的?

生:当然是阿拉伯人。

生:不,我爸爸说阿拉伯数字是印度人发明的。

师:啊,很好,有争论了。大家来个表决吧?(表决结果赞成第二种)

师:大家真棒,的确是印度人发明的,那既然是印度人发明的,为什么叫阿拉伯数字呢?

(学生沉默,老师说明原因。这时,学生们议论纷纷,发表各种意见,有的学生说:老师到底要教什么呢?)

师:呵,弄糊涂了吧,那看看黑板。(他把1、2、3改写为1 8 2 3 6=18)请同学加上运算符号使等式能成立。

生:18+2×3-6=18

生:18×2÷3+6=18

生:18×2-3×6=18

生:18÷2+3+6=18

师:好,(黑板上换成1 8 2 3 6=81)怎么办?

(学生沉默)

师:九九八十一……

生：(18÷2)×(3+6)=81

师：大家评价一下。

生：对是对，但前面的小括号可以不要，因为要不要，都不改变运算顺序。

师：真棒，小括号是改变运算顺序的，就是说有了小括号，就要先算小括号里的。既然前面这个小括号加不加运算顺序都一样，那么就可去掉。大家再看：18÷2×(3+6)=1 这个算式，要求添加符号使之成立。

{生思考探究一会儿后写下：18÷[2×(3+6)]=1}

(老师带领学生鼓掌)

师：请你说说理由。

……

华老师的语言幽默风趣，悬念迭起，简洁明了，也充分体现了辅助型融合之美。关于阿拉伯数字的对话，丰富了学生的知识，引出了要解决的问题，而且进一步使师生之间感情相通。接着，教师用简洁而明确的语言提出一个又一个富有挑战性的问题，一步步引领学生去领略数字与符号的美感。师生的语言互动交织，和谐融合，教师看似只管抛出问题，完全由学生自主找出答案，实则通过语言的肯定、赞扬、启发提示以及追根问底，很好地带领学生开动脑筋去解决问题、建构新知。

第三节 教学语言融合的追求途径

教学语言的融合之美以其高层次的境界、深厚的特殊的审美魅力，在教学语言风格美中占有重要的地位，能够大大增强教师语言的感染力，提高教学效益，教师应该在教学实践中努力创造，积极追求。那么通过怎样的途径在教学实践中创造融合之美呢？下面三点是必须做到的。

一、交际角色的深层转换

　　交际角色,是指交际者在语言交际中所处的地位,而并不是指交际者在现实生活中的真实地位,如领导或被领导、长辈或晚辈等。在传统教学中,教师是主宰角色,牢牢控制着教学全部过程的各个方面,其极端可以使学生自始至终只是听讲,不说一句话,这叫"满堂灌"。如果教师处于这样的角色,那么语言无论如何是体现不出融合之美的。固然,教师也可以在教学过程中临时转变交际角色,即临时改变身份地位等,以求自己的语言与学生的语言尽可能保持一致和谐,但是创造融合之美,仅仅表层的角色转换还是不够的。教学改革深化的标志之一就是师生关系的改变,师生在课堂教学中的关系是平等的,只有教师改变观念,从传统的"以我为主"的观念中跳出来,从深层转换交际角色,尽可能地创设民主和谐的教学氛围,充分调动学生的学习积极性、主动性,在双边的互动过程中完成教学任务,加强与学生的交流和沟通,力求师生语言交融成为一个有机的整体,那么才有可能真正创造出教学语言的融合之美。

　　一位老师给二年级学生上《一粒种子》一课的片断:

　　师:(出示句子:种子把身子挺一挺)小朋友们,谁能把"挺一挺"这个动作来表演一下,好吗?

　　(请学生上台表演"挺一挺"的动作)

　　师:演得像不像?(略停顿)还是先请大家来读读这个句子,想想"挺一挺"告诉了我们什么?

　　(生读句子,有的还边读边在挺自己的身子)

　　生:老师,"挺一挺"这个词语在告诉我,种子在生长。

　　生:还告诉我们,种子每次把身子挺一挺的时候,就长大了一点,最后挺一挺就钻出泥土了。

　　生:应该说是种子在用力地挺,拼命地向外面钻。

　　师:说得真不错,请小朋友们按着这样的理解——一边挺一挺身子,一边再有精神地读读这个句子,好吗?

　　课堂教学是一个有生命力的、动态发展的生成过程,这不仅仅是语言的简单交流,而且是教学语言在更高层次上的融合。透过这一教学片断,我们能感受到语言是有生命的,通过师生交际角色的深层转换,使原本静默的教材语言变为鲜活的有声有形的教学语言,这是焕发语文课堂教学生命力的关键之一;语言还是动态的,它是教材与课堂、教师与学生、目标与过程、理解与品味自然而然的融合,它更关注孩子身心的成长和学习习惯的培养。

二、教学目的的总体制导

　　一般的语言交际也有讲究融合之美的,有的还是积极追求的,但是教学语言融合之美的特殊性在于必须坚决服从教学目的的总体制导。意思是,融合绝不仅仅是形式上的和谐,而是为了确保教学目的的顺利、圆满完成。之所以说是总体上的制导,是因为教学目的可能比较明显、清晰;也可能比较隐蔽,不一定能够被人们很快觉察、发现,有的必须在一个较长的时段内才能被识别、发现。因此教师不管怎样努力追求融合,都必须牢记教学目的,确保教学目的的顺利、圆满完成。

　　一位老师教《李时珍》时有这样一个教学片断:
师:"品尝"是什么意思?
生:"品尝"在文中指亲口吃一吃,仔细辨别的意思。
师:说得好! 那李时珍亲口吃了什么呢?
生:他亲口吃药材。
生:他亲口品尝许多不知名的药材。
师:他为什么要亲口品尝那些不知名的药材呢?
生:他是为了判断药性和药效。
师:那他判断药性和药效干什么呢?
生:可以辨一辨各种药材的性能及吃了各种药材后的不同效果

和反应。这样,他编写的药物书就比较完善了。

生:我认为他这么做还为了对病人负责。更准确地知道了不同药性和药效,病人就不会吃错药了。

师:说得不错。那品尝药材与品尝食品有什么不同呢?

生:品尝食品没有生命危险,而品尝药材随时都有各种难受的反应,甚至有生命危险,因为许多药材李时珍从没见过,从没听说过。

师:是啊!可以想见,李时珍品尝药材,有时严重的药物反应使他难以入睡,不能吃饭,甚至神志不清、失去知觉,这些他都挺过来了,这需要多大的勇气啊!从这件事上,你觉得李时珍是一位怎样的医生呢?

生:李时珍是一位不怕死的好医生。

生:李时珍是一位对病人高度负责的好医生。

生:李时珍是一位立志为医学事业献身的好医生。

这一例中,教师的语言与学生的语言紧密、有序、和谐地融合,从"品尝"的词义讨论开始,由表及里,层层深入,最后转入对李时珍人品的评价。可以说,教师的每一个问题的设计都具有特定的指向,顾及前后的联系,环环相扣,不是空泛说教,而是在与学生的具体实在的对话中,达到了正确而深刻认识李时珍的教学目的。综观这一教学片断,教学目的比较明显地贯穿教学过程,是教学语言融合之美的核心。

三、修辞手段的灵活运用

融合之美从实质上看,是师生矛盾的对立统一。为了达到这一境界,教师可以而且应该灵活运用各种修辞手段。比较常用的有溢露情感的修辞手段,循循善诱的修辞手段,巧妙衔接的修辞手段,等等。溢露情感的修辞手段能创设良好的教学氛围,保证师生人际关系的和谐和教学过程中学生的活跃。循循善诱的修辞手段,铺设大小适中、井然有序的认知台阶,比较容易使师生双方意见趋近,达成一致。巧妙衔接的修辞手段,减少了语言的跳跃性,加强了语言的内外联系,教学过程显得浑然一体。当然,各种不同的修辞手段常常是综合、灵活运用,更进一步展现了融合之美。

一位老师教《长方体的认识》,要让学生在认识上从平面过渡到立体,设计了这样一个过程:

师:(在复习完常见的平面图形后,教师出示画在厚纸上的长方形)这张纸上画的是什么图形?

生:长方形。

师:长方形有什么特征呢?

生:长方形的对边分别平行且相等。

生:长方形的四个角都是直角。

师:同学们说得非常好!再想一想,长方形有厚度吗?

生:没有。

师:对,长方形是一个平面图形,它是没有厚度的。现在老师把这个长方形从厚纸上剪下来。(边说边沿着长方形的四条边把它剪下)

师:大家看,这张卡片有厚度吗?

生:有。

师:对,它有厚度。只不过厚度比较小,看不太清楚。现在老师把很多同样的卡片摞起来。(边说边演示)大家看,这个物体的形状还是不是长方形呢?

生:不是长方形。

师:为什么?

生:因为长方形没有厚度,而它有厚度,所以它不是长方形。

师:对,由于它有了厚度,它已经不是一个平面图形——长方形了,它是一个立体图形。

……

从平面到立体,由二维空间向三维空间转化,是学生学习几何知识的一次突变和飞跃,知识的跨度比较大,难度高。这位老师循循善诱,架设了难易适度、逐步提升、井然有序的认识"桥梁",其间的衔接过渡自然紧密。例如,从一张厚纸上剪下来的长方体,老师并没有马上就要求学生判别,而只是请学生认识它已经具有厚度;再将很多卡片摞起来后,长方体特征鲜明了,再提问"这个物体的形状还是不是长方形",融合就显得十分自然妥帖,帮助学生完成了这个认识上的飞跃。

教学语言的融合之美既具有一般风格美的共性特征,又表现出独特的个性特征。融合之美的境界是高品位的,内涵是丰富多彩的,形式是极其生动灵活的,这一课题的研究具有广阔的空间。在新课改的大背景下,教师应该切实加强自身的各方面修养,积极追求、努力创造教学语言的融合之美,不断攀登教学语言的新境界。

第九章 教学语言的创新

教学改革是全方位的改革,其中教学语言是一个绝对不能忽视的重要方面。随着教学改革特别是新课改的深入发展,教学方法的锐意创新,作为教学最重要的——媒介语言,也必然会不断变化、突破,刷新着自身的面貌。这是客观的规律。微观地具体归纳和描述自然也是必要的,但我们觉得尤其需要从整体上认识和把握教学语言创新的主要特点,以便明确方向,进一步优化语言,从特定的方面有力促进教学改革的深入发展。以下着重从宏观角度探讨、论述教学语言创新的三个方面:问题情结、开放意识、融合趋向。

第一节 问题情结

问题教育法是启发式教学的一种形式,要求教师精心设置问题,引导学生积极思考,使学生产生解决未知问题的心理要求,在围绕问题的探索过程中达到既掌握知识,又培养能力的目的。我们不能武断地下结论:以前教师在教学过程中忽视问题的设置,没有或者很少设置问题;而是认为,在新的教育理念观照下,许多教师对问题在教学过程中的重要地位有了更深刻的认识,设置问题的自觉性大大提高了,而且更讲究艺术性,表现出一种浓浓的问题情结。所谓问题情结,也就是高度重视,情之所系,精心经营。教学过程中对问题的语言设计和表述,集中反映了这种问题情结。

一、主导性

问题情结的第一个表现是问题的语言设计和表述的主导性。从我们考察的较多的旧教学案例来看,教师问题的设置在整个教学过程中很少占到举足轻重的地位,不少还停留在随机性上,教师提出问题也有目的,也注意时机,但在指导思想上,尚未将问题提升到教学过程的主导地位,大量的琐碎的是非式的提问就是证据。教学语言的创新,问题情结的显现,首先就表现在将问题的语言设计和表述作为教学过程中的关键环节,核心因素,发展深化的重要的推动力量。

上海小学数学特级教师潘小明在《长方形、正方形的周长计算》的教学中,首先通过问题的语言设计,唤起学生的认知冲突,丰富学生的感知表象,使学生对周长概念深度理解,再设计系列问题从特殊到一般、从具体到抽象,引发学生自主探究长方形、正方形的周长计算方法。

[电脑出示:三个花坛,三个小朋友先后绕各自的花坛(三角形、四边形、五边形的花坛)走一圈。之后——]

师:如果三个小朋友以同样的速度,同时出发绕各自的花坛走一圈。你猜,谁最先走完一圈?请用一个手指表示选择绕三角形花坛的小朋友最先回到起点,两个手指示选择绕四边形花坛的小朋友最先回到起点,用三个手指表示选择绕五边形花坛的小朋友最先回到起点。

(在经过观察和思考后,大家用打手势的方法表示出自己的选择。大多数学生伸出了一个手指,也有选伸出了两个手指或三个手指的)

师:看来,大家的选择不尽相同。请前后六人为一个小组,说说各自选择的理由。

生:三角形花坛虽然只有三条边,但是,它的每条边都是很长的,而五边形花坛虽然有五条边,但是每条边都是很短的,所以,我认为绕五边形花坛走的朋友最先回到起点。

生:我也觉得绕五边形花坛走的小朋友最先回到起点,因为五边形花坛的一条边是三角形花坛一条边的一半,三角形花坛还多出半条边,所以,绕五边形花坛走的小朋友最先回到起点。

生:绕四边形花坛走的小朋友会最先回到起点,因为四边形花坛的四条边都比较短。

师:如果五边形花坛的边长真的是三角形花坛边长的一半,那么,绕五边形花坛走的小朋友最先回到起点。可是,我看上去好像是超过一半的。

(大家互相争执着,谁也不让谁。这时,教师让电脑演示,同学们的眼睛注视着屏幕上的三个小朋友。随着绕四边形花坛的小朋友最先回到起点的瞬间,学生中发出"耶——,我猜对啦!"的欢呼)

生:老师,我刚才量错了。

师:你刚才是怎样量的呢?

(该学生重新进行演示。原来,他是举着一把直尺,手指指着尺上的刻度,按着同一角度,眯着小眼睛在进行着远距离的测量)

师:这样测量的误差是很大的。不过,你挺会动脑筋的!猜对了,当然很高兴。可你们知道其中的原因吗?

生:五边形的边比三角形的边短,可四边形比五边形还少了一个边。

师:那三角形比四边形还少一条边呢?

生:是看距离。

师:是看什么的距离,是看一条边的长度吗?

生:不是的。是看整个图形的——周长。

师:(故作听不懂)他刚才说了哪个词?

(有位学生指着手中的尺说,这个"尺",逗得大家乐呵呵地笑开了。这时,其他的学生补充说,他刚才说的是"周长"。教师结合回答板书:图形的周长)

师：周长——是什么意思？你能结合刚才的花坛来说说周长的意思吗？

生：周长就是每条边长度的意思。

师：那么，一个三角形有几条周长？

生：三角形有三个周长。

（话刚出口，一些学生笑了，并表示不同意，说三角形有一个周长）

生：三角形的周长，是指三角形三条边长度的总和。

（结合回答，电脑进行演示，先除去花坛显示出三角形，再顺次出示三角形的三条边）

师：四边形的周长指的是什么呢？五边形呢？

生：四边形的周长是指四边形四条边的总共长度。五边形的周长是指五边形五条边长度的总和。

（结合回答，电脑显示出四边形、五边形的周长）

师：上课之前，我说过你们自己会发现新知识的，事实证明你们是行的！"周长"这个词是你们说出来的，而且经过交流，相互启发，用自己的话说出了什么是图形的周长。

师：（电脑出示三角形三条边的长度）请说出三角形花坛的周长。

师：（电脑出示四边形四条边的长度）请说出四边形花坛的周长。

师：（电脑出示五边形五条边的长度）请说出五边形花坛的周长。

师：你们的计算速度真快！你们是怎样算的？

生：我是先记住一个数，等到再出来一个数时加起来，记住后再加后面出来的数。

师：和我的方法一样。求五边形的周长只要把它的五条边的长度加起来。你们都是这样的吗？

师：你们真会动脑筋！不仅会计算周长，而且还能根据数据特点，灵活地计算出图形的周长。

师：同学们，三角形的周长我们知道了，四边形的周长我们知道了，五边形的周长我们也知道了。我们所学的图就是三角形、四边形和五边形吗？

生：还有六边形、七边形、八边形……

师：同学们，我想问一下，六边形的周长指的是什么？七边形呢？八边形呢？

生：六边形的周长指的是六条边一共的长度，七边形的周长指的是七条边长度的总和，八边形的周长指的是八条边长度的总和。

师：除了用线段围成的三角形、四边形、五边形、六边形等图形外，还有其他的图形吗？请画一画，并指出它的周长。

（在学生各自动手画图同时，教师让学生在黑板上画。有的画了五角星，有的画了一个菱形，还有一个学生画了个半圆形）

师：这个图形有周长吗？

生：半圆形是没有周长的，因为我们都是量直线的。

生：你别看这个半圆形是一笔画成的，可是，它也是——也是一个形状呀！

师：是形状总是有周长，你是这个想法吗？

生：因为每个图形都有边，所以应该是有周长的。

师：那怎么算呢？

生：我觉得是很小的，应该是零点几。

生：我觉得这个图形没有周长的，因为这个半形上面的线是弯的，我们没有办法去量它的长度。

师：噢——这位小朋友认为没有办法去量它的长度，所以这个图形没有周长。

（这时，同学们情绪激动地争论开了，有些学生情不自禁地喊着："有，有的！"）

生：可以用半圆形的尺来量。

师：你们看到过半圆形的尺吗？

（许多同学都说有的，就在此时，有位学生高举起一把量角器说："这就是半圆形尺，可以量半圆形的周长的。"引起会场内一阵笑声）

师:(从小朋友手中接过量角器)这是一个量角器,是用来量角度的大小的,我们小朋友以后要学习呢!

师:这条弯线的长度是不好量的,看来——还是刚才的小朋友说得对,是没有周长的。

生:不对,是可以量的。因为半圆形是把一条直线弯一弯就行了。

师:听明白他说什么了吗?

生:听明白了,只要把半圆形的线弯直了,就可以量了。

师:我们小朋友很好,不但自己积极开动脑筋,而且还能认真倾听别的同学发言,得到启发。

(教师边说边随手用一段电线紧贴着黑板上的半圆形围了起来,然再把围成半圆形的电线拉直成线段,测量出它的长度,问学生测量到的长度是什么。学生回答说是这个半圆形的周长)

生:老师,我有一个问题,这圆形有没有周长?

(教师没有直接作出回答,而是把问题抛向了大家)

师:小朋友,你们说说圆形有没有周长?

(许多的小朋友几乎是异口同声地回答:有)

师:刚才有同学说,是图形都有周长,对吗?

(同学们回答:"对!")

师:不管是三角形、四边形、五边形,还是黑板上的五角星、半圆形等,是图形就有周长,对吗?

(众学生语气坚定地回答:"对!")

师:这话是你们说的?

(众学生又一次响亮地回答:"是!")

师:你们对自己所说的话是要负责任的,敢于负责任的把手举起来。

(同学们勇敢地高举着手,教师转身在黑板上画了一个角)

师:这个图形有周长吗?

(有的说"有",有的说"没有"。教师让一位说"有的"的小朋友去指出"角"这个图形的周长。该生指着角的两条边说,只要把这两条

边的长度加起来。他的回答,引起其他一些同学的反对)

师:周长是什么意思,我们小朋友经常会在操场上跑一周或者说一圈,是什么意思?

生:一周是连起来的。

师:(指着角)这个图形有没有连起来?什么样的图形才有周长?

生:一个要连起来的形,也就是封闭图形,才有周长。

师:是呀!一个封闭图形周围长度的总和,是它的周长。

师:给出一个图形,你会计算出它的周长吗?……

师:长方形的周长如何测量呢?……

师:好就好在他运用以前学到的知识——长方形的两组对边分别相等,只需量出两条边的长度,就能计算出长方形的周长。同学们,你们都知道他量的是哪两条边吗?……

师:同学们,我们一起来看屏幕上的图形。有的四边形,计算它的周长必须量出它的四条边的长度;有的四边形,计算它的周长只需量出它的两条边的长度;有没有这样的四边形,计算它的周长只需量出它的一条边的长度?……

师:如果从草坪中划出尽可能大的一块,用来造一个正方形花坛,你能知道花坛的周长是多少吗?这个问题,课后你们可以去思考。

由此可见,许多体现教学改革精神的高质量的课,只要抓住了教师所设置的问题的语言表达,就纲举目张,其教学思路、步骤、环节显得非常清晰。

一位语文教师多次教过寓言《买椟还珠》,在一次教改课上,他对原来执教的思路作了较大的改进,特别注意了问题的精心设计。下面是后半部分的教学片断:

师:我们已经明白了这则寓言的寓意,现在我们来想想这个问题——装珠子的盒子有没有价值?(生回答"有",并具体说明)

师:那为什么说"把没价值的东西留下来"了?

生:因为和宝珠相比显得没价值了。

师：这说明了什么道理呢？

生：有价值还是没价值要通过比较才能知道。（师生举例）

师：我们再想想，如果这个郑人从艺术的角度看，认为这个人工做的盒子的价值超过了那个天然宝珠，你认为有没有道理？

（学生争论，有的认为有道理，有的认为没道理）

师：这又说明了一个什么道理？

生：说什么东西有没有价值，要看用什么标准。（师举例）

师：郑人出高价买这个盒子，什么这个盒子在他看来超过了宝珠，形式超过了内容，你们见到过这样的事没有？

（学生举了许多例子）

这一例，教师设计的关于盒子价值大小的问题很有分量，很有创意，抓住了关键，是这节课的精华所在，成为发展学生思维的重要推动力量。

二、连贯性

问题情结的第二个表现是问题的语言设计和表述的连贯性。所谓连贯性，是指教学过程中的教师提出的问题按照一定的顺序连接成一个有机的整体，成为一个环环相扣的问题链。换句话说，也就是比以前更为重视疑问的相关性、设计的严密性、表述的流畅性。疑问排列的顺序是多种多样的，可以由大到小，或由小见大；可以由浅入深，或由深见浅；可以纵向渐进，或横向排开；可以化整为零，或集零为整，等等。不管根据何种顺序，究其实质，都是按照学生的认知规律组织表达的。表面形式上的停顿或间隔，并不能中断问题之间的内在联系。

一位小学数学老师教"三角形的面积计算"时，是这样提出问题的：①两个完全一样的三角形可以拼成一个已学过的什么图形？②拼成的图形的底是原来三角形的哪一条边？③拼成的图形的高是原来三角形的什么？④三角形的面积是拼成的图形面积的多少？⑤怎样来表示三角形面积的计算公式？⑥为什么求三角形面积要用底乘以高再除以2？这一例，教师设计的六个问题，由浅入深，环环相扣，问题之间有着严密的逻辑性，符合小学生思维的形式与规律，不仅使学生很好地理解了三角形面积的计算公式，而且发展了学生的思维能力。

重庆市渝北中学刘祖平老师在《念奴娇·赤壁怀古》一课的教学中呈现出浓浓的问题情结让人感受颇深的，便是独具匠心的"问题串"的设计。

[多媒体课件展示：①乱石穿空，惊涛拍岸，卷起千堆雪（课文）；②乱石崩云，惊涛裂岸，卷起千堆雪（其他版本）]

师：这两个诗句仅仅是文字上的差异吗？

生：不是。朱光潜先生在《咬文嚼字》中说："咬文嚼字，在表面上好像只是斟酌文字的分量，在实际上就是调整思想和感情"，"从来没有一句话换一个说法而意味仍完全不变。"

师：能联系以前学过的知识来分析问题，很好。那么，换一个说法，其意味究竟有什么不同呢？

生："穿"字写"乱石"直插天空，给人以"刺破青天锷未残"的感觉；但"崩"字则进一步写出了"穿"的程度，高耸入云，使云层发生了崩塌，显得更有气势。我们甚至能由此联想到倾盆的大雨以及"惊涛"和"千堆雪"。

生：同样的道理，"拍"只是动作本身，而"裂"字则进一步写出了"拍"所带来的结果，显得更有力度；这个结果似乎还能说明江中"乱石"乃是"惊涛拍岸"所致。

师：很好！对上面的分析，大家能不能用精练的语言做个归纳？

生：用"崩"和"裂"比用"穿"和"拍"好，更能表现赤壁景色的雄奇壮丽。

师：看来，大家的意见很一致嘛。那么，描写赤壁雄奇壮丽的景色有哪些作用呀？

生:烘托当年赤壁鏖战、火烧曹营的壮阔场面。
生:我觉得还可以烘托下片所写的周瑜的英雄形象。
[多媒体课件展示:①樯橹灰飞烟灭(课文);②强虏灰飞烟灭(其他版本)]
师:"樯橹"和"强虏"相比,用哪个词语更好?为什么?
(分组讨论,代表发言)
生:我认为用"强虏"好。"强虏"说明曹军的强大。据史料记载,当时孙刘联军只有五万人马,而曹军号称八十万众,力量悬殊,用"强虏"符合历史事实。
生:我补充一个理由。赤壁之战对孙刘联军来说,是一场以弱抗强的战争,而周瑜不仅没有丝毫的畏怯,反而从容娴雅得很,他打扮成儒将,说说笑笑,一把火就把曹军给烧了。越是强调曹军的强大,越能突出周瑜指挥若定的英雄形象。
师:二位注意课外阅读,值得大家学习。有不同意见吗?
生:文学与历史毕竟不同,文学的真实不等于历史的真实。
生:我认为还是用"樯橹"好,它比"强虏"更形象,而形象化应该是文学作品的语言要求。
生:用"樯橹"才能突出曹操的水军,而水军是这场战争中关键性的角色。
生:我还补充一点。"樯橹"与"灰飞烟灭"的字面意思好像更一致。
师:看来争论还很大呢,不过也都有些道理。
生:老师,你的意见呢?(众笑)
师:我认为还是用"樯橹"好,当然也只是个人意见。至于理由嘛,大家都已经说完了。(众大笑)这样吧,下课之后,大家把自己的意见写成小论文交给老师,怎么样啊?
生:(齐答)好!
这位老师利用课文与其他版本在文字上的差异,在课堂上就以此问题的探讨带动全篇的学习,让学生积极思考、自主合作、比较揣摩,收到了事半功倍的效果。教学过程中师生的对话显现出教师对于问题的语言表述具有主导性,在问题探讨过程中表现出连贯性,并通过连续追问、故设悬念、巧妙点拨等多种方式持续引导讨论的不断深入,关注学生思考问题的深度和广度,使学生增强探究意识和兴趣,养成独立思考、质疑探究的习惯,并在师生的相互切磋中,加深领悟,共同提高。

三、艺术性

问题情结的第三个表现是问题的语言设计和表述的艺术性。简单、直截了当地提出问题是常见的形式,也是有效的。但是从许多成功教例来看,教师为了突出问题,引起学生的注意;或者为了加大爆发力,营造突破口;或者为了加强隐蔽性,培养学生的思辨能力,等等,因而十分重视、讲究问题的语言设计和表述的艺术,而且随着教学现代化手段进入课堂,提问的语言语言更是多彩多姿。教师采用实物生疑、背景导引、平中见深、巧妙暗示、连续追问、故设悬念、无中生有等方式,艺术地将问题展现在学生面前,牢牢吸引学生的注意力,调动学生的积极性,收到了理想的效果。

有位语文教师上说明文《食物从何处来》,一开始,教师就问:"今天早餐我吃了一个烧饼、两根油条,喝了一杯凉水,后来又吃了鸡蛋和一个苹果。谁能告诉我,我吃的都是食物吗?无论说是还是不是,都要讲出理由来。"学生一下子愣住了,暂时无人举手。为什么这样提问呢?因为学生按照要求自读了课文,老师估计他们已经记住了定义,如果老师问:"什么叫食物?"学生准能不假思索地回答:"食物是一种能够构成躯体和供应能量的物质。"教师的问题拐了个弯,实际上就是让学生运用食物的定义对具体事物作出判断,真正理解定义。这种"有想头"的艺术性问题,隐藏了真实的目的,必然引起学生思考的兴趣,暂时的冷场正是学生思维紧张运转的信号。果然,刚过一会儿,学生踊跃发言,正确找出了答案。

曾经听过上海一位老师的一堂一年级数学"比轻重"的公开课，给人留下了深刻印象。在此，选取其中一个片断：

（多媒体课件演示一台平衡的天平，左端放着1个苹果，右端是2根香蕉）

师：你在屏幕上发现了什么？

生：天平两端的东西一样重。

生：1个苹果和2根香蕉一样重。

师：对。如果我在天平左端添上1个苹果，会怎么样呢？

生：左端低下去，右端翘起来。

师：为什么？

生：因为左端比右端重了。

（多媒体课件显示出倾斜的天平，左端下沉，右端翘起）

师：好，天平重的一端沉下去，而轻的一端就翘起来。那么，要让天平再恢复平衡，可以怎么做呢？（学生同桌之间进行讨论后回答）

生：在天平右端放上1个苹果。

生：在天平左端拿走1个苹果。

生：在左端放1根香蕉，右端放3根香蕉。

生：在左端放1根香蕉，右端放1个苹果。

生：把左端那个苹果切成两半，另一半放到右端去。

生：在右端放2根香蕉。

……

师：要解决一个问题，可以有许多方法，同学们课后可以继续找更多的办法。

艺术性的语言设计与表述是问题教学的有效手段。上述案例中的"方程"对于小学生来说是一个非常抽象的数学概念，该教师通过语言描述和课件演示的结合，牢牢把握了方程等价平衡的本质属性，设置了一个开放的问题，将学生思考的空间、弹性放大了。教师的语言虽只有寥寥几句，却具有艺术性，实物生疑、背景导引、巧妙暗示,真正成为发展学生思维的推动力量。

第二节　开放意识

教学改革必须高度重视培养和提高学生的创新素质。其中创新思维的培育占有十分重要的地位。现代教师越来越具有开放创新意识,着眼于拓宽学生的思路,向多方向发散,或正向发散,或逆向发散,或横向发散,或基元发散。所谓基元发散,是指根据事物的基本单元,进行多因素、多功能、多侧面的发散。反映到教学语言上,包孕的思考点更多,发散的路径更宽,启发的张力更大,组合的灵活性更强,表达的方式更具个性特色。

一、情景性

教学过程中的情景,主要是指教师运用语言描绘和设置的生活或者社会景象。情景具有形象性、直观性、生动性的特点,因而情景不但能够激起学生学习的浓厚兴趣,而且其中包含的丰富内涵能够诱发学生进行多方面的想象、思考、探究。越来越多的教师重视情景语言的运用,在教学过程中,通过描绘和设置情境,将学生引进特定的知识领域,给他们铺设多向思考的基点,多向发散的自由,多向活动的可能,而教师的作用是作恰当的引领和适度的控制。例如,提供相关材料,讲述故事、笑话,穿插名人逸事,扮演与教学内容有关的角色,等等。

有位中学语文教师教《中国石拱桥》,事先布置学生观察身边形形色色的桥。下面是课开头的教学片断:

师:大家能描述描述你见过哪些类型的桥吗?

(生纷纷说出各种各样的桥,并做简单描述)

师:那么,你们能否用一句最简洁的话说说桥的特征呢?

生:架在河面上,用水泥钢筋做材料的建筑物。

生:不对,也有用木头的,如独木桥。

生:有的桥不是架在河面上,而是架在空中的,如立交桥。

师:大家说得很有道理,看来要把握事物的特征,还必须找到同类事物的共同点。哪些才是形形色色的桥所共有的特点呢?可以查词典。

生:(查词典)架在河面上连接两岸的建筑物。

师:根据前面的讨论,大家想想这样概括桥的特点是否准确?

生:不够准确。立交桥就不是架在河面上的。

师:看来,时代在发展,词的含义也在发展,大家能够修改修改吗?

生:架在水面或空中,用来连接两端的建筑物。

师:概括得多好啊!

这一例,教师首先通过语言的描述,设置了直观的情境,巧妙将学生引入桥的定义讨论,触发了学生的多向思考,并进行有效的控制,使他们获得了深刻的规律性认识。

创设情境活动,丰富心理体验,往往使学生的学习效果事半功倍。以下是《坐井观天》(人教版小学语文第三册)一课的教学片断:

师:请同学们自由结伴,读一读青蛙和小鸟的第二次对话。

(学生自由读对话)

师:读了对话,你们有什么问题吗?

生:青蛙为什么说天不过井口那么大呢?

师:问得好。同学们开动脑筋,想想用什么办法能解决这个问题呢?(教师启发学生想办法获得青蛙的"体验")

生:我把一张纸卷成圆筒形状,透过圆筒看屋顶,我发现屋顶只有纸筒口那么大。所以我想,青蛙坐在井底,看到天只有井口那么大。

师:真聪明。大家可以试一试。

(学生们纷纷拿出纸来做实验)

师:谁愿意说说你的想法?

生:平时,我们抬头看屋顶,屋顶有多大就能看到多大,现在透过纸筒看到的屋顶只有纸筒口那么大。

生：我们的视线被挡住，所以看到的屋顶只有纸筒口那么大。

师：同学们观察得很仔细，也善于动脑筋。再看看课文的插图，想想坐在井里的青蛙看天，看到的天有多大？

生：我发现井壁很高，挡住了青蛙的视线，所以，青蛙说天只有井口那么大。

师：理解得很好。此时，小鸟怎么说的？（学生读"天无边无际，大得很呐"）

师：听了小鸟的话，你有什么问题吗？

生：小鸟为什么说天无边无际，大得很呐？

师：我们和小鸟一起去天空飞翔，好吗？

生：好！（师生观看课件）

师：你们看到了什么？想到了什么？

生：我看见一只小鸟在天空中飞呀飞，飞过许多地方。

生：小鸟飞过了高山，飞过了田野，飞到了乡村……

生：我想，小鸟说天无边无际，就是说天很大，小鸟怎么飞也飞不到头。

师：说得真好。大家再自由结伴读读青蛙和小鸟的第二次对话。（学生自由读）

师：此时，你从心里冒出了什么想法？

生：我想，小鸟飞过的地方多，看到的多，知道的也就多。

生：青蛙天天坐在井里，只能看到井口那么大的天，看到的太少了。

师：对，小鸟看得多，见识广，青蛙坐在井里，目光狭小，见识少。

生：我要像小鸟一样做一个见识多的人，不学青蛙，呆在井底，见识少。

师：是的，我们不能做"井底之蛙"。

以上教学中，充分体现了情景性开放意识，教师既开放了教学内容，又开放了教学的过程，教学语言没有指令性，而是鼓励学生主动地参与学习，自由读对话、做实验、看动画、说感悟，与教师充分融

合地进行语言实践,促进了学生的自主发展。

二、变通性

教师的语言有一部分是属于指令性的、结论性的,这些语言是必要的,传统的教学中这一类的语言比重较大,发展到极点,便是"满堂灌",直接强迫学生接受教师的观点。随着教师教学观念的转变,教学语言也愈来愈表现出变通性的特点。变通性主要是指师生讨论问题,解决重点、难点时,如果遇到障碍、困难,教师不是直接陈述自己认定的正确结论,或者呆板地固守既定的思路,死抓不放,"反复"启发,导致僵局出现;而是善于反思症结所在,绕道而行,迅速灵活地变换思路,调整角度,重新组合、构建语言,另辟途径,以达到教学目标。

一位小学语文教师教《跳水》一课,讲到船长开枪迫使孩子跳水时,觉得有些学生对船长的行为并不十分理解,于是决定改变教法,从反面引申。他说:"有的同学可能会想,即使不是真的要开枪打孩子,那也够危险的。让我们设想一下,船长如果不开枪逼孩子跳水,还有别的办法救孩子吗?"接着,学生想出了各种方法,教师引导与开枪方法比较,从而得出船长的做法在当时是唯一选择的结论,由此使学生深刻认识到船长的沉着冷静和机智果断。这一例,教师的思路变换灵活得当,学生心服口服,较好地达到了教学目标。又如福建省安溪县西坪镇松岩小学王金寅老师上《角的分类》一课的教学片断:

师:刚才学习了直角和平角。请同学们把活动角的其中一条边慢慢地旋转一周,找一找还有哪些角?它们的大小怎样?

(学生以4人小组为单位进行探究后汇报)

生:这是小于90度的角。(师板书锐角的概念,并按活动角画出锐角)

生:这是90度的角,就是直角。(师在直角的概念后面按活动角

画出直角)

生:这是超过90度,但又没到180度的角。(师板书钝角的概念,并按活动角画出钝角)

生:这是180度的角,就是平角。(师在平角的概念后面按活动角画出平角)

生:最后是360度的角。(这时活动角的两条边重合在一起)

生:(边摆活动角,边说)还有大于180度而又小于360度的角。

生:这个角跟刚才那个大于90度而小于180度的角是一样的。

生:不是的,是看这边呀。(指优角那部分)

师:你真棒!教会了同学们这种角。(师板书优角的概念,并按活动角画出优角)刚才同学说最后是360度的角。它是一个怎样的角?你怎么知道这个角是360度的?

生:活动角的一条边刚好旋转了一周。(师边引导学生归纳,边板书周角的概念,并按活动角画出周角)

生:这里有4个直角(用手指出来),每个直角90度,那么4个直角就是360度。

生:也可以看做是两个平角(用手指出来),每个平角180度,那么两个平角就是360度。

师:这个角真特别!它的度数比量角器的最大度数还要大,所以要算出来。而且,老师还发现这个角怎么只有一条边,这还能算是一个角吗?

生:这个角的两条边重叠在一起,所以只看到一条边。

师:刚才我们发现了6种角,其中两种已经有名字了(直角和平角),有4种角还没名字。请同学们给他们命名,好吗?

(学生们唧唧喳喳地跟周围的同学讲自己的"得意之作")

生:小于90度的角,尖尖的,名叫尖角吧。

生:它叫锐角呀。

生:它是窄窄的,叫窄角吧。大于90度而小于180度的角,比较

宽,就叫宽角吧。

生:大于180度而小于360度的角,比平角的边还要歪一点,就叫歪角吧。最后那种角的两条边重合在一起,就叫合角吧。

生:叫重角吧。

生:叫叠角吧。

生:叫周角呀。

……

师:同学们真有创意,给4种角命了很有意思的名字。但很早以前,人们为了方便交流,都分别给它们命了名字,并沿用到现在。请同学们看书找一找,人们分别给它们命了什么名字?

(学生很快找到了锐角、钝角、周角,老师补充板书)

生:老师,书上没有"大于180度而小于360度的角"的?

师:是啊。在我们小学阶段一般不用到这样的角,以后才学习的,所以书上没有。但我们班的同学自己把它找出来了,真不简单。让老师告诉你们,这样的角叫优角。

(老师补充板书,有的同学在书上记上优角的概念)

一般认为在小学数学概念教学中不好开放,甚至不能开放,但此教学案例尝试开放了概念的形成阶段,学生积极投入到找各种角、并给它们命名等学习活动中,尝到了发明创造的喜悦。教师的语言时而铺陈、时而启发、时而点拨、时而评价,开放的师生关系,帮助学生建立了质疑、创新的意识,培养学生善于接受多种意见。教学中,该教师突出学习过程的评价,而淡化学习结果的评价,在评价学生给角的命名时,不是"对"或"错",而是"真有意思""我也喜欢"等话语,使学生的个性得到张扬,也充分体现了教师语言的变通性。

三、独特性

注重学生的创新素质的培养和提高,相应对教师的主体素质提出了更高的要求。要求学生的思维开放创新,首先要求教师必须思想意识上开放创新,这在教学语言上的一个重要标志就是大量出现了具有教师鲜明个性特色的语言表达方式。下面是一个对二年级学生进行量词训练的教学片断:

师:都说英语难学,其实,外国人学汉语更难。(学生不解地看着老师)今天有个"老外"遇到了难题,咱们也来帮一帮他好吗?

生:好。(好奇地看着老师)

师:(模仿外国人说话口气)中国小朋友,我说"一个人"这个词错了吗?

生:没错呀!

师:可是我说"一个灯"(手指教室里的电灯)为什么别人会笑我呢?

生:咳!那是一盏灯,不能说一个灯。

师:嗯?一盏灯!我!(举起一支笔)这是一盏笔?

生:(全班哈哈大笑,争着说)不对!不对!是一支笔呀!

师:(作恍然大悟状,随后指着教室里的物品)这个呢?这个呢?(学生根据"老外"的要求,依次说出一块黑板、一张桌子、一把椅子、一扇窗户。期间有学生说错,老师让其他同学帮助纠正过来)

师:哇!你们中国话怎么这么复杂,我头都晕了。(学生自豪地大笑)

此例,没有一遍一遍地默写,没有反反复复地强化,没有谆谆的教导或严厉地训斥;有的只是平等地对话、愉快的笑声、活跃的课堂气氛。教师用语言创设出一个独特的语境,非常自然,学生也基本掌握了常用量词的用法。

教学语言开放意识的独特性表现在感人地激励、巧妙地设伏、机警地点拨、精彩的铺陈、横生的妙趣、缤纷的色彩、含蓄的韵味、高雅的品格上面。一位教师上《我的伯父鲁迅先生》一课,在理解"饱经风霜"一词时,是这样引导拓展的:

师:你在生活中见过饱经风霜的人吗?怎样从外貌上看出他是一个饱经风霜的人呢?

生:我在登黄山时遇到过一位挑山工。

师:(饶有兴趣地问)他长得什么样子呢?

生:这位挑山工大约五十来岁,脸黑黝黝的,皮肤特别粗糙,眼睛里布满血丝。肩上的重物把他的腰都压弯了……

师:你有一双慧眼,看来你已经体会到"饱经风霜"的含义了。

生:我家对门有个修车的老爷爷。他两鬓斑白,一张古铜色的脸,颧骨高高凸起,额头上刻满深深的皱纹。一到冬天,他的厚嘴唇上常会裂开几个口子。

师:你真是一个会观察的孩子。

生:我的伯父工作特别辛苦,所以看上去比实际年龄要老许多。由于长期在海上捕鱼,他的脸被海风吹得又黑又粗糙,像没有上釉的陶器。

生:我奶奶是个农民,额头上的皱纹像刀刻一般,手上也布满了老茧。

师:(欣喜)你们真棒,刚才的发言就是对"饱经风霜"最好的诠释。你们想把刚才说的话写下来吗?"(学生兴致盎然,欣然提笔,埋头写了下来)

学生的发展是在不断地生成过程中得以实现的,以上案例中,教师立足教材,立足课堂,又超越教材,超越课堂,体现了独特的开放意识。他的提问不局限于课本,而是链接生活,这种双向的语言交流加深了对课文的理解,使学生的语言和精神在实践中共同生成。

许多优秀教师已经或正在形成自己独特的教学语言风格。下面是一位政治教师上《青年的责任》一课的结尾:"最后,我想结合今天的教学内容向大家提点希望。若干年后,当全世界的老一辈先后作古伴随大江东去的时候,激烈的竞争必将在青年一代身上展开。如果我们中国青年坐享其成,那么谁能担保新中国的历史不会重演当年鸦片战争那幕屈辱的历史悲剧?同学们,当今天我们来读历史的时候,我们敬仰历史上那些曾经推动社会前进的英雄人物;可是当未来又把我们今天当作历史来读的时候,我们怎样让后人来评说?

我们怎样来创造这段历史呢？如果说,昨天的历史曾经召唤过一代青年投身革命救国救民,那么,今天的中国将要求更多的青年献身四化振兴中华;如果说昨天的历史,时势造就英雄人物还不算太多,那么,今天的社会将更有条件让千千万万热血青年成为时代的精英! 同学们,努力吧! 让我们用智慧和汗水来谱写自己人生凯旋曲中最壮丽的青春之歌!"(学生长时间热烈鼓掌)这样的语言,教师敞开胸怀,纵横古今中外,充满壮志激情,表现出鲜明的雄浑风格的个性特色。

第三节 融合趋向

教学改革深化从实质上改变了传统的师生关系。师生在课堂教学中的关系是完全平等的,教师应该尽力创设民主和谐的教学氛围,充分调动学生的学习积极性、主动性,加强与学生的交流和沟通,在双边的互动过程中完成教学任务。基于这样的教改理念和实际的进程,我们发现,教学语言创新的一个重要趋向,就是师生语言交融成一个有机的整体。这种趋向不易察觉,主要是因为必须结合学生的语言作综合考察,但是在教改实践中越来越鲜明地表现出来。

一、交织性

交织性,即教师的语言与学生的语言等因素相互交织、渗透。教学语言的融合趋向,当然要着重考察教师语言的走向和魅力,但是与其他教学语言特点有所不同,融合的形成、表现、评价,绝对不能脱离学生的因素。首先,从融合的形成来看,有对立,有矛盾,这是融合的前提。如果没有学生的存在,就无所谓教学语言的融合。其次,从融合的表现来看,融合的具体表现总是依附于师生的语言交际的互动之中。教师的语言具有特殊性,针对性特别强,融合趋向总是在与学生的交流、沟通之中显现出来。学生的语言表达和其他因素往往能够左右教师语言融合的方向和形式等。再次,从融合的评价来看,在认识、评价融合时,我们又必然紧密联系学生的语言作出判断。有没有融合?是怎样融合的?产生了什么样的具体教学效果?孤立地考察教师语言,是很难或者无法作出正确的评判的。

有一所学校开展爱鸟周活动。一位语文教师上课时让学生用"抢"字组词。"抢银行。""抢钱。""抢劫。"部分学生的回答让全班哄堂大笑,老师始料不及。教师心疼地望着他们说:"同学们,你们热爱天空吗?""热爱!""如果有也和我们一样热爱天空的小鸟,它被人用枪打伤了,掉到了我们的校园里,我们该怎么办?""救它,给它包扎伤口,请医生打针……""我们尽了最大努力,还是救不活它了。我们还能为它做些什么呢?""送它回家。""可是我们不知道它的家在哪里呀!大家想想看,送它到什么样的地方才更像它的家呢?""有很多花草的地方……""有流水的地方。""还有很多云彩。""还有它们妈妈飞过时能看见它的地方。"教师感动了。"可是,当我们眼睁睁地看着它死去,它再也不能飞了,不能唱歌了,再也听不见妈妈的呼唤了,我们还能为它做些什么呢?""把它埋了。""再在它身上盖上树叶。""种上玫瑰花。""唱歌给它听。"教师转身,在黑板上写上了大大地两组词——抢险、抢救!然后激动地说:"同学们,'抢'字除了组'抢劫',还可以组成更有意义更高尚伟大的词,是什么?""抢险、抢救。""对!抢救那只受伤的小鸟,也就是抢救我们的心灵。为了不让我们的家园遇到危险,我们要做什么?请用'爱'字组词!""热爱、爱护、友爱、慈爱、爱心……"教师笑了。这一例中,没有学生的造句,就不会产生后面教师的引导,体现出来的融合之美乃是师生互动、心灵沟通的结果。根据学生的反应,完全可以推断出师生的融合取得了很好的教学效果。

小学语文第八册《燕子》的第一自然段以优美的文字,写了燕子的形象之美:"乌黑光滑的羽毛……俊俏轻快的翅膀……剪刀似的尾巴""凑成……小燕子"。一个"凑"字使燕子的整体形象跃然纸上。

师:我们知道了第一自然段写出了燕子活泼可爱的外形,你认为作者写得怎么样?该怎样来读一读?(学生有感情地朗读)

师:你认为这一自然段中哪个字用得特别好?好在哪里?

生:"凑"……(但不会回答好在哪里)

师:为什么作者只写了一身乌黑光亮的羽毛,一对俊俏轻快的翅膀,加上剪刀似的尾巴就凑成了活泼机灵的小燕子,那燕子的头呢?肚子呢?你觉得作者这样写完整吗?

生:我觉得这样写不完整。

生:我认为应该改成"一个小巧的头,一身乌黑光亮的羽毛,雪白的肚子,一对俊俏轻快的翅膀,加上剪刀式的尾巴,凑成了活泼机灵的小燕子"才完整。

生:那还有爪子呢?

生:那再加上"细小的爪子"。(有学生笑)

生:我觉得这样写太啰嗦。

师:那你们认为怎样写才好呢?(学生哑然)

师:再读读第一自然段,想一想。

生:还是课文里的好,因为作者抓住了燕子的特点写,燕子的羽毛、翅膀、尾巴是最能体现燕子的特点的。

生:我也这么认为,燕子小巧的头、细小的爪子和麻雀等许多鸟类都一样,不能体现燕子的特点,可以略去不写。

生:我们如果写人,也不是每个部位都要写的。

师:那么,燕子的羽毛、翅膀、尾巴的特点各是怎样的?

(学生答一一回答)

师:你们说得真好,作者抓住了最能体现燕子特点的部位写,并没有面面俱到,什么都写。你能用这种写作方法写一种你喜欢的小动物吗?

生:一顶红红的鸡冠,一个高高昂起的头,一身光彩夺目的羽毛,凑成了骄傲的大公鸡。

生:一对长长的耳朵,一双红红的眼睛,一身雪白的毛,加上短短的尾巴,就凑成了一只活泼可爱的小白兔。

生:一对灵活的耳朵,一身光亮的毛,加上四条腿,这就是我家的小花猫。

生:还可以再加上"几根长长的胡须",因为猫的胡须也是其他动物少有的。(课堂气氛达到高潮)

上述教学片断显示,教师融入了学生的学习之中,双方语言相互交织、渗透,营造出浓厚的探究氛围,使学生产生了个性化的理解。从而使师生之间、学生之间互相启发、互动学习,使学生学习的热情不断地向前推进。

二、制导性

教学语言的融合,不是单纯地看形式上师生之间不断地问答和对话。其实,这种表面上的"融合"在以前的课堂教学中并不少见。作为创新之美的融合,是教师自觉追求的一种高层次的审美境界,与形式主义"融合"的最根本的区别在于融合必须坚决服从教学目的的总体制导。换句话说,融合绝不仅仅是形式上的和谐,而是为了确保教学目的的顺利、圆满完成。之所以说是总体上的制导,是因为教学目的可能比较隐蔽,不一定被人明显觉察、发现;也可能必须在一个较长的时段内才能被识别、发现。教学目的的制导性,使得融合趋向具有理智之光,充满蓬勃的生命活力。

下面是李吉林老师上《校园里的花》口头作文课片断:

师:秋天来了,校园里开着各色各样的花。(电脑出示一束校园里的花)你们看,有火红的爆竹花,有淡紫的恋蝶花,有金黄色的万寿菊,有雪白的玉莲花,还有又大又红的美人蕉……五彩缤纷,美丽极了。小朋友,校园里的花,你爱哪些花?你最爱哪些花?

(四位学生说出不少自己喜欢的花)

师:这些花都很美,小朋友很喜爱。刚才有位小朋友讲最喜爱美人蕉。你们看,(电脑出示美人蕉的花和叶)这是美人蕉的花,这是美人蕉的叶。你为什么喜爱美人蕉呢?你觉得它的什么好看?

生:美人蕉名字好听,形状漂亮,色彩鲜艳,花瓣又红又大。

师:美人蕉很美。你想想它有点像什么。

生:我觉得美人蕉的花有点像用红绸子做成的小姑娘头上的蝴蝶结,还有点像害羞的小姑娘涨红的脸蛋,如果把叶子去掉,它就像个小巧玲珑的火把。

生:他说错了,火把不能用"小巧玲珑"这个词语形容,可以说像一把燃烧着的火把。

师:"像一把燃烧着的火把",可以吗?

生:应该是"一支燃烧着的火把"。

师:小朋友说说看,美人蕉长得那么高,花儿在上面,叶子在下面,你们在观察时是从哪儿到哪儿?

生:我站在美人蕉下,远看。

师:站在美人蕉下,就不是"远看"了。

生:清晨,美人蕉叶子上一串串透明的露珠,闪闪发光,好像是给这个小姑娘戴上一串项链。

师:应该说叶子上滚着"一颗颗"露珠,不能说"一串串"。

在这一片断中,李老师与学生如拉家常般地对话,融合达到了很高的境界。但教师的制导作用贯穿始终。从爱哪些花,到最爱哪些花,到为什么爱美人蕉,由大及小,由面及点,由概括到具体,步步深入,都寓含着特定的目的。

教师语言的制导往往在一个较长的时段内才能被学生领会。在有些教学案例中,教师语言的制导仅在幕后指挥,只有当学生遇到疑难的时候,才走到台前,给予适当点拨,使教师语言的制导性发挥必要的作用。下面是小学数学《分数的意义》的教学片断:

师:今天学习的是分数,关于分数,我已经知道了什么?(电脑出示)

生：分数的加减法。（举例）

生：$\frac{1}{3}+\frac{2}{3}=\frac{3}{3}$ 就是1。

生：分数是由三个部分组成的。（举例，老师板书：$\frac{3}{4}$，分子，分母，分数线）

生：我还知道，分数可以化成小数，$\frac{1}{10}$ 等于0.1。

生：我还知道，分数有很多数位，十分位，百分位，千分位。（举例）

师：分数可以与小数互化。老师说一说我知道的，好吗？

（电脑演示：分数的演变过程图）

生：读 $\frac{1}{4}$。

师：其实这四幅图，都表示 $\frac{1}{4}$，这就是分数的变化。

（老师介绍分数的演变过程）

师：关于分数，我还想知道什么？（电脑演示）

生：分数的乘除法。

生：分数能不能在应用题中应用？

生：我想更简便地运用分数的乘除加减。

师：同学们，我们带着问题去学习好吗？虽然有些问题，我们不可能一下子全学完。不过我们有很好的老师——课本。大家看一看，课本，你能明白哪些内容？会的就学着，不会的我们可以跳过去，用笔记一下即可。

（学生自学课本，教师巡视，纠正学生坐姿）

师：关于分数，自学课本后，我又知道了什么？（电脑演示）

生：我又发现，把单位"1"平均分成若干份，表示这样的一份或是几份，就是分数。

师：这就是分数的意义。

师：我们一个班可以看做一个整体，把一个人也可以看做一个整体。

生：我知道了分数的产生。

师：得不到整数的结果，可以用分数表示。

师：我还有什么地方不明白？（电脑演示）大家在自学的过程中，有什么不明白的地方，可以提出来交流……

师：三个$\frac{1}{5}$，相同点，都有把一个整体平均分5份，表示其中的一份。它们虽然都是取出一份，但每一份都相同吗？为什么？

……

教师的有意识引导常常贯穿在学生的无意识体验中，学生的知识建构不是教师传授与输出的结果，而是通过亲历，通过与学习环境间的交互作用来实现的。在这个环节中，执教老师没有直接传授，而是运用教学语言的引导、激励、渲染，大胆放手让学生通过自学课本，找出重点、难点。学生通过阅读课本和师生间融合的语言交流，主动走进分数的世界，因而对于单位"1"有了自己真正的理解，这对突破难点很有帮助，学生也在提出问题、辨析问题、解决问题中真正理解了分数的意义。

三、多样性

师生语言的真正融合是很难做到的，众多的因素制约和影响着融合的走向。为了达到这一境界，站在教改前列的教师总是灵活运用各种修辞手段，千方百计努力消除融合过程中的各种阻力，因而融合趋向表现出多彩多姿的风貌。例如，运用溢露情感的修辞手段，循循善诱的修辞手段，巧妙衔接的修辞手段，等等。

溢露情感的修辞手段能创造良好的教学氛围，保证师生人际关系的和谐和教学过程的活跃。有位数学教师在教学"长方形和正方形面积的计算"时，就很好地运用了此类修辞手段。

师：人们都说"桂林山水甲天下"，这话一点不假！这次钱老师到

桂林来,亲眼目睹了桂林的山、桂林的水,我看比文人描写的还要美!你们看,钱老师一到桂林,就迫不及待地在象鼻山照了一张相。(教师出示自己前一天在象鼻山的照片)

师:(教师在大屏幕上播放6幅桂林山水的图片,一边播放,一边富有感情地描述)你们看,桂林的山加上桂林的水,再加上水中那静静的倒影,简直就是大自然创作的一幅幅精美的图画。

(学生欣赏老师出示的几幅桂林山水的图片,被老师富有感情的描述所吸引,个个脸上露出自豪的表情)

师:桂林的美景激发起了钱老师创作的欲望,老师也创作了3幅画。(电脑出示第一幅的面积是6平方分米的画)你们看,老师画得怎么样?

生:(异口同声)很好!

师:谢谢同学们的夸奖!既然今天是数学课,那老师就提个数学问题。你们大胆地估计一下,这幅画的面积可能是多少?

生:我认为可能是4平方分米。

生:我认为可能是8平方分米。

生:我认为可能是6平方分米。

师:到底是多少平方分米呢?(教师把这幅画的背面展示给学生,画的背面画有面积是1平方分米的小方格)你们数一数,这幅画的面积是多少?

生:6平方分米。

师:(教师接着出示面积是12平方分米和20平方分米的画,让学生估计每幅画的面积。教学过程同上)

师:同学们看,刚才三幅画的面积,有的大,有的小,凭你们的经验,请你大胆地猜测一下,长方形的面积可能与它的什么有关系?

生:我认为长方形的面积和它的周长有关系。

生:我认为长方形的面积和它的长有关系。

生:我认为长方形的面积和它的宽有关系。

（学生回答后，老师结合电脑的动态演示，让学生确信长方形面积的大小与它的长和宽有关系）

师：（教师结合电脑演示，启发学生思考）长方形的宽不变，长发生变化，它的面积怎么变化？长方形的长不变，宽发生变化，它的面积怎么变化？长方形的长和宽都发生变化，它的面积怎么变化？

（教师在大屏幕上出示：长方形的面积与它的长和宽有关系）

师：长方形的面积与它的长和宽到底有什么关系呢？

……

这里，桂林山水的美景和老师富有感情的描述，外加"三幅画"这一巧妙道具，一下子调动了学生参与学习的积极性，不仅可以使学生容易掌握数学知识和技能，而且可以"触景生情"，可以使学生更好地体验数学内容中的情感，使原来枯燥、抽象的数学知识变得生动形象、富有情趣。这样获取的知识，不但便于保存，而且容易迁移到新的问题情景中去。

有位语文教师教鲁迅的《故乡》，下面是引导学生讨论杨二嫂形象的教学片断：

师：杨二嫂究竟是好人还是坏人呢？

生：是好人。因为她是劳动人民，贪小便宜是因为穷。作者是同情她的。

师：但作者对她是不是只有同情呢？

（生回答还有讽刺、批判，理由是把杨二嫂称为"圆规"）

师：这是什么写法？

生：借代。

师：嘿，你怎么知道的？

生：老师从前教过这种写法。

师：哦，你们的知识真丰富！那么，杨二嫂说"我"阔了，又说"我"有三房姨太太，这样胡说八道，像好人吗？我们还是换一种思想方法吧。是不是一定要讲是好人还是坏人呢？

生:叫"中间人物"。

师:对!同学们还很懂得文艺理论呢!

(讨论杨二嫂的变化。有人冒出一句"尖嘴利舌")

师:谁讲的?说得好啊!(笑)好,我们可以小结一下了:小说是为了写出农村经济日趋破产,那么写了闰土不就够了吗?为什么还要写杨二嫂呢?看谁的思维最敏捷。

生:要反映旧社会的妇女问题。(笑)

师:好啊,他考虑问题可真广,这问题真高级。(大笑)

这一例,教师的语言与学生可说打成一片,时而激励,时而商量,时而启发,时而幽默,尤其突出的是循循善诱方法,铺设大小适中、井然有序的认知台阶,使学生对杨二嫂的身份、地位、个性、典型意义逐步加深理解。

巧妙衔接的修辞手段,减少了语言的跳跃性,加强了语言的内外联系,教学过程显得浑然一体,在"解决问题的策略"的教学片断中就较好地突显了这一修辞手段:

师:(指图1)这是一架平衡的天平,从图中你能看出1个苹果的质量和1个梨的质量之间有什么关系吗?

生:1个苹果的质量是1个梨的两倍。

生:1个梨的质量是1个苹果的$\frac{1}{2}$。

师:根据两幅天平图,你能求出1个苹果和1个梨各重多少吗?

生:1个苹果重200克,1个梨重100克。

师:你是怎样推想的?

生:把(指图2)左盘中的1个苹果换成2个梨,就成了4个梨重400克,可以求出1个梨重100克,再求出1个苹果重200克。

生:把(指图2)左盘中的2个梨换成1个苹果,就是2个苹果重400克,1个苹果就重200克,再求出1个梨重100克。

(电脑动态演示:把1个苹果换成2个梨,或者把2个梨换成1

个苹果）

师：在解决刚才这个问题时，大家用到了"换"的方法，这是数学中一种非常重要的策略——替换。（板书：替换）其实早在1700多年前有一个叫曹冲的小朋友，就用替换的策略演绎了一个生动的故事，你们听说过吗？

（电脑出示："曹冲称象"的图片）

师：曹冲是如何用替换的办法称出大象的质量的？

生：曹冲是用石头替换大象的。

师：小明把720毫升果汁倒入6个小杯和1个大杯，正好都倒满。小杯的容量是大杯的$\frac{1}{3}$。小杯和大杯的容量各是多少毫升？

师：题中告诉了我们哪些已知条件？

师：怎么理解：小杯的容量是大杯的$\frac{1}{3}$？大杯和小杯容量的关系还可以怎样说？

生：大杯的容量是小杯的3倍。

生：1个大杯可替换成3个小杯。

生：3个小杯可替换成1个大杯。

师：现在能直接求出小杯和大杯的容量吗？

生：不能。

师：怎样用替换的策略来解决这个问题呢？

师：选择一种你喜欢的方式进行替换，在老师发给你的纸上画出示意图来，然后根据示意图，再列出算式解答。

师：谁能把你的方法介绍给大家？

生：我把1个大杯换成3个小杯，这样就有9个小杯。一共是720毫升，720÷9=80，可以算出一个小杯的容量是80毫升；80÷$\frac{1}{3}$=240，1个大杯的容量就是240毫升。

生：我是把6个小杯换成2个大杯，这样就有3个大杯，$720 \div 3 = 240$，可以先求出一个大杯的容量是240毫升；$240 \times \frac{1}{3} = 80$，再求出1个小杯的容量是80毫升。

（师结合学生汇报，逐步形成板书）

学生虽然是第一次正式学习用替换的策略解决问题，但在他们的生活经验中已模糊地经历过类似的方法，只是还没有建立起一种完整的数学模型。如何将静态的文字转化为学生动态的思考？如何在动态的思考中感受替换的过程？从直观的天平图，到感性的数形结合，再到抽象的推理计算，最后师生交流，教师用简洁明了的语言表述揭示替换的策略，水到渠成，师生在互动对话中建构数学模型。当然，各种不同的修辞手段常常是综合灵活、创造性地运用，更进一步展现了融合的创新之美。

教学语言的创新，突出地表现在语言中包孕的问题情结、开放意识、融合趋向三个方面。这绝不是单纯的语言形式的变异，而是教师的教学新理念的语言外显、厚实综合修养的喷发、精湛教学艺术的结晶。从这一意义上来看，教学语言的创新是个非常复杂、深奥的课题，很难全面、透彻地描述。

第十章 教学语言风格

教学语言风格是因教学语言形式美学效果的不同而表现出来的综合特点。

教学语言风格是高层次的语言美，与一般教学语言的要求有明显不同。当我们在评说教师教学语言风格的得失时，或者提出教学语言风格的要求时，则已经超越了通常的诸如用语恰当、语句通顺、形象生动、有说服力等一般要求。我们在第二章中将教学语言划分成一般、较好、审美三个层次，教学语言风格就是指的第三层次的语言审美特征。从这一意义上来理解、研究这一课题，揭示其规律特征，对提升教师的语言品位，并以此促进教学质量的提高具有重要的意义。

教学语言风格是个极为复杂的概念，关涉到林林总总的因素，交相融合，很难述说透彻，因而成为教学语言研究的一个薄弱领域，研究者甚少，第一手的理论资料匮乏。本章力求从整体上把握，在联系中考察、探讨并具体论述教学语言风格的形成原因、基本类型、培养途径三个主要问题。

第一节 教学语言风格的形成原因

教学语言风格的形成原因十分复杂，不仅仅是语言修养问题，而且关涉主观和客观、表层和深层众多因素。其主要原因有三个。

一、主体素养的体现

完全可以说,教学语言风格是教师综合素养的体现。综合素养包括思想水平、社会阅历、个性气质、语言根基等。个中道理其实并不复杂,教学语言风格是从教师语言中概括、抽象出来的,而教师的语言运用状况取决于其综合素养。王蒙说道:"风格是作品的外观,但这外观不是包装,而是作家的灵魂的显现。"①老舍说道:"风格与其说是文字的特异,还不如说是思想的力量。"②这些关于语言风格基本规律的精辟论述给人丰富的启迪,对教学语言风格来说,不同样如此吗?

特级教师魏书生自述道:"我一直是在受着自己过去读过的一些哲学书的指导去进行教育教学工作的。马克思主义哲学就是唯物的、辩证的……唯物主义主张,一切真知都要来源于实践,而一切理论都要接受具体实践的检验,在实践当中检验你原来的认识。当你这个理论不怎么行得通的时候,就完全可以推翻原来的理论。""在哲学上另一个问题,日常生活中不自觉地受支配的就是辩证法三大原理——对立统一、量质互变、否定之否定。我也是不自觉地受它们支配的,言行、教学,每一节课的教法,都离不开哲学上的时空范畴。"③魏老师开合自如、新奇独特的语言风格可以在这一素养中寻觅到一个重要源头。《教书育人之道》一书中还有大量魏老师语言风格形成的旁证,限于篇幅,这里就不再引述了。

二、审美艺术的追求

教学语言风格又是对审美艺术的一种强烈的追求。这就是说,

---

① 王蒙:《论风格》,见《新时期作家谈创作》,436页,人民文学出版社,1983。
② 老舍:《言语与风格》,见《老舍论创作》,100页,上海文艺出版社,1980。
③ 魏书生:《教书育人七题》,见《教书育人之道》,42页、44页,漓江出版社,1996。

教师必须具有教学语言美的概念，懂得教学语言美的规律，树立创造教学语言美的目标，不断总结，经常反思，勇于和善于自我超越，才能形成自己的语言风格。很难设想，一位教师缺少审美观念，缺少提升自己语言层次的动力，缺少欣赏和创造语言美的能力，却能形成自己的语言风格。

由于前面所说教学语言风格研究薄弱的缘故，我们很难找到教师直言自己对教学语言美追求的资料，但我们可以从相关的材料中得到印证。特级教师钱梦龙说道："我认为，教师无论为学生的学习创设什么条件，最根本的一点，是要引发学生的认知需要和审美需要。这两种需要，不妨名之曰'认知欲'（或叫做'求知欲'）和'审美欲'，它们在学生的学习过程中被某种诱因引发，可以转化为巨大的学习动力，即所谓'内驱力'。记得我在中学的时候，读唐诗几乎到了痴迷的程度，就因为唐诗中那些花红柳绿的字眼和它们构成的意境，引发并满足了我的认知和审美的需要。可是如今的学生，从小学到中学，长期在考试和升学的沉重压力下紧张而疲惫地学习，教师催，父母逼，一切都是为了分、分、分！其结果是逼出了学生强烈的'求分欲'。认知和审美的需要是人们只有在自觉状态下才可能产生的高级精神需要。"[①]这是钱老师对学生的认知和审美追求的分析，十分深刻，其基本道理则与教师的审美追求是相通的。对学生尚且认识如此之深，可见老师对自身要求之高。钱老师的循循善诱、情理并茂的教学语言风格是有力的证据。

三、教学语境的制导

教学语言风格的形成又受到教学语言环境的制约和导引。这是教学语言风格形成的重要客观原因。教学语境主要包括教学目标、教学内容、教学对象、教学方法等因素。

[①] 钱梦龙：《导读的艺术》，345页，人民教育出版社，2000。

教学语言风格是在教学语境这块特殊的"土壤"中生长出来的，离开教学语境就有可能混同于一般的语言风格。例如，教学语言风格特别要求服从教学目标，教学语言不论呈现何种色调，都必须保证教学任务的很好完成，如果做不到这一点，那么就不成其教学语言风格了。又如，教学的内容对教学语言风格具有很大的制约作用，语文、数学、音乐、美术等不同学科的教学语言风格必然带有各自的特点。再如，教学的对象是比较特殊的群体，年龄大小不一的学生，教学语言风格的形成就必须顺应不同年龄的特征，符合学生的认知规律。也正由于此，教学语言风格的类型尽管是丰富多彩的，但与一般的语言风格相比，其类型具有明显的选择性，以常见语言风格为主，即使同一种风格类型，在教学语言中会表现出许多特殊的形式，深深打上教师个性的烙印。

第二节　教学语言风格的基本类型

目前，学术界对一般语言风格的分类颇多分歧：一是分类的标准不统一，二是类型的名称众多繁复。这就给教学语言风格的分类带来困难。我们认为，既然教学语言风格是教学语言形式美学效果的综合特点，那么划分标准就应该扣住美学效果；风格的类型从理论上讲是很多，难以穷尽，但在实际操作中不必过多过繁，以免扰乱我们的视线。下面我们着重探讨论述常见、常用的四种教学语言风格类型。

一、精当之美

精当之美，是指教学语言从整体上看具有高度的准确性、科学的启发性、深刻的内含性。

（一）高度的准确性

精当之美，首先要求教师的语言具有高度的准确性。当然，我们不能苛求教师的语言表达字字句句准确，但应该力求做到这一点，使之成为语言表达的主要倾向，特别是重要的知识点、关键的结论处，要确保高度的准确性。准确性最基本的要求是不能出现科学性的错误。准确性又是相对的，常常要结合语言环境才能显示出来，作出恰当的判断，不能绝对化；在许多场合下，准确性表现为一个中心区域，富有弹性空间。准确性的另一个含义就是教师的语言能够切合学生的认识规律。教师的语言越是准确，就越能够说在点子上，"水分"也就越少，从而显示出精当的美学效果。

赵志祥老师教学《地震中的父与子》中的片断：

师：多有本事！说得多好！父亲突然发现自己幼小的儿子从楼上跌下来，这位父亲竟然不顾一切地冲上前去，把自己的宝贝儿子给接住了，一点儿也没受损伤。谁有这样的力量？因为父亲太爱自己的宝贝儿子了。对不对？

生：对！

师：就像他（讲故事的学生）说的那样，在最关键的时刻，往往人能迸发出一种超乎寻常的力量！（生举手）我知道你们举手要干什么，请让我把话说完，还是他说的那样，可是后来，警察让他做了实验，同样的地点，同样的高度，同样重量的沙包，试了无数次，这位父亲竟然没接着。想想看，他不是在帮助我们认为失常的同学说话吗？

生：是！

生：不是！

师：认为不是的举手，谁来说？

生：我认为人体内有无限的潜力，这位父亲看见自己的儿子从高楼上掉下来。他十分爱自己的儿子，如果不接住儿子他就会死掉。这时，他体内的潜力被激发了出来，那么他就有了超乎寻常的速度和力量去接住他的儿子，所以，我认为这位父亲并没有失常。

师：你站起来，他就有了这个潜力被激发出来，他就有了一种超乎寻常的什么——

生:超乎常人的力量!

师:把这个"超乎常人的"缩短成两个字,是什么?

生:(齐答)失常!

师:不对,你们这是偷换概念,那是——

生;超人!

师;不对! 超乎常人不叫超人,是——

生:(齐答)超常!

学生在课堂上围绕父亲这一形象的理解产生了争论。争论的焦点是人们都认为这位父亲由于失去了儿子,因悲痛有些精神失常了。那父亲的精神到底失常了没有?学生们分成了"失常"和"不失常"两派,纷纷通过对文本的研读、资料的扩充和自我的想象、体悟来验证观点,学生发言积极,讨论非常热烈。而就在学生们你来我往的唇枪舌剑中,教师依然保持着敏锐的语言感受力,抓住学生发言中的火花,力求课堂语言的准确,从而引导学生思维走向的准确——父亲并没有失常,是对儿子的爱促使他"超常"。

(二)科学的启发性

精当之美还要求教师的语言具有科学的启发性。课堂上的"满堂灌"的现象已经不多见了,现代教育理念要求改变传统的教学模式,教师在引导学生主动学、如何学上狠下工夫。因而,启发性可以说已经成为教学语言必不可少的鲜明特色。仔细考察,具有启发性的语言,其层次、质量、水平都是不同的。教学现状中,大量存在的是仅仅停留在表层的、简单化、是否式、直觉性的启发语言,这一般还称不上精当,只有科学的具有启发性语言才真正称得上精当之美。科学的启发性语言,就是符合教学的主观、客观规律,能够拓展思维的发展空间,富有诱导力的语言。提问语言必须具有恰当的分量、数量、范围、深度、序列,还要能够选择恰当的时机、对象;大量的科学启发性语言表现为根据教学目标的达成的需要和学生的实际情况,在叙述性的语言中巧妙隐藏真实的、明确的结论,让学生自己去思考和领悟,如顺推型、故事型、悬念型、比喻型、比拟型、对比型等语言技巧。

下面是钱梦龙老师执教的《故乡》片断:

师:好,我们现在可以小结一下了:这篇小说是为了写出农村经济日趋破产,那么写了闰土不就够了吗?为什么还要写杨二嫂呢?看谁的思维最敏捷。

生:要反映旧社会的妇女问题。(笑)

师:好啊,他考虑问题可真广,还考虑到了妇女问题!(大笑)这问题很高级。

生:为了要写出各阶层的情况,杨二嫂是小市民的代表。

生:说明了当时社会的复杂。

生:从各个阶层来表现中国农村经济的萧条破产。

生:各个阶层的人民生活都很痛苦。

师:是啊,连开豆腐店的杨二嫂都破产了,那就更不用说当雇工的闰土了。而且,我们还可以联系到其他的描写,如卖掉家具收不起钱来,有的则来拿家具。这就给我们画出了一幅农村破产的图画……

引例中,教师的启发非常成功,质量很高。"这篇小说是为了写出农村经济日趋破产,那么写了闰土不就够了吗?为什么还要写杨二嫂呢?"这一问题承前启后,既精当地点拨了学生的思维方向,又留有广阔的思维空间,学生的精彩发言便是明证。

这是小学科学《食盐在水里溶解了》的教学片断:

师:我还带来了两样已经知道能够溶解的物质,一样是高锰酸钾,一样是熟悉的白糖。同样与水混合,看看它是怎么溶解的。

(教师把两杯清水摆至投影仪前,然后依次加入高锰酸钾与糖,学生当即被高锰酸钾溶解时的现象所吸引,赞叹声不断)

师:说说是什么现象让你们如此兴奋。

生:放高锰酸钾的那个杯子水里呈现出一道道紫红色的线条,像仙女下凡时的衣带一样。

生:高锰酸钾立刻变成五彩缤纷的云霞,漂亮极了。

生:(接过话)这些漂亮的云霞是慢慢地向四周扩散的。

师:大家的描述很精彩!(对着最后发言的学生)你还说出它扩散的方向。那这时候有没有溶解均匀?

生:没有!

师:(用玻璃棒轻轻搅拌)颜色均匀了没?

生:均匀了。

师:那么这个"慢慢地向四周扩散""颜色由不均匀到均匀"它在向我们传递什么信息呢?(加强语气)它似乎在告诉我们什么?

生:溶解的过程。

师:怎样的过程?

生:溶解是一个慢慢向四周扩散,由不均匀到均匀的过程。

师:大家赞同他的结论吗?

生:(异口同声)赞同!

师:(故作恍然大悟状)我们明白了一个十分深奥、但平时都没有去注意的科学原理,原来溶解的秘密是这么一回事。

(师生一起复述"溶解"的过程)

师:(手指白糖与水的溶液)那你们联想一下糖是怎么溶解的。

生:糖也是像高锰酸钾一样慢慢向四周扩散,由不均匀到均匀的。虽然我们肉眼看不见,但我们可以通过高锰酸钾的实验想象得到。

师:说得太好了,太精彩了。你是今天的"探究之星"。(出示卡片)来,我帮你戴上。

生:谢谢老师。

师:不客气,这应该属于你的。(课堂上想起了热烈的掌声)

(在前面两点共识下,教师用电脑再演示:糖一放入水中,一样能向四周扩散)

师:我们就说它溶解了。

探究是科学学习的核心,它意味着真正引领学生经历研究的过程。为诠释"溶解"的特征,教师设计安排了不同环节,促使探究层层深入。在以上教学环节中,教师用高锰酸钾在水中溶解的实验,一步步引导学生思考,暗示性地启发学生自己概括出溶解的特征,让学生充分享受到探究的成功感、喜悦感。这其中,正是因为教师语言充分发挥了启发功能,才引发了学生的积极思维。

(三)深刻的内含性

精当之美的再一个要求是教学语言的内涵性。所谓内涵性,是指教学语言负载一定的重量,寓含特定的意义,蕴藏丰富的情味,留有回味的余地。教师的语言必然有一部分是直白浅露的,例如在自然科学学科中,公理、定理以及结论性意见的表述,就不能讲究"以少胜多""言约意丰"。但是在教学过程中的许多场合下,教师的语言却不能一味是直白浅露的,这主要是因为教学并不是教师排除了种种受制的条件,在理想环境中单向传授知识。为了直白,需要经历曲折;为了浅露,需要进行思考;为了完整,需要塑造残缺;为了探索,需要适当保留;为了体验,需要巧妙积蓄。而且,具有深刻内含性的语言,能够培养学生的浓厚兴趣,带动学生经常练习思维的"体操",营造生动活泼的良好氛围。

下面是窦桂梅老师教《秋天的怀念》中的一个片断:

师:同学们,母亲去世七年之后,作者写了这篇文章,结尾就落在这里——"要好好儿活"。那么,他究竟懂得了要怎样好好儿活?我们一起来读读描写菊花的句子。(课件出示:黄色的花淡雅、白色的花高洁、紫色的花热烈而深沉,泼泼洒洒,秋风中正开得烂漫)

师:下面同学就结合这句话,可以小组合作,好好讨论讨论,可以自己思考,他们究竟懂得了该怎样好好儿活?

(生讨论很热烈,之后发言)

生:菊花"淡雅",就是说人可以活得平凡,或者普通一些也可以的。

师:读人家的书,把人家的语言变成自己的独特理解,这就是创造。好,那就带着你的感受读这句话——"我俩在一块儿要好好活……"

生：其实，人可以活得淡雅、高洁、热烈、深沉啊等等，不管怎么说，每一个阶段不一样的，总之要活得多姿多彩，也就是泼泼洒洒。（掌声）

师：那你就泼泼洒洒地读——"我俩在一块儿要好好儿活，好好儿活……"

生：我想补充，不管有多少秋风萧瑟，有多少风雨打击，人活着就要泼泼洒洒地笑对人生。就是说，要活出自己的尊严。

师：好，让我们感受一下你的尊严。读吧。

生：我觉得"高洁"就是说人活着要高尚、纯洁、善良。

师：多么独特的理解啊——"善良"，我看到了你那柔软的心。

生：我看，因为不同的花有不同的特点，母亲想让自己的孩子在自己的心灵里、在人间绽放出属于自己美丽的花，也就是母亲让儿子选择自己的人生。（热烈的掌声）

师：母亲没有告诉儿子，你就得是这样的活，母亲是让儿子自己去选择，活出自己的个性。淡雅也好，高洁也罢，热烈而深沉也行，总之，要活出自己的……我不说了，你们说。（笑声）

生：活出自己的个性。比如"热烈"——就是让生活充满阳光！

师：带着你们各自的体会再读这句话。

师：你们懂得了应该怎样去好好儿活，文中的兄妹俩也正像你们一样，懂得了要好好儿活。

教学语言既要简明清晰，也要含蓄深刻。面对"菊花"这个意象，一般而言，教师总是借助菊花傲霜而开的特征，告诉学生菊花象征坚强。而这个案例中，教师对菊花的解读结合了文章内容，因而更进了一层。老师试图让学生借着菊花的淡雅、高洁、热烈、深沉等，体会到人活着的各种滋味，为此仅提出了一个要求："那么，他究竟懂得了要怎样好好儿活？我们一起来读读描写菊花的句子。"教师把自身对文本的深入解读化成了教学设计时的简洁表达，言虽简，意却丰，寻常的要求中蕴含的是丰富的意义，暗示着思维的角度——菊花到底有什么特点?对菊花的描写和"好好儿活"之间有什么联系?由此学生们突破了以往对菊花的程式化认识,生发出许多不曾预设的精彩答案。

有位讲授口才艺术的中学老师,对学生的口语表达经常作出评价。学生们并不在意得了多少分,而最看重的是教师的当场评语。"请擦去语言中的灰尘。""下台时,应是最精彩时,要用最后一瞬间给人留下最美的印象。""表达缺乏层次,说明思维上的标点不清楚。""把全部的腼腆,换上一点自信。""要拧紧自己身上的每一颗螺丝。""微笑是最美的语言。"类似的评语,一句就击中要害,文采斐然,富有哲理内涵。例如"思维上的标点不清楚",可以指思考不成熟,可以指思考不深入,可以指思考无次序,也可联想到为人处世的思维能力等。

二、纯净之美

纯净之美,就是纯洁干净,剔除了赘词冗句的杂质,绝不拖泥带水。叶圣陶曾经指出:"所谓干净不干净,其实就是节约不节约。从一节一段到一个词一个句子,全都使用恰如其分,不多也不少,就做到了节约,换个说法,这就叫干净。"[①]对教师来说,也就是课堂上的一言一语都是必要的、不能缺少的,没有废话、多余话。

(一)繁简得当

教学过程中,教师的语言必须做到繁简得当,才能表现出纯净之美。区别语言繁简的标准,主要是依据在教学目标达成过程中,不同阶段语言量的多少。直接根据课堂教学的总目标来判别语言的篇幅量,虽然是可行的,实际操作中把握起来却比较困难,但将其分解开来衡量则难度较小。总目标在教学实践过程中,必然分解成若干子目标。这些子目标,都与总目标相连,但所占地位不同,紧密程度

[①] 叶圣陶:《关于使用语言》,见《叶圣陶论创作》,217页,上海文艺出版社,1982。

不同,关联方式不同,解决的难易程度不同,因而教师投入的语言量应该也不相同。凡是地位次要比较容易解决的问题,教师应该严格控制语言量的投入,应以较少的语言量完成教学任务;反之,地位重要,联系紧密,比较困难的问题,则应该投入较大的语言量,保证达成教学目标。不要误以为"繁"就是不简洁、不纯净。清人魏际瑞在《伯子论文》中有段名言:"文章繁简,非因字句多寡,篇幅短长。若庸絮僻蔓,一句也谓之烦。切到精详,连篇亦谓之简。"所以关键不在于教师投入多少语言量,而在于无论繁简,教师的语言都要做到"切到精详"。

这是小学语文《最佳路径》的教学片断:

师:课文预习了吧?那我选几个生字来考考你们,怎么样?(多媒体出示:踩 窄)谁来读?

生:(字正腔圆地读)cǎi zhǎi。

师:(多媒体出示:滨)怎么读?

生:(十分自信地读)bīn。

师:这个字在读音方面,你有什么要提醒大家注意的?

生:我要提醒大家注意的是:这是一个前鼻音的字,不要读成后鼻音。

师:你们能猜想出这个字的意思吗?

生:这个字可能是海边的村庄的意思。

师:(笑着说)猜错了,继续猜,注意它的偏旁。

生:"滨"是指有水的地方。

师:恭喜你,猜对了! 你是凭什么来猜想的呢?

生:因为"滨"是一个三点水的字,所以,我从它左边的三点水猜想它的意思与水有关。

师:你真棒!"滨"就是水边,近水的地方。(多媒体出示:拐)会组词吗? 生:拐杖、拐卖。

师:你一口气组了两个词,但要知道"拐卖"可是一种不道德、犯罪的行为哟!

生:拐弯抹角。

师:你说了一个成语,真好……

这个识字教学环节可谓匠心独运:"踩"和"窄"这组生字要重点区分平翘舌,是从读音入手的;"滨"让学生看字形,猜字义,这是从字形入手,联想字义;"拐"让学生组词,积累词汇。教师教学几个生字用了不同的教学方式,这样学生学起来轻松有趣,记忆深刻。而之所以能达到这样的效果,除去预设的教学方式非常巧妙外,教师繁简得当的语言调控成为强大助力。"踩"和"窄"这组字学生已经能够正确区分平翘舌音,教师就不再赘言。前后鼻音相对于平翘舌音而言,区分时难度更高,因此学生读好"滨"字后,教师继续追问"这个字在读音方面,你有什么提醒大家注意的?",并用"你们能猜想出这个字的意思吗?""你是凭什么来猜想的呢?"连续两问,进一步指导学生联系字形,理解字义。对"拐"字的教学,教师没有满足于学生能组两个词,"你一口气组了两个词,但要知道'拐卖'可是一种不道德、犯罪的行为哟!"——这句话看似多说了,但其实恰好体现了教师的敏感,教师敏感地抓住学生的组词进行情感、态度、价值观等教育目标的引导。综观整个教学片断,教师的提示语、评价语以学生学习为轴心,适时引导,语言量分配恰当,既抓住了汉字特点,又夯实了基础,恰到好处地实现了识字教学目标。

(二)避免重复

语言之所以啰嗦、拖沓、不干净,其中的一个重要原因是不必要的重复。具有纯净之美的教学语言绝无不必要的重复。某教师执教"认识分数",从分物体的活动得到蛋糕的一半,接着问:"一半"该用什么数来表示?一个学生说:用分数。教师板书$\frac{1}{2}$并接着问:$\frac{1}{2}$是什么数?学生哑然。教师一连追问,学生就是不能说出教师期待的答案"分数"。 教师教学语言啰嗦重复,一方面容易使学生茫然,不能确定重点、难点；另一方面，还会占用本应由学生独立思考、自主探究的时间，容易使学生的思维长期处于被动接受状态。教师语言啰嗦、重复导致的结果往往是教学效率低下，学生消极厌学。案例中 $\frac{1}{2}$ 的名称是一种规定性的知识，教师反复问 $\frac{1}{2}$ 是什么数，显然是啰嗦重复的废话，导致的结果是宝贵的教学时间在师生的焦虑中白白流逝，倒不如教师直接揭示它的名称。

由于教学的特殊性，教师的语言避免不了重复。例如，由于某些原因，学生没有听到，没有听清楚，或者虽然教师讲过了，但学生一时还不能理解的问题，有必要重复表达；特别需要强调，或者引起学生注意的问题，也可以用语言的重复来加深学生的印象。但从教学现状来看，有的教师不辨需要、不分场合、不合规律，只是根据自己主观的猜度，或者不好的习惯，有意无意地讲了一遍又一遍，造成了啰嗦、拖沓。其实，即使需要从头再来，并不一定完全要依赖重复的方式来解决问题。调整语言的切入角度，转换语言的表达方式，增强语言的感情色彩，往往能够收到更好的教学效果。

(三)不言自明

教学语言主要是口头语言，现代教育思想认为教学是教师与学生的对话过程。教师置身于课堂之中，比起书面语言表达，拥有更多可以借助的语言环境因素，如时间、空间、学生对象、教学话题、课堂发言、文化背景、辅助设备、突发事件等。教师如果能够"目中有人""目中有物""目中有事"，充分、灵活地利用这些语境条件，那么就可以省去许多不说学生也能明白的话语，使语言简省明净。教师的语言必须力求规范，但规范并不是要求句句完整，段段完整，而应该结合学生的语言、具体的情景来考察和论定。片面追求所谓的规范完整，其结果往往是语言显得拖沓和沉重。

一位中学语文老师上《雨中登泰山》一课，与学生一起讨论"七股大水，从水库的桥孔跃出"一句：

师:为什么要用"跃"呢?
生:速度快。
师:不仅速度快,而且——(做一个模仿运动员跃入水中的姿势)
生:而且有弧度落差。

这里,教师利用学生熟悉的游泳运动,只说了个"而且",用一个简单的体态语,让学生自己去体会"跃"字的含义,不言自明。

三、舒展之美

舒展之美,是指教学语言整体上具有舒缓、柔和、开放的美感特征。这种风格,就像春风化雨,润物无声;又像潺潺小溪,曲折延伸向远方;还像一幅逐渐展开的山水画卷,无限风光尽在其中。舒展之美属于阴柔之美。这种语言美,既是适应教学语境的结果,又是教师主体情性的显露,相比较而言,后者更为突出。舒展风格的用语亲切、委婉;句式长短参差,节奏轻松、自由;语言富有启发性,疑问句成串,构成问题索链,形成思考台阶,诱发丰富想象。

下面是一位中学优秀语文老师上《荷花淀》一课的教学片断:
师:同学们阅读了《荷花淀》,谁能以最快的速度给小说情节拟出小标题?
生:(抢先发言)我给这篇小说的情节拟定的小标题是:水生参军——妇女们划船寻亲人——游击队员湖中歼敌——妇女们战斗中成长。
师:你拟得真快,思维十分敏捷!但作为小标题,还能不能更准确、凝练点呢?
(学生没能及时回答)
师:你们看小说中主要人物是谁?
生:以水生嫂为代表的年轻妇女。
师:以她们为线索拟小标题不是更准确、凝练吗?
生:送夫——寻夫——遇夫——学夫。
师:好! 他是以水生嫂为代表的年轻妇女为线索来确定小标题

的。真是惜字如金啊!还有没有更新的见解呢?小标题是不是越简单越好呢?

(学生安静地思考)

师:有人欲求简化,把唐朝杜牧的《清明》诗从七言改为五言,继而又改为三言:"雨纷纷,欲断魂,何处有?杏花村。"字倒少了,但诗的意境却没有了。这个故事给我们什么启示呢?

生:老师,我明白了,简化固然好,但一味求简有时不能准确表意,就像我刚才说的送夫—寻夫—遇夫—学夫,标题虽简练,但没有时代气息,用在孟姜女身上也可以,它不能突出白洋淀抗日妇女的精神面貌,不如改成这样:送夫参军—寻夫遇险—助夫歼敌—学夫战斗。

生:(异口同声)好!别开生面!

这一片断的教学内容有一定的难度,但这位老师的语言举重若轻,把问题的多侧面展示出来,分别从切入角度、繁简恰当、准确程度等方面逐一引导和延伸,热情鼓励,委婉相商,故事启发,给人一种舒展的美感。

汉语拥有丰富多样的句式,恰当地调配使用,能够使语言表现出明快、舒展、流畅乃至酣畅淋漓之美。句式的调配包括简单句和复杂句的调配、短句和长句的调配、整句和散句的调配等。

(一)简单句与复杂句的得当调配

简单句是指结构比较单纯的句子,复杂句是指结构比较繁复的句子。简单句清楚明了,复杂句重叠曲折。两者在教学语言中都不能缺少,有些科学性的知识和结论表述,还不能不使用结构比较复杂的句子。但是教学语言毕竟是以口头表达为主要方式,以听为主要接受方式的一种语言,如果不是教学上的确实必要;或者不论运用简单句还是复杂句,都能够取得同样的教学效果,那么应该尽可能恰当地多使用结构简单的句子。简单句顺口顺耳,能够加强语言的简洁性、流畅性。有位老师教小学科学《点亮小灯泡》:

师:电流是看不到的,你能想象一下电流是怎样在电路里流动的吗?请大家相互合作,试着用水彩笔在电路图中画出电流动的路线。

(学生画电流路线图,师巡视指导)

师:谁愿意上来展示自己画的电流路线图,并试着说一说电在电路中怎样流动,灯丝才能发光?

生:电流从这里(电池的正极)流出,进入小灯泡的金属架,流过灯丝,从另一个金属架流出,再经过导线流回到电池的负极。

师:(电脑展示电流路线图)这样连接,电流从电池的正极流出,通过小灯泡的一个连接点传到灯丝,再经过另一个连接点和导线流回到电池的负极,如此循环,形成了电流回路,也就是电路,小灯泡就发光了。

教学中,一般而言,教师更多地采用结构简单的句子来表达,或评价,或引导,或提问,或解疑。但像上面的小学科学课中,教师为了说清楚小灯泡被点亮的原因,不得不采用相对结构复杂的句子解释电路的形成。简单句、复杂句协同配合,展现了汉语句式的丰富和优美。

(二)短句和长句的得当调配

短句和长句是就句子的长度来说的。短句具有简洁、明快、有力的修辞效果,长句则比较细致、严谨、绵密,两种形式在教学过程中同样也都不能缺少。教学语言的主体是口头语言,多用短句是口语语体的重要特征。顺应这一特征,同时,为了追求简练之美的美学效果,教师的语言应该以短句为主。如果在相同目的、相类内容、相似结构的前提下,运用短句、长句都能够完成教学任务,那么就应该尽可能恰当地多使用短句,以力求较好地体现教学语言的舒展之美。一位老师教小学科学《不同的声音》:

师:不同的声音!不同的声音!(说话时两次的音量不同)

问:这两次声音有什么不同?

生:声音的大小不同。

生:声音的强弱不同。

(板书:强弱　大小)

师:你能利用身边的材料制造出强弱不同的声音吗?

(生有的拍桌子,有的拍手,有的敲文具盒……)

师:那么,声音的强弱会和什么因素有关呢?想一想,猜一猜。

(板书:猜想)

生:和发出声音时用力的大小有关。

生:和距离声音的远近有关。

师:你能用实际行动验证一下你的猜想吗?(板书:验证)

(生制造声音,其他学生也动手实验验证)

师:由此,我们得出结论:声音的强弱的确和发出声音时用力的大小以及距离声音的远近有关。(板书:结论)

这堂科学课中,教师的教学语言有明显的变化:组织教学的过程中基本使用短句,但结论的描述使用的是长句。短句体现了教学语言的简练、清晰,长句体现了结论表述时的严密、科学。两种形式结合,体现了教学语言的错落、舒展。

(三)整句和散句的得当调配

整句,就是整齐句式,即两个或两个以上的句子字数相同或接近,结构相同或相似。整齐句式可以分成一般的整齐句式、相同的整齐句式、相似的整齐句式、相对的整齐句式等。相同的整齐句式,在修辞上就是反复句式;相似的整齐句式,在修辞上就是排比句式;相对的整齐句式,在修辞上就是对偶句式。散句,就是长短不齐的参差句式。整句和散句在教师的语言中都应该运用,一般情况下散句用得比较多,这符合口头表达的规律,但恰当地运用一些整齐句式,有助于加强语言的节奏感、流畅性,增添语言的舒展之美。特别是教学语言中的板书语言,常常既是简单句、短句,又是整齐句式,明快的美学特质尤为鲜明。

下面是一位教师上《齐桓公求管仲》的板书设计:

齐桓公求管仲	鲍叔牙	婉辞相应 诚荐管仲 巧设计谋	知人举贤　高风亮节 （以忠君为标准）
	齐桓公	即释前嫌 请教对策 付诸行动	求贤若渴　博大胸怀 （以成霸业为目的）

这一板书，有几组整齐的句式，将课文的主要内容、人物形象、主题思想作了简练的概括，一目了然。

再看王崧舟老师教小学语文《枫桥夜泊》中的一个片断：

师：当代诗人陈小奇写过一首歌，歌名叫《涛声依旧》，大家听过吗？

生：（自由应答）听过。

师：好听吗？

生：（自由应答）好听。

师：看来，这首在 20 世纪末非常流行的歌曲，至今还能受到大家的欢迎。这首歌，不但曲子好听，歌词也写得相当出色。大家看，这是其中的两句——

（大屏幕出示：流连的钟声，还在敲打我的无眠，尘封的日子，始终不会是一片云烟）

师：谁来读一读？

（生朗读歌词）

师：好听！不但声音好听，读得更是好听！大家注意看，歌词中有一个词叫"无眠"，谁知道"无眠"的意思？

生：睡不着，失眠。

师：说得好！"睡不着"是大白话，"失眠"呢，是近义词。一俗一雅，意思就说得明明白白了。其实，"无眠"还可以找出很多近义词来，比如，不能入眠，合成一个词就是——

生：不眠。

师：难以入眠，合成一个词就是——

生:难眠。

师:未曾入眠,合成一个词就是——

生:未眠。

师:因为发愁而无法入眠,合成一个词就是——

生:愁眠。

师:一口气,找到了五个近义词。无眠,就是"失眠",就是"不眠",就是"难眠",就是"未眠",就是"愁眠"。一句话,就是睡不着觉啊! 好的,我们再来读一读这两句歌词,感受感受"无眠"的滋味儿。

(生齐读歌词)

师:那么,是谁在敲打着我的无眠呢?

生:钟声。

众:钟声。

众:钟声。

王崧舟老师积极倡导"诗意语文"的理想和信念,他的课总是体现出精致、和谐、大气、开放的语文教学风格。而个人教学风格的凸显离不开个性化的教学语言。王崧舟老师的课之所以每每令学生沉醉,令听课教师感动,这跟他的诗意的教学语言密不可分。王老师擅长灵活使用整句和散句来调节课堂教学氛围,激发学生学习的情绪。上述例子中,王老师以歌词导入,用散句逐渐引导学生走近"无眠"。而后又用找近义词的方式,排比式的启发学生连续说出"不眠""难眠""未眠",从而引出诗眼"愁眠"。整句、散句的交错运用,自然地形成了王老师教学语言的特殊魅力。《长相思》一文的教学语言也是这样:

师:好,谁再来读一读《长相思》?

(指一学生读后,教师放音乐,范读)

师:一起读,预备起。

(学生齐读)

师:孩子们,请闭上你们的眼睛,让我们一起随着纳兰性德,走进他的生活，走进他的世界。随着老师的朗读，你的眼前仿佛出现怎样的画面和情景？

（教师范读）

师：孩子们，睁开眼睛，现在你的眼前仿佛出现怎样的画面和情景？你仿佛看到了什么，听到了什么，你仿佛处在一个怎样的世界里面？

师：你走进去了？

生：我看见了纳兰性德在那里因思念家乡而睡不着的情景。

师：你看到了作者辗转反侧的画面。

生：我看见了纳兰性德走出营帐，望着天上皎洁的明月，他思乡的情绪也更加浓重起来。

师：你看到了纳兰性德抬头仰视的画面。

生：我还看到了山海关外，士兵们都翻来覆去睡不着，但是在他们的家乡没有这样的声音，睡得很宁静。

师：你们都看到了，是吗？你们看到了跋山涉水的画面，你们看到了辗转反侧的画面，你们看到了抬头仰望的画面，你们看到了孤独沉思的画面。但是，同学们，在纳兰性德的心中，在纳兰性德的记忆里面，在他的家乡，在他的故园，又应该是怎样的画面，怎样的情景呢？展开你的想象，把你在作者的家乡，在作者的故园看到的画面写下来。

（教师放音乐《一个陌生女人的来信》，学生写片段）

师：（边巡视边说）那可能是在一个春暖花开的日子，在郊外，在空旷的田野上……那也可能是几个志趣相投的朋友围坐在一起，一边喝酒，一边唱吟着什么……那也可能是在暖暖的灯光下，一家人围坐在一起，在……在故园，在家乡，你将会看到很多很多美好的画面和场景。

（学生继续写片段，教师继续巡视）

四、灵动之美

灵动之美，是指教学语言表现出灵活、机智、能动的美感。教学语境是错综复杂的,对语言表达有严格的限制。课堂上的突发、偶发事件是很多的,常常出乎教师意料。在这些场合下,优秀教师能够审时度势,随机应变,巧妙疏导,这些场合中的语言特别能够表现出灵动之美。这种风格,用词造句不一定奇特别致,讲究的是语言的合"人"性、合"情"性、合"境"性,由此展现出独特的、新颖的思路,显示出教师的机智、聪慧,能动的驾驭能力和精湛的语言艺术,教师的主观能动性与客观教学语境完美融合。

下面是于漪老师执教吴伯箫的散文《记一辆纺车》开头的一个片断:

师:今天我们学习《记一辆纺车》。昨天请同学们预习了,说说看,你们喜欢这篇文章吗?

生:(异口同声)我们不——喜——欢。(随堂听课的二十几位同志惊讶,于教师感到意外,稍停,笑着说——)

师:不喜欢?那就请你们说说不喜欢的原因吧!谁先说?

生:文体不明确,从题目看应该是记叙文,但里面有不少说明的文字,一会儿这一会儿那,弄不清楚。

师:还有别的原因吗?

生:好像是回忆录,又好像是说明文。

生:我看是散文。

生:散文有文采,吸引人。这篇干巴巴的,没有文采,不喜欢。

(有些学生点头表示同意,一学生问——)

生:是不是散文?老师,你喜不喜欢?(学生笑)

师:(笑)还有别的意见吗?(扫视教室,稍停)没有了。同学们敢于大胆直率地发表意见,很好,这种学习风气要坚持、要发扬。这篇文章是散文,与过去学的散文既有相同之处,又有不同之处。过去我们学的《荔枝蜜》、《茶花赋》是抒情散文,托物言志,借景抒情。这一篇是回忆性的叙事散文,大家没有接触过,一下子看不出其中的奥妙,所以会不喜欢。叙事散文有自己的特点,这篇托物叙事见精神,好些段落写得别有意味,推敲推敲,你们就会喜欢了。

于老师原想由开始的提问激起学生学习的兴趣,未料出现意外,走向相反方向,但于老师镇定自若,随机应变,因势利导,笑着请同学们说出原因,在宽松的氛围中,老师很快摸准了症结所在,一番比较说明巧妙地将教学的方向拨正,再度激发了学生学习的兴趣。当然,课堂上的突发、偶发事件性质、内容各不相同,应对语言的灵动美也拥有丰富的色调,这一例从一个侧面可以充分体会到教师机智灵活的调控能力。

再看李镇西教《荷塘月色》片断:

(学生读了一遍后,老师开始抽学生起来单独读)

师:(先抽一位男生)请你从第一段读起。希望能通过你的朗读,让我和同学们能看到你对课文的初步理解。

生1:"这几天心里,颇不宁静。今天晚上,哦不,是今晚上,在院子里坐着乘凉,突然想起……"(生读得结结巴巴,漏字换字不少,而且读得很快)

师:同学们,他读得怎么样?

(众生摇头)

师:你具体说说。

生2:他读得太快了。而且还读错了一些地方。

师:嗯,对。是读得太快了。给人的感觉,朱自清不是在散步,而是在跑步。

(学生们哄堂大笑)

师:(对生2)你觉得该怎么读,就给同学们示范一下,好吗?

(生2的朗读,吐字清晰,很有感情)

师:不错。不过,还是有点儿小跑的味道。

师:这篇文章的说话方式是自言自语。因此,同学们在读的时候,要把这种语气读出来。怎么才能读出这种语气呢?关键是把自己当作朱自清,进入他的内心,把文章的语言变成自己的心声自然而

然地流露出来。下面我给大家示范一下。

师:(范读第一段,一边读一边停下来讲解)"忽然想起日日走过的荷塘,在这满月的光里,总该另有一番样子吧。"像这一句,是朱自清的想象,就应该读得缓慢些,读出一种向往的味道。又如,"妻在屋里拍着润儿,迷迷糊糊地哼着眠歌。"这是多么静谧的情景,"迷迷糊糊"一定要读得低沉、缓慢,读得"迷迷糊糊"。

师:下面,同学们再自己读一遍。按刚才李老师说的,把自己当作朱自清,读出韵味来。

(学生们又开始各自朗读了。这一次,大多数学生已经没有了那种大声"读",而是在体味中窃窃私语般地读出文章的句子。看他们的神态,就知道他们已经开始走近朱自清了)

师:(抽读,学生普遍读得很好。当然,也有个别学生读得仍不够好)请这位同学再读读看。

(学生读"月光如流水一般"一段,不但语调缺乏变化,而且声音很小)

师:(开玩笑)刚才同学读这一段时,仿佛是在迷迷糊糊地哼着眠歌。

(读书的学生不好意思地笑了)

在上面一段朗读教学的例子中,李镇西老师根据学生的朗读情况,能巧妙地作出评价,用自己的评价语针对性地指出了学生朗读上的不足——课文写的是朱自清在月下荷塘独自散步的情景,语调应该舒缓沉静。在学生没有体味到情景的情况下,老师用"给人的感觉,朱自清不是在散步,而是在跑步""还是有点儿小跑的味道"点出学生朗读的急促。而当学生朗读声音偏低、语调平板时,又巧妙地引用课文中的语句进行幽默评点,最终真正让学生在有情有味的朗读中感悟文本。

第三节 教学语言风格的培养途径

既然教学语言风格在教学中有重要的地位,那么教师必须在教学实践中注重培养自己的语言风格。培养的主要途径有三条。

一、追求正确目标

教学语言风格是高层次的语言美,其形成绝不是轻而易举的,可以说,一个教师没有强烈的提升自己语言层次的愿望,没有追求形成自己语言风格的明确目标,那就必然形不成自己的语言风格。教师如果树立了风格目标,那就表明对自己的语言表达不是按一般的标准来要求,而是力求不断超越新的高度。在这一意义上来说,教学语言风格不是自然而然形成的。

教学语言风格包含着丰富的内涵、深厚的底蕴,只有教师的综合素质和水平达到了相当高的境界,才能够形成语言风格,所以,教学语言风格的形成是教师成熟的标志,有其特定的规律、特定的过程。正由于此,教学语言风格可以追求,但却不能刻意营造或专事模仿构成。诗人臧克家举过一个例子:"他(指梦家)造句专求美丽,甚至不管在什么场合上。比如在吊沪上殉国战士的一篇诗中(名字叫做洋泾浜吧?)有这样一句:'桃花一行',我同闻先生都劝他把'桃花'改为'血花',他并不依从,他认为写的虽然是'血花',然而把它写作'血花'却没有'桃花'漂亮,可是这篇诗的严肃和沉痛性也随着'桃花'被取消了!"[①]引文虽然指的是诗歌的语言,但道理与教学语言也是相通的。孤立、片面地追求风格,是得不到风格精髓的,自然形不成真正意义上的风格。在这一意义上来说,教学语言风格又是自然而然形成的,急功近利是要不的。

[①]臧克家:《我的诗生活》,读书出版社,1946。

树立正确的风格目标必须结合自身的实际。个人的思想品格、经历修养、特长弱点等主观条件都不可能完全相同,因此语言风格形成的基础和发展方向不会也不应相同。教学语言风格的类型尽管丰富多样,但对于具体的个人来说,适合自己发展、培养的却并不是很多。教师确立正确的风格目标,非常关键的是要清楚地认识自己,扬长避短,精心选择适合自己的风格类型。

二、谙熟教学规律

谙熟教学规律,实际上就是认识、掌握教学语境的问题。前边我们论述过教学语境的制导作用,教学语境是孕育教学语言风格的"土壤"。从实质来看,教学语言风格是教师适应、突破、驾驭教学语境过程中表现出来的语言特点和外显形式。不能设想,一个连教学规律都知之不多或者认识模糊的人,却会拥有语言风格。

教学的过程中充满了各种各样的矛盾,其中最主要的矛盾就是教与学的矛盾,其他矛盾都是在这一矛盾上衍生出来的。教学对象是活生生的群体,在接受知识、提高能力、培养素质的过程中,必然存在各种各样的障碍和困难,这就是矛盾。其他教学语境因素也会给教学带来障碍和困难,但一般通过教学对象反映出来。教师凭借自身的素质、认识、功力、方法,通过教学语言的调控来克服困难,超越障碍,解决矛盾。由于教师主体的特殊性、差异性,在解决矛盾(即使是相同或相类似的矛盾)的过程中,教师的语言会展现出个性的特色,即语言风格特征。明白了这个道理,教学语言风格的培养就必须注重教学规律的研究和基础的扎实。

谙熟教学规律的要求是很高的,不是粗通,不是一般懂得,而是指达到融会贯通的境界。因为教学语言风格美的魅力,不仅在于其解决了矛盾,更表现在圆满、完美地解决了矛盾,还进一步要求具备个性的独特性、创造性。

三、加强语言修养

培养教学语言风格尽管需要从综合方面努力,但毕竟最终要在语言形式上表现出来,因此,大力加强语言修养是非常重要的一个途径。

教师要加强自己的语言修养,首先,教师必须对自己的语言水平准确定位,明确属于哪一个层次,找出薄弱环节,认清努力方向。由于多种主客观原因,相当一部分教师比较重视教学观念的更新、教学设计的改革等,而忽视教学语言水平的提高,认识上是模糊的。有了准确的定位,也就有了提高的清晰起点。

其次,要认真学习语言。学习语言的方法和途径是很多的,如阅读积累、掌握语法修辞知识,等等。但对教师来说,尤为重要的是学习活的语言,向优秀教师学习,多听示范课,多看教学实例,不但欣赏他们怎样表达,而且更要深入理解为什么要这样表达。说具体一点,就是要结合语言表达的相关教学语境来理解,从中摸索出普遍的规律作为借鉴,并以此来指导自己的语言实践。一般的论述教学语言的论著当然也可以读,但必须对照教学实际,并且不能代替原汁原味的教学语言材料的研读。高层次的学习必然实现高层次的转变。

再次,要在实践中提高。语言风格是在长期的实践中形成的,理论的学习不能代替实践的努力。作家秦牧对语言的运用有一个生动贴切的比喻:"你见过人们驯马的情景吗?一匹未训练、桀骜不驯的马,骑手一跨到它背上,它就乱蹦乱跳,把人从马背上抛下来。经过初步驯服,人们可以乘坐它了;但它被骑以后,跑起路来还是很不甘愿的样子,不时蹦一蹦,跳一跳,使骑手坐得很不安宁,颠颠簸簸,歪歪斜斜,骑手仍然不时有翻身坠马的危险。只有当高明的骑手,完全把它驯服了,那时候,骑手坐在马背上,或纵马疾驰,或揽辔慢步,无不徐速如意,得心应手。这时候,人就仿佛和马浑然融为一个整体了。""我们看人家运用文字的各种程度,也有点像看人骑马。"①我们从中可以得到有益的启示:教学语言风格的艺术境界,犹如骑手高超的骑艺达到了人与马仿佛"浑然融为一个整体"的境界;骑手的高超骑艺自然是在驯马实践中获得的,教学语言风格当然也应该在长期的教学实践中培养、获得。还需要指出的是,语言实践不能盲目,既要方向、目标明确,又需灵活适应、调整。

教学语言风格是教学语言艺术的有机组成部分,对提高教学质量具有重要意义。教学语言风格是语言表层和深层、内部和外部各种因素的综合产物。教学语言风格的类型是丰富多彩的,难以穷尽,但基本类型应该认识、把握。教学语言风格一方面必须大力倡导追求;另一方面又必须充分注意到教学语境的制约和影响作用,教师主体应该积极能动地顺应和超越,在长期的教学实践中倾心尽力培育出绚丽多彩的语言风格之花。

---

① 秦牧:《语林采英·驯服文字这头野兽》,119~120 页,花城出版社,1983。

第十一章 教学语言的评价

教学语言的研究，涉及如何客观科学地评价教学语言的很少，而没有正确评价机制的教学语言理论是有缺陷的理论，对体系的完整性和科学性都会带来较大的影响。确立教学语言的评价标准的重要意义在于：我们能够根据客观的标准来正确判别教学语言的优劣高下，论定教师驾驭和运用语言的水准，从而更加切实、有效地指导教学实践活动。教学语言的评价的总体标准毫无疑问是教学目的达成，在这一前提下，可以分解成三条具体标准：沟通性标准、理解性标准、艺术性标准。下面分别论述。

第一节 沟通性标准

沟通性标准，就是根据师生双方在教学过程中的沟通状况对教学语言进行判断、评价的标准。教师能够在课堂上与学生顺利、清楚地沟通，是教学语言最起码、最基本的要求。任何语言交际活动都需要沟通，但对教学语言来说，师生的语言沟通还有一些特殊的要求。

一、创造良好的课堂氛围

教师能否与学生顺利沟通，必须具有一个良好的课堂氛围，这是重要的外部条件。因为在课堂上，教师是矛盾的主要方面，所谓沟通，在某种意义上说，就是教师必须把相关信息传送给交际对象学生，而制约和影响学生接受信息的外部因素很多，其中的重要因素之一是课堂氛围。良好的课堂氛围主要是通过教学语言媒介来达到的,教师必须注意"察言观色",注意内外部语言环境的各种因素的制约和影响,辨识清楚语言沟通中的障碍,创造出有利于学生接受信息的良好氛围,从而顺利进行双向沟通。如下是小学数学《分数的基本性质》中涉及同一知识内容的两种教学设计的教学片断:

(设计1)师:同学们,上星期老师布置大家设计一份数学报,老师在检查过程中发现了一个有趣的问题。大家想听听吗?(生:想!)咱们班有三个同学,他们分别在三张同样大的纸张上设计了"活动乐园"这个栏目。其中,婉芳的活动乐园占整个版面的 $\frac{3}{4}$,文强的活动乐园占整个版面的 $\frac{6}{8}$,志达的活动乐园占整个版面的 $\frac{12}{16}$。(师边说边用电脑来演示)请大家观察这三个分数,帮忙想想谁的版面占的面积大呢?

(学生猜测)

(设计2)师:今天,老师很高兴和同学们在一起共同学习,同学们心情怎样?(生:高兴!)老师给大家带来了一个礼物,请同学们仔细欣赏一则Flash动画故事引入:从前有座山,山里有座庙,庙里有一个老和尚和一个小和尚,哦!不对,是三个小和尚。小和尚最喜欢吃老和尚烙的饼了。有一天,老和尚做了三块一样大小的饼,想给小和尚吃,还没给,小和尚就叫开了。矮和尚说:"我要一块!"高和尚说:"我要两块!"胖和尚说:"我不要多,只要四块!"老和尚听了二话没说,立刻把一块饼平均分成四块,取其中的一块给了矮和尚;把第二块饼平均分成八块,取其中的两块给了高和尚;把第三块饼平均分成十六块,取其中的四块给了胖和尚,一一满足了他们的要求。

师:(欣赏后)同学们,你知道哪个和尚吃得多吗?

生:胖和尚吃得多。

生:矮和尚吃得多。

师:到底谁回答得对呢?上完这节课后你们一定能得到准确的答案。

无论是设计1还是设计2,都达到了课堂引入教学的基本要求,在吸引学生的基础上把新知识的相关信息传送给了学生,但设计2的教师通过动感的画面、优美的语言,创设了一个充满童趣的心智冲突,把课堂氛围渲染到极致,充分唤起了学生强烈的求知欲望。因此,运用沟通性标准来衡量教学语言,有必要考察教师语言对课堂氛围创造的情况如何。

一位老师在教《愿化泥土》时是这样开头的:

师:有专家说,上课前大声叫一声,同学们的大脑就很容易兴奋起来。我们就大声来问一声好吧?同学们好!

生:老师好!

(学生问好的声音特别大,教室里一下子打破了沉寂,同学们露出微笑)

师:同学们,上课前问一下大家,你们觉得怀念一个人最好的方式是什么?

(同学们纷纷插话,有的说看看他的照片;有的说看看他用过的物品,睹物思人;还有的说走访他的亲朋好友,叙叙旧情……)

师:你们说得都很有道理。在距离101岁华诞还有39天的时候,巴金驾鹤西游,你们觉得怀念巴金最好的方式是什么呢?

(同学们保持了沉默,好像在思考问题)

师:我觉得:怀念他最好的方式是重温他的话语,在娓娓道来的叙说中,巴金老人仿佛还在我们身边;怀念他最好的方式是让他的理想——说真话能薪火相传。……巴金走了,留下了他坦荡的人生历程。那么我们怎样才能完成对他最好的怀念呢?今天我们就来重温他的话语"愿化泥土"。

老师的激情导语,创造了良好的课堂氛围,一下子把同学们带到了求知的殿堂。

二、把握正确的交际方向

课堂教学中师生的沟通,是具有鲜明针对性、特定目的性的语言沟通,这是和一般的语言交际活动的一个很大区别。教师不是为沟通而沟通,为交流而交流,其中蕴藏着从教学的子目标逐步达到总目标的教学思路。教师面对的是一个学生的群体,双方沟通中很容易出现偏离教学目的的苗头和走向,因而教师应该通过自己的主导地位,实施语言的调控,将师生双方的语言交际活动方向加以引导,纳入正确的轨道,确保始终朝着教学目的方向前进。这一过程通常不可能是直线进行的,蕴涵着不同程度的曲折性。运用把握正确交际方向的标准,特别要注意考察教学过程中教师的导入语言、各个环节的转换语言、灵活应变的语言、"节外生枝"的语言等。

某教师教陶渊明的《归园田居》,忽然一学生举手站起来说:"诗人笔下又是鸡又是狗的,脏乱不堪,我觉得毫无美感可言。"这学生坐下以后,下面有人在窃笑,还有的点头表示赞同。教师面对如此意外,借题发挥,顺着学生的思路说:"是呀,我也有这样的疑问。诗人笔下的景物再平常不过了,可他为什么会觉得如此美好呢?哪位同学可以揣摩一下诗人当时的心情?"一石激起千层浪,看到这样的见解老师都没有予以否定,学生说话的欲望顿时被调动起来,思路也被打开了。教师灵巧串联,随机调控,将客观事物与主观情感相结合,与教学内容相结合,把干扰教学的消极因素、离散因素迅速转化为积极因素,引入正确轨道。

有一位教师上课时,一只小燕子飞进了教室,部分学生的目光跟着燕子转来转去,不能专心听讲。教师即兴发问:"'燕子去了,有再来的时候'这句话出自哪篇文章?"学生们回答:"《匆匆》"。教师又问:"《匆匆》告诉我们什么道理?"学生们回答:"时间一去不回"。教师马上肯定,并说:"有去无回就应该倍加珍惜时间。"这看似"随意"的即兴问答其实蕴含了强烈的教育意义和高超的教育技巧,巧妙地

"即兴"有效地控制住了语文课堂上行将离散的注意力,接着继续进行教学,效果比原来还好。

三、传递有效的知识信息

课堂教学的任务就是要求教师能够有效地把与教学目的相关的知识信息传递给学生。粗粗想来,这似乎并不是一件十分困难的事情,只要教师将知识讲述清楚、准确就可以了,但倘若仔细考察,个中的情况却非常复杂,并不容易做到。在教学过程中,教师很难保证百分之百地把信息正确无误地传递给学生。教学语言的信息差是教学过程中常见的普遍现象。信息差是指在教学过程中,教师传递的语言信息与学生接受的信息不等值。有时会出现信息减值,教师所发出的语言信息,传递到学生那里,只被吸收了一部分,其余的在过程中损耗了。例如,学生对教师的要求不十分明确,对字词句的意思理解得不完全贴切,对事件的发展过程了解不太完整,对道理的领悟不很全面,等等。有时会出现信息增值,教学语言信息在传递过程中,增加了部分信息。教师讲得少,学生却能够从中得到许多相关的其他信息。有时还会出现信息改值,教学语言信息在传递过程中,有效信息为零。教师本意是要传递某一信息,但是到了学生那里,却完全走了样。有的是无意的误解,未能抓住交际信息的焦点;有的是有意的曲解,改动了信息的本义;还有的是故意的别解,尊重原信息,但进行了较大的发挥,与表达信息已不再同构。因此,我们判别教师知识信息的传递,必须注重考察教师是否将有效的信息传递到了学生那里。如何考察呢?下面是一堂初中生物课的教学片断:

师:同学们好!第二节我们学习了环境对生物的影响,在第三节我们又学习了生物对环境的适应和影响。看来生物和环境的关系很微妙,它们互相作用,互相影响,你中有我,我中有你,不可分割。下面我们一起预习一下第四节——生态系统。

师:(强调)在预习的同时大家要认真梳理第四节的知识点,并

思考思考下面的几个问题。(在黑板上板书)①森林中生物与生物之间、生物与非生物之间存在怎么样的关系?②什么是生态系统?③生态系统是如何组成的? ④有关食物链和食物网,你知道多少?

师:这片森林中各种生物之间、生物与非生物之间的关系,就像一张无形的网,牵一发而动全身。无论是非生物因素的变化,还是生物的数量发生变化,都会有许多种生物受到影响。因此,生物与环境是一个统一的整体。像这样在一定区域内,生物与环境所形成的统一的整体,这个整体该怎么称呼呢?什么是生态系统?生态系统是如何组成的? 大家一起交流有关食物链和食物网的知识。

……

师:生态系统是多种多样的,它们的组成有共同的地方吗?

生:生态系统的组成成分包括生物部分和非生物部分。生物部分是生产者、消费者和分解者,非生物部分包括阳光、空气、水等。

师:生态系统有大的有小的,一片树林,一个池塘,一片草地等,可以算比较大一点的生态系统了,我放在校园里的几个盆景是不是可以看做是一个生态系统呢?(同学们激烈地讨论,教师一锤定音)我的盆景可以看做是一个生态系统, 只不过它们应该是一种很小的、微型的生态系统,因为它们具备一个生态系统所必备的要素。

(教师总结出生态系统的组成并板书在黑板上)

……

师:生产者、消费者和分解者是紧密联系缺一不可的,(引导学生看图,进一步加深学生对生产者、消费者和分解者三者关系的理解)想一想《西游记》中,孙悟空为什么骗猪八戒说茅厕是五谷轮回之所?其实,大圣说得还是很有道理的。物质和太阳提供给我们的能量就一直沿着生产者、消费者和分解者循环流动,生态系统的组成成分除了有生物以外,还有非生物部分,它们在生态系统中起什么作用呢?

生:在生态系统中,非生物部分包括阳光、空气和水等,它们是各种生物赖以生存的基础。

师:(举例说明)我们知道,动物都是直接或间接以植物为食,所以消费者与生产者之间的关系总是存在吃与被吃的关系。如:大鱼吃小鱼,小鱼吃虾米,像这样在生态系统中各种生物之间由于食物关系而形成的一种联系,叫食物链。我们用箭头把它们连起来,注意箭头要指向捕食者,而且链头都是生产者。一条食物链的起点总是植物,要切记。

……

师:在食物链中,一种生物数量的变化往往会引起其他生物数量也发生变化,严重的甚至会破坏整个生态系统。如2007年7月在湖南省的洞庭湖发生的鼠灾,电视上反复播放了的,谁还有印象?(部分学生回答)其中的一个原因就是人类大量地捕杀蛇、鹰等鼠的天敌。

师:(总结)这说明了人类活动对生态系统的破坏最终威胁了人类自身,所以为了我们的生存,为了地球的健康,让我们热爱大自然,保护环境!如果我们不对生态系统加以破坏的话,生态系统就可以为人类提供丰富的生物资源。另外,生态系统有一定的自动调节能力,这方面的知识以及食物网的知识我们下节课再进行学习。

师:完成课堂练习:

1.黄河是我国的母亲河,下列四个选项中,( )是一个生态系统。

  A. 黄河中的水   B. 黄河中所有的生物

  C. 黄河中的鱼   D. 整条黄河

2.下列各项中,属于食物链的是( )

  A. 山鹰→蛇→鼠→植物   B. 阳光→草→羊→狐

  C. 植物→鼠→蛇→山鹰   D. 田鼠→蛇→山鹰

3.拓展练习:调查我们身边的生态系统,并写一篇有关保护生态环境的小论文。

本节课,教师的教学语言十分简洁、学科指向明确,虽然也用一

些实例让学生理解生态系统的基本概念和原理,但整个语言风格十分严谨,注重有效的信息传递。在课堂教学完成后,考察教师是否将有效信息传递到学生脑海,往往会设计一些课堂练习,及时反馈学生的学习情况。

特级教师霍懋征教《望庐山瀑布》一诗,只花了10分钟就圆满地完成了教学任务。下面是教学中的一个片断:

师:你们再小声读读,共同议论一下,看能不能理解诗的意思。有什么问题也可以提出来。

(学生分四人一小组议论)

生:老师,银河是不是神话中说的把牛郎、织女分开的那条河?

生:我奶奶告诉我,银河是天上的一条大河。

师:银河实际上是许许多多的恒星,民间传说是天上的一条大河。

生:"九天"是什么意思?

生:我知道,"九天"是指很高的天空。

师:古人认为天有九层,九天指天的最高层。

生:香炉是烧香的炉子吗?

师:不是,这里的香炉指的是香炉峰。这座山峰的样子像香炉,所以叫香炉峰。你们懂得"日照香炉生紫烟"这句诗的意思吗?

(学生没有举手的)

师:这句话的意思是,太阳照在香炉峰上,峰顶云雾弥漫,蒙蒙的水汽透过阳光,呈现出一片紫色,好像燃起的紫烟缭绕着香炉峰。多么美丽的景色啊!你们再仔细体会一下这句话的意思,想象一下高高的香炉峰是多么漂亮。谁能讲讲这首诗?

问题是由学生提出或学生不能回答的,所以学生的注意力非常集中,教师在解难析疑时,突出"银河""九天""香炉",或肯定,或补充,或纠正,或讲述,发出的信息正确有效。

第二节 理解性标准

　　理解性标准，就是在教学过程中，根据教师在教学过程中运用语言引导学生对教学内容理解的状况来判断、评价教学语言的标准。教学在一般情况下，并不是以学生能够知道、了解相关信息为主要目的，更重要的是必须让学生在此基础上，能够深入理解教材内容，懂得并掌握知识规律，并能够举一反三，灵活运用。这就要求教师语言不但是传递信息，与学生沟通，使学生有所知，而且要深入一步，在引导学生理解上下工夫，使他们领悟、懂得"为什么"的道理，真正掌握并能够运用。

一、引导达到一定深度

　　理解性标准的指向具有不同程度的深刻性。知识的精髓和规律并不是一览无遗的，往往被纷杂的现象所遮掩，与各种相似、相近、相反的知识缠绕在一起。教师的语言要求能够引导学生对教学内容达到一定的理性认识，不为现象所迷惑，不为情绪所左右，能够使他们抓住要义，明白道理，领悟实质，把握规律。因而运用理解性标准，必须着重考察教师的语言是如何通过不同的途径和方式，引领交际对象逐步走向事物现象的深处，认识和理解其各个侧面。当然，由于教学对象的差异，理解的深度必须灵活掌握。如《分数的基本性质》一课，如果学生的逻辑思维能力较强，课堂的引导可以使他们对规律的把握更深入。

　　师：孩子们，数学的课堂，自然离不开数字啦，在自然数1到9中，你最喜欢哪两个数字？

　　生：3和4。

　　生：1和2。

　　……

　　师：嗯，我们每一个人喜欢的数字都不同，那我们就先来研究第

一个同学喜欢的3和4这两个数字。(板书:3 4)

师:如果老师在3和4之间写上除号,现在这两个数字变成了什么?
生:变成了一道除法算式。
师:你能不计算结果,很快地说出和3÷4的商相等的除法算式吗?
生:6÷8。
生:9÷12。
生:30÷40。
师:(同时板书:3÷4=6÷8=9÷12=30÷40)你为什么这么快就能说出如此多的和3÷4的商相等的除法算式呢?
生:根据商不变的性质。
师:能否说一说什么是商不变的性质呢?
生:被除数和除数同时乘以或者除以相同的数(0除外),商不变。
师:非常棒,把掌声送给他。(课件出示商不变的性质,生齐读)
师:根据分数与除法的关系,3÷4写成分数是?
生:$\frac{3}{4}$
师:根据上面的关系我们可以把这几个分数用等号连接吗?
师:奇怪啊,这几个分数的分子和分母都不相同,为什么也可以相等呢?看样子分数之间也有一定的规律呢,那这节课我们就一起去探求相等的分数之间的奥秘吧!

抓住规律本质,引导达到一定的深度。小学数学教学中从"商不变性质"出发,研究、构建"分数的基本性质",有利于学生对此规律蕴涵的实质的把握,完善新的认知结构。

一位老师教李白的《蜀道难》:

师:20世纪美国旅行家泰鲁·保罗在《游历中国》一书中断言:"有昆仑山脉在,铁路就永远到不了拉萨。"公元2006年7月3日22时20分,随着一声汽笛声长鸣,钢铁巨龙穿过昆仑山,翻越唐古拉,骄傲地腾越在世界屋脊之上。青藏线的贯通,让对中国人持怀疑论

的洋大人们收回了他们的成见,如果历史真的有轮回,还有一位具有诗坛统治力的大人物也会大跌眼镜。Who?(生笑)

生:(齐答)李白。

师:怎么都知道?

生:李白写过《蜀道难》,其实青藏线才是难上加难。

师:你是这样认为的吗?

生:可能在唐朝,生产力水平比较低,进入四川比现在进入西藏还难。

师:你很有辨证思想。这种想法李白是通过怎样的诗句来表达的?

生:(齐答)蜀道之难,难于上青天。

(老师在以下的教学中逐层引导,旁征博引,让学生理解"蜀道之难,难于上青天"的含意)

生:(齐答)"蜀道之难,难于上青天,侧身西望长咨嗟。"

师:包含着哪种感叹?

生:(部分)恐惧。

生:(部分)悔恨,后悔来到四川。

师:由此看来,诗仙三次感慨蜀道难,难于上青天,蕴涵着不同的心理体验。第一次,由隔绝之久,惊呼开辟之难;第二次由山势之危,忧惧度越之难;第三次由战祸之烈,悔恨安居之难。"蜀道之难,难于上青天"一句,前、中、后出现三次,反复咏叹,内容逐次加深,产生了回肠荡气的艺术效果。反反复复为哪般?谁来说一说?

生:李白写诗纯粹是为了挽留朋友,希望他留下来。

师:哦,留下来吃大块肉,喝大碗酒。(生笑)

生:可能是劝阻统治者要当心安禄山造反,要及早准备。

师:你的意思说豺狼就是杨贵妃的相好安禄山?(生笑)我想李白不太可能有如此政治远见,如有的话,也不会到处碰壁,碰得鼻青脸肿。

生:我想蜀道难有所寄托。

师：哦，寄托？

生：借送友表达自己内心的苦闷，时运不济，命运多舛。借蜀道诉说自己仕途之难。

师：真是仕途之难，难于上蜀道。（生笑）仕途称心，蜀道则易；仕途无成，蜀道则难。否则，蜀道之难，难于上青天，干卿何事？中唐姚合《送李余及第归蜀》中说"李白蜀道难，羞为无成归，子今称意行，所历安觉危。"这对你的观点是有力的补充。此种想法在《梦游天姥吟留别》中也有流露。"安能摧眉折腰事权贵——"

生：（齐答）"使我不得开心颜。"

师：我们通过抽筋剥皮的解读，试图掀开蜀道的红盖头，看清庐山真面目。这是一首慷慨的悲歌，既有历抵卿相的屈辱，又有遍干诸侯的失意，既有报国无门的愤慨，又有败兴而返的伤心。中国诗坛上最耀眼的一座雕塑——诗仙，他独特的个性，满怀的抱负，傲岸的反抗，在这里奏出了最强音，天才极致，似乎没有任何约束，似乎毫无规范可寻，一切都是冲口而出，随意创造，却是如此的美妙奇异、不可思议，这是浪漫文学交响诗的顶峰，这是上天赐给人类最好的礼物之一。在天才李白面前，一切庸碌无为，一切的怨天尤人是多么的可笑，人生只有永远进取、向上。

这位老师的引导是成功的，对"蜀道之难，难于上青天"的理解是深刻的。教师的语言通过不同的途径和方式，引领交际对象逐步走向事物现象的深处。

二、过程符合认知规律

教学过程同时也是教学语言的生成、发展过程。在教学过程中，学生在理解教师发出的信息上存在的障碍各种各样，要比了解信息中所遇到的困难多得多、大得多，特别是面对复杂的事物和事理，更是如此。学生理解事物、事理的过程也就是认知的过程，是有规律可循的。这一过程往往不是直线的，而是一个曲折反复的过程。教学语言应该根据学生的认知规律,摸清症结,对症下药,引导学生积极思考,循序渐进,明理悟道,加深印象,牢固掌握。激励评价、巧设疑问、层层铺垫、严密推导等,都是按照认知规律总结出来的行之有效的教学语言艺术技巧。运用这一标准,就要着重考察教学语言符合学生认知规律的程度如何。

下面是小学课程中《认识周长》的一个教学片断:

师:你们喜欢跑步吗?

生:喜欢。

师:老师邀请大家观看一场有趣的比赛。(电脑演示:金龟子和蜗牛赛跑,金龟子从起跑线出发围着跑道跑一周,而蜗牛没有绕着跑道跑,是从操场中间穿插跑过。让学生判定蜗牛犯规,猜出金龟子从起跑线出发沿着跑道跑了一周又回到起跑线,这一周的长度,叫做这个跑道的周长)

师:(板书课题:认识周长)从起点开始绕了一周以后再回到起点,这样的一周的长度就是图形的周长。

师:周长在生活中应用很广泛,比如去裁缝店做裤子,缝纫师要为你量腰围,知道什么是腰围吗?

生:腰一周的长度。

师:大家估计一下老师的腰围是多少厘米?

师:老师的腰围大约是70厘米,估计一下你同桌同学的腰围。(学生估计)要知道估计得准不准该怎么办?(量一量)请同桌互相试着测量腰围。

……

(师生小结测量方法,并要求学生回家以后用学习到的方法测量一下自己的头围)

师:要测量一片树叶的周长,有什么好办法呢?(学生探索出:用细线围绕树叶的一周做上记号,然后拉直细线,测量出长度)

(师生小结:比较图形的周长不能只看图形的大小,还要仔细观

察,通过量一量、数一数,或者移动的方法,才能够比较出周长的长短)

最好的学习动机是学生对所学内容产生浓厚的兴趣。新课伊始,该教师利用多媒体创设了有趣的、声形俱佳的动物赛跑情境,并把周长的含义融入其中,让学生初步明确什么是周长,恰到好处地引出课题,彰显了情景语言的设计直接为教学目标服务的宗旨。接着教师精心设计了多个活动,让学生经历指、摸、量、探、算等一系列的学习活动,实现了有效的生生互动、师生互动,教学过程符合认知规律,从而让学生很好地理解了周长的含义。特别在测量腰围教学中,教师采取了让学生在实践中自己找到测量的方法,这比手把手地直接告诉学生更能激发学生的好奇心和创造力。

再看一位老师教《柳树和小枣树》中的一个片断:

师:小朋友们,你们知道柳树和枣树吗?请大家说说自己了解的柳树和枣树。

生:春天柳树很漂亮,有长长的枝条,小枣树树枝光秃秃的。

生:秋天,小枣树就结枣了;而柳树却不结果。

生:春天柳树发芽,柳条就像小姑娘的辫子,柳叶就像头发上的发夹。

生:小柳树有假活现象,小枣树有假死的现象。

师:现在我们来做个游戏,请同学们闭上眼睛。(教师留出30秒左右的思维空间,任其发挥丰富的想象)

师:听到什么了吗?

生:什么也没听见。

师:再听听看!(播放音乐,教师绘声绘色地简述)当春回大地,万物复苏,小柳树便成了春天的使者,它挺起细腰,最先向人们奉献绿色。在微风中它披着飘逸的长发翩翩起舞,显得那么妩媚迷人。可是小枣树呢,春天来了,那弯弯曲曲的树枝仍是光秃秃的。刚开始,我也感到很奇怪,可是后来我才知道原来小枣树是想把自己的营养保留下来,秋天能结出又大又红又甜的枣子奉献给人们。多么柔美的柳树,多么可爱的枣树,老师最爱这枣树和柳树。你们听懂了什么?

生:小枣树不长叶子是要把营养留给秋天的枣子。

生:枣子很大很甜。

生:老师最爱小柳树和小枣树。

生:老师喜欢小柳树的美。

生:老师喜欢小枣树的枣子很甜。

师:多么可爱的枣树和多么柔美的柳树,可是有一天,在它们之间却发生了一件事。你们想了解它们之间的故事吗?

创设情境,定向思维,用童话的形式将学生带入作者描绘的"生活",让学生主体先处于情感阅读初级阶段,这种意境美是符合低年级学生主体参与的认知规律的。确定了学习目标之后,就要根据学生的认知规律进行教学设计,其情境创设应该从学生已有的生活经验出发集中思维,而不能牵强附会地直接从本课"首段"切入。老师还抓住关键心理时机,设计了学生闭眼、音乐伴奏、伴随着本课简约的故事表演述说,学生进入意境、初步体悟"本课美景",这样设计情境不是走过场,不是为了简单的兴趣而矫揉造作的设计或矫情华美的渲染。它是定向学习思维,为深入学习课文作了必要的心理准备。

三、形式具有完整结构

正确的理性认识应该是一个相对完整的认知过程。而学生在认识、理解的过程中常常会出现片面、缺陷、零乱等问题。教师运用语言引导学生正确理解,就必须针对交际对象身上的这些问题,做到表述周到恰当,策略合情合理,调控严密科学。以下我们引了一节小学数学中《数的整除》复习课的教学片断。我们知道复习是对所学过的知识进行再学习的过程,复习的重要特点就是在系统原理的指导下,对所学知识进行系统的整理,使之形成一个较完整的知识体系,这样有利于知识的系统化和对其内在联系的把握,便于融会贯通。该课教师首先呈现了本单元所涉及的数学概念,然后通过梳理概念间的联系,让学生自主构建比较系统的知识网络图。教学中,面对"启而不发"的学生,老师始终用激励的语言鼓励学生思考、发言,甚至在小结中比喻整理知识的过程,就是"盲人摸象"的过程。本节课的教学过程通过"摸象""说象""呈象""抽象"等多种形式,结构完整地做到梳理—训练—拓展的有序发展,真正提高了复习的效果。

师:同学们,今天这一节课我们要上一节有关"数的整除"的综合复习课,大家看到课前我在黑板上零零散散地贴出了这么多卡片,那么这些卡片上写的都是有关"数的整除"中的一些有关数的概念,今天的复习第一件事我们能不能根据这些有关数的概念的意义和它们之间的联系,把这些零零散散的概念做一次梳理,你认为哪个概念最重要?你可以举例说明,也可以根据它们内在的联系把这些数学概念整理成一个比较系统的知识网络图,这事原来干过吗?没干过。今天我们一起来试一试好不好?你认为哪个概念最重要,它的概念下面又可以派生出哪些新的概念?现在开始把这些做一个整理,好吗?

生:我们小组觉得整除是最重要的。

师:整除最重要是吗?那么你要把它先第一个选出来是吗?那这样我就先把它放在最重要的位置。

生:整除它还可以分为奇数和偶数。

师:整除还可以分为奇数和偶数?奇数和偶数是从整除这个角度区分的吗?同学们摇头呢!有意见呢!

生:我觉得整除它可以分为因数和倍数。

师:你为什么在整除下面分得出因数和倍数?

生:因为整除一个数,因数乘以倍数等于一个数,那么这个数可以除以因数等于倍数。

师:那么我的问题是,假如说数 a 能够被数 b 整除的话,那么想一想数 a 和数 b 一定有一个什么样的关系?你同意吗?谁是谁的倍数?

生:a 是 b 的倍数。

生：b 是 a 的因数。

师：你们同意这意见吗？

师：她的意见说在整除的前提下一定会产生一种概念，什么？（因数和倍数）

师：你为什么不同意她的意见呢？她说把奇数和偶数分出来就行了，你们可以有些讨论吗？

生：我觉得偶数和奇数应该不算在整除里面，它应该是数的名称。

师：偶数和奇数是在什么前提下产生的？它跟谁有关系？跟整除有关系没错，再具体点，我们怎么确定这个概念呢？是跟整除有关系，能再具体点吗？在什么情况下我就认定它是偶数了？

生：能被 2 整除的那些自然数都是偶数，不能被 2 整除的就是奇数。

师：那你的意思是偶数和奇数一定和一个重要的数有关系，是吗？和谁？

生：2

师：那好，这样啊，你既然提出来了这个问题，我把这 2 先补充到这里好不好，我先假如说补充到这里，那么跟它有关系的赶快拿啊，偶数和奇数。（学生拿卡片）

师：你认为它们有关系，是这个意思吗？能被 2 整除和不能被 2 整除的，对吗？它们的关系你们同意吗？

生：同意。

师：他们认为在整除的前提下一定有一对非常重要的概念，是什么？一起说。

生：倍数和因数。

师：这样啊，既然跟它有关系，我帮你们放在上面好不好？（粘贴卡片因数、倍数）接下来继续说，因数还能接着往下说吗？

生：有公因数和公倍数。

师：那么赶快挑出来啊！（学生找卡片）

师:又在下面的前提下产生了公因数和公倍数,你认为应该粘贴在哪里就粘贴下来,不同意见的赶快上来啊!

师:那请问什么叫公因数?什么叫最大公因数?那你们能接着把这段概念总结完吗?

师:你们这么一说还挺有道理,的确,从因数当中我们可以引出公因数的概念,还可以引出最大公因数的概念,是这样吧?那么,从倍数当中我们可以引出公倍数的概念,那么其中最小的一个是最小公倍数,有没有意见?

师:接下来还有这么多的概念,你有不同意见,那你可以上来啊。谁有的说,到前面来,你们现在都在动脑筋想啊。

……

师:看来在分解质因数的过程当中,我们又发现了这样的几个质数是这个合数的什么?什么叫质因数?质因数在哪里?赶快贴过去,贴到这好不好,同意吗?

……

师:好了,我听懂同学们的意见了,你们听懂了吗?同学们,刚才黑板上一堆零零散散的有关数的概念的卡片,这么一整理怎么样,清清楚楚,谢谢你们。书越读越薄说的就是这个道理,那么多的概念经过我们集体的智慧把它整理成一个比较系统的有关数的整除的概念的这样一个网络图,那么有问题吗?你能给大家提出点问题让大家讨论吗?那我第一个发言好不好,我的问题是质数和质因数只是一字之差,它们有什么相同的地方和不同的地方吗?这是我的问题,想好啦,你想回答,不急,我就找一个没举手的说。

……

师:同学们,我们刚才整理知识的过程,不就是"盲人摸象"的过程吗?你摸到两个概念,他摸到两个概念,他再摸到两个概念,最后就拼凑成我们黑板上的这头"大象"了。虽然盲人摸到的大象是片面的,却是真实的,只要大家资源共享,就能还原出一头完整的大象!

我们不仅"摸象",还"说象",就是说出你把这些概念放一起的理由;然后"呈象",就是出现了黑板上的这幅"网状复习图";最后,是"抽象",从这过程中,"抽象"出我们数学的知识。因此,我们数学的学习过程,也可以看成是"摸象""说象""呈象""抽象"的过程。只有大家都积极地说出自己的想法,全班资源共享,才能看清这头"大象"。

教师的语言应该按照一定的顺序连接成一个有机的整体,成为一条环环相扣的索链。

一位小学语文教师上《景阳冈》,为帮助学生完成学习目标,共铺设了四层"台阶":一是读武松打虎前的内容,找出描写武松的语言;二是读武松的语言,体会武松的特点;三是如何根据这些语言体会人物特点;四是练习根据人物特点设计语言。教学语言应切合教学过程,完整有序。通过教师的辅助指导,学生完全自主地进行了学习。下面是其中几个台阶转换环节的教师主要语言:

师:概括得不错。下面我们来学习课文中描写武松打虎前的内容,请看自学提示。

……

师:同学们自学得很认真,讨论得很激烈,谁愿意说说通过武松的语言你体会到武松有什么特点?

……

师:同学们找到了这么多能够表现武松特点的语言。现在谁能以"别胡说!难道不付你钱!再筛三碗来!"为例,具体分析一下这句话是怎样表现武松倔强的性格特点的?

……

师:的确,店家好心好意劝他别喝了,可是他就是不信,还说,"别胡说!难道不付你钱!再筛三碗来!"这个武松真是倔强。刚才这两位同学体会得挺好。他们之所以体会得这么好,就是因为他们抓住了这句话,联系了上下文,根据语气体会武松的性格特点。这就是通过语言体会人物特点的方法。下面,我们再运用这个方法看看

其他语言又是怎样表现武松性格的。

……

师：下面我们来做一个这方面的练习，(投影出示练习一)谁来审题？

生：这道题提出了两个要求，第一个是阅读短文，第二个是抓住李逵的语言体会李逵的性格特点。

师：李逵也是《水浒传》中的一个人物，他也曾经打死过老虎，他有什么特点呢？下面请同学们按要求做题。

……

师：同学们体会得很准确。通过这个练习，同学们已经掌握了通过人物语言体会人物性格特点的方法。那么反过来，如果给你人物的特点，你能根据上下文，为人物设计出符合他性格特点的语言吗？

（投影出示练习二：根据人物的特点，设计出符合人物特点的语言）

……

师：通过今天的学习，老师高兴地看到，同学们不仅能够根据人物的语言体会人物的特点，而且能够设计出符合人物特点的语言。在今后的阅读中，希望同学们能够根据人物的语言准确把握人物的特点。在你写作时，也要为你笔下的人物设计出符合他的特点的语言，这样，你笔下的人物就会栩栩如生，你的文章就会更加具有感染力。

师：根据你的意愿，从下列作业中任选一题完成：A.有感情地朗读课文。B.阅读《水浒传》。C.设计一段能够表现人物性格特点的对话。

限于篇幅，所引片断虽然不能详尽反映全貌，但也可以大体看出教师语言之间的内在联系，由浅入深，由此及彼，先纵向渐进，后横向拓开，编织成一个整体。

第三节 艺术性标准

艺术性标准，就是根据教学语言的美学特征来判断、评价的标准,也就是教学语言风格美的标准。教学语言美是高层次的语言美,与一般教学语言的要求有明显不同。当我们在评价教学语言的美学特征时,实际上已经超越了通常的诸如用语恰当、语句通顺、形象生动、有说服力等一般要求。艺术性标准丰富而复杂,最主要的可以从三个方面衡量。

一、鲜活脱俗

鲜活脱俗,主要表现在教学语言形式的新颖独特,富有创造性。教师的语言具有鲜明的个性特色。感人的激励,巧妙地设伏,机警地点拨,精彩的铺陈,横生的妙趣,缤纷的色彩,含蓄的韵味,高雅的品格,等等。综合灵活运用各种修辞手段,着眼于拓宽学生的思路,向多方向发散,或正向发散,或逆向发散,或横向发散,或基元发散。如:特级教师吴正宪在《平移与旋转》中的教学片断就是一个鲜活例证。

师:随着优美的旋律,老师带领大家一起进入游乐园参观,并请各位跟随活动的画面用自己的动作和声音把看到的表演出来。(多媒体课件展现出各种游乐项目,有"激流勇进""波浪飞椅""弹射塔""勇敢者转盘""滑翔索道"……一张张小脸上露出兴奋的表情,同学们时而发出"嗖——嗖"的声音,时而高举手臂上下移动,尽情地表演着)

师:刚才我们看到这么多的游乐项目,能按它们不同的运动方式分分类吗?

生:"激流勇进"是直直地下冲的,可以叫它下滑类。

生:我认为"观缆车""波浪飞椅""勇敢者转盘"可以分为一类,因为它们是旋转的。

师:(紧接着问)其他的呢?

生:"弹射塔"是向上弹射的,"滑翔索道"是往下滑的,它们和"激流勇进"可以分为一类。

师:刚才你们看到了不同的运动方式,像这样的——(只见老师

用手势表示着旋转的动作)你们能给他起个名字吗?

生:(异口同声地说)叫"旋转"。

师:老师又接着用手势做出平移的动作,问:"像这样呢?"

(几个学生小声说:可以叫"平移")

师:好,就用你们说的来命名。(板书:旋转 平移)

(接下来,老师请六名小朋友到黑板前,选择自己喜欢的游乐项目先用动作进行表演再将它归类,把所选项目的图片对应地贴在"旋转"或"平移"的下面)

师:请孩子们先闭上眼睛静静地想一想什么是"平移"、什么是"旋转",然后请你们站起身来用自己的动作表现出来。(老师的话音刚落,一名学生起身一边表演一边说:"我这样走就是身体向前平移"。接着他又表演了一个旋转的动作,以示区分。在活动中同学们进一步体会了"平移"与"旋转"的特点)

……

师:我们学习了平移和旋转,同学们想到什么问题了吗?

生:我正想提个问题呢,学习平移和旋转有什么用处吗?

师:那么我们就一起来了解平移和旋转到底有什么作用?(多媒体课件出现了三个话题:①楼房会搬家吗?②聪明的设计家。③巧算长度)这里有三个问题,你最想研究哪个问题?

教学语言变通性的特点是鲜活脱俗的重要表现。变通性主要是指师生讨论问题解决重点、难点时,如果遇到障碍、困难,教师不是直接陈述自己认定的正确结论,或者呆板地固守既定的思路,死抓不放,"反复"启发,导致僵局出现;而是善于反思症结所在,绕道而行,迅速灵活地变换思路,调整角度,重新组合、构建语言,另辟途径,以达到教学目标。

学习完《数的整除》这一单元后,一位教师上了节复习整理课,设计了如下一道练习题:根据规律填空 1、2、4、( )、( )、( )……设计的意图是让大部分学生明确运用约数与倍数的有关概念找出规律:①后一个是前一个数的 2 倍;②后一个数一定能被前一个数整除;③后一个数的约数就是前面所有的数再加本身。程度稍高的同学能发现,前后两个数的差在依次增加,分别增加 1、2、3、4、5……教师出示练习题后,让小组讨论,大部分学生想到了一种填法:8、16、32……但与课前设计不同的是要他们说理由时,有的说后一个数是前一个数的 2 倍, 有的说前一个数重复相加为后一个数。一部分同学还想到了另一种填法:7、11、16……教师认为虽然课堂实际与课前预计有些许的出入,但已经达到了练习的目的,于是正环视着全班同学,准备课堂小结下课。不料,有一只小手怯生生地举起,又偷偷地放下,教师一看是学习成绩老在三十四分徘徊的××,问道:"你还有什么问题吗?"他说:"我想填 1、2、4……"顿时,全班哄堂大笑,他也害羞地低下了头。老师却亲切地说:"你能说出与众不同的见解,真了不起!请你说说自己的想法,好吗?"他小声地嘀咕着:"像循环小数那样也是一种规律。"老师赞扬道:"同学们,他说得多好啊!简单重复何尝不是一种规律!"一石激起千层浪,其他同学纷纷想出了另外的答案:"老师,我又想到了另一种填法,1、2、9、1、2、16……前两个数重复,第三个数分别填 2 的平方,3 的平方等……""老师,我想填 4、2、1……"下课了,同学们依然沉醉在寻找规律的兴奋中。

这个题目的答案到底有多少,我们姑且不去讨论。值得称道的是这位老师在发现一位差生的回答和自己原来的答案不同时,并没有坚持引导到自己设定的圈子里,而是积极鼓励,灵活点拨,形成了热烈讨论的局面,显示出变通创造的活力。

二、和谐自然

和谐自然,是指教师的语言与学生的语言自然交织、浑然一体。这实际上是教学民主思想在教学语言上的折射、反映。在运用和谐自然的评价标尺时,当然要着重考察教师语言表达的艺术魅力,但是和谐自然美的形成、展露、评价，绝对不能脱离学生的因素。其具体展露总是依附于师生的语言交际的互动之中，我们必须密切联系学生的语言作出判断，是否和谐自然，是怎样做到和谐自然的，产生了什么样的具体教学效果，孤立地考察教师语言是很难或者无法作出正确的评判的。和谐自然的语言从某种意义上说，就是与学生相通、间距很小的语言。很难设想，师生之间思想、感情、心理等方面尚存在较大的隔阂，教师的语言却能够和谐自然。由于特定对象的制约，教师的语言必须切合学生的认知规律，考虑学生的接受能力，深浅得宜。过于深奥的语言连起码的沟通目的也达不到，更谈不上和谐自然；过于浅俗的语言仅仅停留在表层的沟通之上，也只是形式上的和谐自然。

以下是一位年轻教师上的《槐乡五月》的教学片断，优美诗意的教学语言、动听悦耳的配乐、极富感染力的视觉效果，使学生能在和谐自然的氛围中感受槐花的多、美、香。

师：同学们，二年级的时候我们学过《水乡歌》，今天我们一起去槐乡，走进农家孩子的世界。

师：槐乡的五月是怎样的呢？让我们一起去看一看吧！（配乐范读全文。为孩子们营造了一种很美的氛围）

师：同学们，听了老师的介绍，你觉得槐乡五月给你留下了怎样的印象呢？（学生谈初步感受）

师：同学们才听老师读了一遍就有了这么多感受，相信自己读会有更多的感受。昨天回去读了吗？（检查预习，出示长句子，练读）

师：课文一共有四节，谁愿意读课文，你想读哪一小节？其他同学注意听，有没有把字音读准，有没有把句子读通，有没有把课文读顺。边听还要边想：你对槐乡五月又有了什么新的感受？

师：课文读到这里，你对槐乡五月又有了什么新的感受？课文哪一句最能概括你现在的感受？（板书：飘香的季节　孩子的季节）课文哪一小节告诉我们是槐花飘香的季节？哪几小节说的是槐乡孩子的季节？

师：你从哪里感受到是槐花飘香的季节？自己读一读第一小节，找到感受最深的地方。

（学生畅谈自己的感受）

师："嗡嗡嗡……满足。"是以诗歌的形式出现，这两句就像一首诗，就是一首诗。

师：第一小节中有哪些表示"香"的词？（板书：香。电脑出示"中午……浓香……"。读三个表示"香"的词）你为什么这么读？（教师描述一个比一个香，再读）从省略号中体会。

师：对"浸"字你理解了吗？"这时候，……香海中了。"谁来读一读这句话？谁再来读一读？老师来读读好吗？一起来读一读。（电脑出示：清香　醇香　浓香　香海）

师："槐乡的山……茫茫。"你从哪儿感受到花开得多？点出词。"一条一条挂满枝头"你感受到什么？还从哪儿感受到多？（板书：多）同学们，站在树下，我仰头张望，槐花开得真多呀！（师引读）除了多，还感受到什么？（板书：美）

师：想不想看看这样的槐花呀？（电脑出示的画面很美，并配乐）难怪作者说，五月是槐花飘香的季节。

师：今天，老师想请同学们也来编一首什么歌？（槐乡歌）老师这里有三段，你可以选一段，用上刚才的词语。（电脑出示：槐乡什么多？槐乡什么美？槐乡什么香？）

再看特级教师薛法根《卧薪尝胆》一课的教学片断：

师：三年后，勾践回到了自己的国家，照理，他又可以享受荣华富贵了。他到底是怎么做的呢？请同学们自己读读课文。

生：（朗读课文第四自然段）晚上，就睡在柴草上。

师：（插话）这就叫"卧薪"。

生：他还在屋子里挂了一只苦胆，每顿饭前，总要先尝尝它的苦味，提醒自己不忘兵败会稽的耻辱。

师:(插话)这就叫"尝胆"。

师:现在谁能根据自己的理解说说"卧薪尝胆"的意思?

生:晚上睡在柴草上;每顿饭前,先尝尝苦胆的滋味,提醒自己要报仇雪恨。

师:还可以怎么说?

生:为了报仇雪恨,勾践晚上睡在柴草上;每顿饭前,先尝尝苦胆的滋味。

师:你把"卧薪尝胆"的目的放在句首说,有新意。读到这里,老师又有一个问题,如果勾践仅仅"晚上睡在柴草上;每顿饭前,先尝尝苦胆的滋味",算不算真正的"卧薪尝胆"?

生:不算。因为勾践还亲自下田耕种,使自己的国家富裕起来。

生:他还要练兵,建设一支强大的军队。

生:勾践还会找那些有本事的人,为国家的强大出谋划策。

……

师:这就叫"发愤图强"!(板书:发愤图强)如果勾践仅仅坚持了几天,或者几个月。算不算真正的"卧薪尝胆"?

生:不算!因为"卧薪尝胆"需要很长的时间。

生:课文中讲勾践"卧薪尝胆"了二十多年,才取得了最后的胜利。

师:这就叫"坚持不懈"!现在你理解"卧薪尝胆"的含义了吗?

生:"卧薪尝胆"表示为了实现一个目标,要忍辱负重、发愤图强、坚持不懈!

师:读一读这三个词语:忍辱负重、发愤图强、坚持不懈。

(生齐读)

师:同学们,勾践需要卧薪尝胆,我们要不要卧薪尝胆?

生:不需要。

师:为什么?

生:因为我们不要报仇雪恨。

师:没有仇,没有恨,不必卧薪尝胆。

生:我们的生活很幸福,不需要这么苦。

师:有福就要享!

师:请同学们认真听老师的这句话:为了中国的航天事业,中国科学家卧薪尝胆几十年,终于将中国的第一颗人造地球卫星送入了太空。你说,中国科学家有仇恨吗?他们是否每天都睡在柴草上,每顿饭前都要尝一下苦胆?

生:老师,我觉得我们需要卧薪尝胆。比如,中国足球队要成为世界冠军,就必须卧薪尝胆。

师:中国足球队需要的是卧薪尝胆的精神!

生:我也要卧薪尝胆。

师:你又没有仇恨要报,怎么也要卧薪尝胆?

生:我将来要成为一个科学家,现在就要卧薪尝胆,刻苦学习。

师:为了实现自己远大的理想,也需要卧薪尝胆的精神!

仔细品味这一片断的教师语言,确实和学生的语言做到了相互交融。学生的回答并不都是正确无误,却能够畅所欲言;教师的纠偏补充,启发提升十分自然,几乎不露痕迹。究其原因,就是教师和学生都是站在一个平台上交流讨论。

三、情真意切

艺术美在本质上是一种情感的活动。教学语言是教师主体的语言行为,尽管可以总结概括出抽象的理论形式,但一旦进入课堂语言交际流程,必然带有教师主体的感情色彩,同时也成为一种情感语言模式。具有美学特征的教学语言,常常融入了教师鲜明真切的情感。教学语言对多样性、流动性、圆满性的情感要求,正说明了感情因素在教学语言中的重要地位。教学语言情感表露的形式或显或潜、或浓或淡、或刚或柔,但都应该具有真切的打动人心的魅力。在数学等理科的课堂教学中唤起学生的真情实感有利于激发学生的求知欲望。

以下是"植树问题"的一个教学片断：

师：同学们，母亲节刚过，我们马上又要迎来一个快乐的节日——"六一儿童节"，大家高兴吗？其实，一年中有意义的日子还有很多，你还知道哪些？能说几个吗？

生：我还知道10月1日是国庆节。

生：1月1日是元旦。

生：3月12是植树节。

师：很好！大家知道3月12日是植树节，那么你参加过植树活动吗？你知道植树有哪些好处吗？

生：我觉得植树不仅能美化环境，净化空气，而且植树中还有很多数学问题。

师：太好了！今天这节课，我们就一起来研究"植树问题"。（板书课题：植树问题）

师：这是我县新修的一条公路。公路中间有一条绿化带，现在要在绿化带中种一行树，怎么种呢？

生：我觉得可以从一端开始向另一端种。

生：我觉得可以栽一根电线杆，然后，再开始向一端种。

生：我觉得两头都栽电线杆，中间植树。

师：同学们真能干！说出了植树问题的几种情况，下面我们就分别来探索两端都种和两端不种的情况。

这条公路全长1000米，每隔5米种一棵树。两端要种，一共需要多少棵树苗？（师指名读题）从题中你了解到了哪些信息？"两端"是什么意思？

（师模拟演示：指一指哪里是这根小棒的两端？如果把这根小棒看做是这条绿化带，就是在绿化带的两端要种）

师：现在请大家独立计算一共需要多少棵树苗？谁来把你的结果在全班交流交流？

生：$1000 \div 5 = 200$（棵）

生:1000÷5=200(棵)　　200+2=202(棵)

生:1000÷5=200(棵)　　200+1=201(棵)

师:现在出现了三种答案,而且每种答案都有不少的支持者,到底哪种答案是正确的呢?咱们可不可以画图模拟实际种一种?如果从图上一棵一棵种到1000米,数一数,是不是就能知道到底谁的答案是正确的了呢?

……

师:大家看,已经种了多少米?(45米)这么长时间才种了45米,一共要种多少米?(1000米)要一棵一棵一直种到1000米呀!同学们,你有什么想法?

生:太累了,太麻烦了,太浪费时间了。

师:老师也有同感,一棵一棵种到1000米确实太麻烦了。其实,像这种比较复杂的问题,在数学上还有一种更好的研究方法,大家想知道吗?这种方法可不是一般的方法。大家听好喽,这种方法就是:遇到比较复杂的问题先想简单的,从简单的问题入手来研究。比如:1000米的路太长了,我们可以先在短距离的路上种一种、看一看,大家想不想用这种方法试一试?

(生画图种树)

师:通过刚才大家的画图种树,从中你发现了什么?

师:你们真了不起,发现了植树问题中非常重要的一个规律,那就是:(同时板书)两端要种棵树 = 段数 +1

师:看来,运用植树的规律,不仅仅能解决植树的问题,生活中很多类似的现象也能用植树的规律来解决。

师:刚才,我们运用发现的规律,解决了一个实际问题。我们已经知道,"两端要种"求棵树用段数 +1;如果"两端不种"棵树和段数又会有怎样的关系呢?

再看窦桂梅老师教《难忘的一天》中的一个片断:

师:采访开始,你好!

生：窦老师好！

师：你为什么这么兴奋？（生答不上来）

师：你太兴奋了，兴奋得都答不上问题来了。再请个人。

生：邓爷爷表扬了我。

师：你怎么给他表演的？

生：我沉着地操纵着计算机，熟练地打出各种各样的图形。

师：（向另一学生）你好，祝贺你！邓爷爷问你什么了？（生答）

师：邓爷爷听了后怎么说？（生答）大家一齐大声地读读这句话。

（生读，师板书：计算机的普及要从娃娃抓起）

师：这句话你理解了吗？（生答不上来）

师：你们现在马上到台下去交流，采访一下现场的老师，请他们谈谈对这句话的理解，赶紧问。

（生离位，问在座的老师）

师：就是小时候开始学计算机。

师：小时候就要开始学，长大就会了。

师：大家从小就会打电脑，幼儿园小朋友也要会。

"计算机的普及要从娃娃抓起"。这句话是课文的难点，在学生对这句话不甚理解的情况下，窦老师鼓励学生去采访一下现场的老师，请他们来谈谈对这句话的理解。这一举动，不仅将课堂变成了一个答疑解惑的大讲堂，而且拓宽了学生的学习面，让他们明白，要想获得知识，他们可以有更多的途径和方法。

师：邓爷爷这话是1984年说的，都过去多少年了。我们来看看当年这位电教老师18年之后的感受。

师：（深情地讲述）就是这样一位老人，说了这样的话，现在我们就像使用钢笔一样地使用电脑；就是这样一位老人，说了"教育要面向现代化"，我们的教育才走向素质化；就是这样一位老人，在深圳画了一个圈，那里就奇迹般地崛起一座座城，一座座金山；就是这样一位老人，提出"一国两制"的设想，香港、澳门才顺利回归；此时此刻，让我们静下心来,再来看看邓爷爷,让我们来表达对邓爷爷的爱。

(音乐《春天的故事》响起,投影出示图片)

生:想哭,因为邓爷爷领导我们国家走向富强。

师:想哭就哭吧!

生:感动,因为邓爷爷……

师:一句话,邓爷爷,我们爱您!所以,我们看第一段,再来读一读。

(生读)

师:文章的作者现在已经28岁了,但他忘不了1984年2月16日的这一天,因此,他特别兴奋。

(师引读第六节)

师:我忘不了1984年2月16日,忘不了我为邓爷爷作计算机表演,忘不了肩上担负的责任,让我们一起来写写"责任"。

(师板书,生书写)

师:你们现在的责任是什么?

生:读书,好好学习,天天向上。

师:把邓爷爷对你们的爱化作一种责任,我们忘不了邓爷爷对我们的——(生齐说"爱")

师:难忘的一天还可以用一个成语来说,那就是"刻骨铭心"。(师板书)我们一起来读。

(生读课题)

师:老师加了感叹号以后,又该怎么读?

(生再读课题)

师:下课了,后会有期。让我们为孩子们的表现喝彩,让他们带着这份责任走下台吧。

苏霍姆林斯基这样认为:"有激情的课堂教学,能够使学生带着一种高涨的激动的情绪从事学习和思考。"这种激情产生于教师把知识和情感再次燃烧,燃烧的过程既是感染自己,也是感染学生。窦老师的激情是源自其心底的自然流露,她的富有激情的语言,她的澎湃的情感点燃了学生心中的那团火,激发了学生心灵深处最真切的情感。她曾说,"你要学会以真挚、强烈的情感走进学生的心灵深处,时时将自己置于生命的原野,用真情去催发生命,为生命中的平凡而欢欣鼓动,让生命中的习以为常感动自己,再用你的率真、坦诚、热情感染学生,打动学生……"

教学语言的评价总标准是教学目的达成,分标准概括起来是沟通性标准、理解性标准、艺术性标准三条。这三条标准是一个有机的整体,相互联系,逐层提高。沟通性标准是基础标准,理解性标准是达成性标准,艺术性标准是欣赏性标准。在具体评价教学语言时,必须灵活掌握标准,沟通性标准是必须符合的,达不到这一标准的教学语言是不合格的语言。理解性标准除了一些比较特殊的教学内容,也必须符合教学目的能否达到,也就是教学的成败,在很大程度上取决于是否符合这一标准。艺术性标准则是高层次的标准,对一般的教学语言不必苛求,但这一标准对提升教学语言的品位,提高教学质量具有重要的意义。

第十二章　教学语言评点

一、《登高》教学语言评点[①]

师：同学们愿意听电影故事吗？

生：愿意！

师：不过，这不是一个欢乐的故事，而是一个凄楚悲凉的故事。听后，心情会很沉重。

　　非同寻常的导语设计，一下子就调动了学生学习的积极性，拓宽了学生的思维。

我还给大家提个要求。因为是电影故事，请大家边听边在脑海中把这个故事幻化成电影画面。我相信大家都是杰出的"电影摄影师"，一定能够把画面在大脑中构想得场景逼真，而且每人都能够切实地身临其境。能做到吗？

生：能！

师：我开始讲述。（语调低沉，语速缓慢，满怀感情）1200多年前，一个秋天，九月初九重阳节前后。夔州，长江边。大风凛冽地吹，吹得江边万木凋零。树叶在天空中飘飘洒洒，漫山遍野是衰

　　教师的讲述以短句开头，以舞台说明的方式简洁地交代了故事发生的时间、地点，迅速地用语言营造了落寞、凄凉的氛围，为

[①] 特级教师韩军教学片断。

……败、枯黄的树叶。江水滚滚翻腾，急剧地向前冲击。凄冷的风中，有几只孤鸟在盘旋。远处还不时传来几声猿的哀鸣。这时，一位老人朝山上走来。他衣衫褴褛，老眼浑浊，蓬头垢面。老人步履蹒跚，跌跌撞撞。他已经满身疾病，有肺病、疟疾、风痹，而且已经"右臂偏枯耳半聋"。

重阳节，是登高祈求长寿的节日。可是这位老人，一生坎坷，穷愁潦倒，似乎已经走到了生命的冬季。而且此时，国家正处在战乱之中，他远离家乡，孤独地一个人在外漂泊。

面对万里江天，面对孤独的飞鸟，面对衰败的枯树，老人的百感千愁涌上心头……

（播放音乐《二泉映月》，老师在乐声中满怀深情地朗诵《登高》全诗。课堂中气氛凝重，有些学生流下泪来）

师：这个老人是谁呀？

生：是杜甫。

生：老师，请您再朗诵一遍吧！（她红着脸，噙着眼泪。全体学生都应声附和）

师：老师朗诵得好吗？还没听够呀？

生：好，还想再听！

（师再朗诵，学生跟读）

师：大家读得相当棒！我猜一定比平时读得好。知道这是为什么吗？

全诗学习奠定基调；而后用长句描述老人的境遇，三个"面对"形成排比，有力地传递了诗人的百感千愁，体现了教学语言的修辞艺术。

生：老师，你很动情。你感染了我们大家，我们被不知不觉感动了。

师：那么，老师为什么很动情？

生：你很了解杜甫，很了解这首诗。

师：了解还是理解？

生：理解。

师：对，要想读好，首先得理解诗的作者，理解诗的内涵，必须走进作者的内心中去。我们常说一句话，叫做"文如——"

生："文如其人。"

师："言为——"

生："言为心声。"

师：我有这样一个观点，不知对不对？即，要想读好一首诗或一篇文章，你就把你自己当成作者，化身为其人，就当这首诗或这篇文章就是你自己写的。老师在读这首诗时就真是这样想的，我想我就是杜甫，就是那个老病孤独的杜甫。我就站在长江边上，衣衫褴褛，蓬头垢面，登高望远，怀念家乡，思念亲人，牵挂祖国，同时更凄凉地想自己的人生，想自己这一辈子。

所以，读好一首诗，理解——这是首先要做到的。注意，所谓理解，就是理性地把握。（板书：理性地把握）这应是诵读好诗的一个前提。

可是，同学们，你们想过没有，你们

> 只是一处用词，教师却异常敏感，引导学生在辨别"了解""理解"的同时，理性认识朗读的方法，顺利实现了教学的沟通。

> 又是长短句的交错结合，体现了教学语言的诗意，恰与本课教学内容诗歌这一题材匹配，展现了教师对教学语言纯熟的驾驭能力。

并没有跟我一样非常理性地、深入地理解这首诗呀,你们为什么也读得这么好呢?

(课堂中一时沉寂。学生都陷入思考)

生:我们被你开头的描述感动了。

生:你开头的描述,非常凄凉,再加上我们一象,挺难受的,就不由自主地受感染了。

生:我们不知不觉就进入到一种意境中去了。

师:对,老师形象而动情的语言描述,是非常重要、非常关键的。老师力图营造一种氛围,用这来"冲击"大家,使大家受到感染。(板书:形象的语言描述)仅是语言吗?还有没有其他因素?

生:还有老师的语调、表情。

生:再加上动作。

师:语调、表情怎么样?动作又怎么样?

生:语调低沉、忧伤。

生:朗诵到"潦倒新停浊酒杯"时,你有一个动作,你端起杯来似乎想喝酒,又放下了。

师:对,语言、语调、表情、动作,(板书:语言　语调　表情　动作)这都是非常关键的。

生:还有音乐的烘托。

师:对,还有音乐的烘托,这也是很重要的。(板书:音乐)诸多因素综合到一块,就形成了一种境界,文学上叫做——

生:"意境"。

师:什么"意境"呢?

生:凄楚,悲凉,悲伤,忧伤,痛苦,孤独……

师:实际上,老师的语言、语调、表情、动作,再加上音乐,这就是一种"暗示",同学们在不自觉中接受了这种"暗示",不自觉中启动了自己的感情,不自觉中调动了自我的想象,因而也就进入了老师所设定的(实际是杜甫的语言所设定的)特定情境。(板书:不自觉)所有这些语言、语调、表情、动作、音乐,都可以叫什么呢?这些都是理性的,还是感性的?

生:感性的。

师:感性的表现。(板书:感性的表现)

这是一篇饱含情感的文学作品,既需要理性地把握,也需要感性地表现;要做到理性与感性相结合。理性地把握是重要的,但任何时候,都不要忘了感性地表现。我们就以这两条为准则走进这首诗中。

师:今天我们学的这首诗首联共写了几种景物?

生:6种。风、天、猿、渚、沙、鸟。

师:各用什么词描写的?

生:风用"急",天用"高",以下分别用"啸哀""清""白""飞回"。

师:14字写6种景,什么特点?

连续地追问促使学生深入地思考,最终由教师引导,得出诗歌学习的方法,体现了教学语言的领航性。

生：凝练。

师：急风、高天、哀猿、清渚、白沙、飞鸟,各给人什么感觉?设身处地想想。

生：急风使人感到非常冷。

师：身体的,还是心灵的?

生：既有身体的,又有心灵的。但更主要是心灵的。

生：心寒。

生：天高,显得天底下的人很渺小,很孤单。

生：哀猿,使人听到它的叫声非常悲凉。

师："巴东三峡巫峡长,猿鸣三声泪沾裳。"飞鸟,你们想象一下,应该是一种什么处境的鸟?

生：我想,应该是一只找不到食物的鸟。因为是深秋了,食物很少了。

生：是一只找不到家的鸟。它在到处盘旋,寻找自己的巢。

生：我觉得,这是一只跟鸟群失散的鸟。

师：同学们敢于展开想象,用自己的想象去填充诗给我们留下的空白。总之,这是不是一只欢乐的鸟呢?

生：不是,这是一只孤独痛苦的鸟。

师：我们为什么不把它想象成一只欢乐的呢?而且大家为什么都认为是一只,而不是多只?

生：因为我们都是根据杜甫此时此

为了让学生理性把握

刻的处境去想象的。此时杜甫孤单地一个人在外漂泊。

师：诗人毛泽东笔下也写过一种鸟，"鹰击长空"；诗人王维笔下也写过一种鸟，"鸟鸣山更幽"。它们有什么不同吗？

生：毛泽东笔下的鸟是充满活力和朝气的鸟。

生：王维笔下的鸟是悠闲自在的鸟。

师：为什么？

生：因为毛泽东当时正处在立志改造中国的青年时期。

生：王维特别向往幽静的大自然。

师：如此说来，那鹰与鸟就是毛泽东和王维的化身了？

生：我认为是这样。

师：就让我们化身为杜甫，站在高天下、急风中，面对清渚、白沙、孤鸟，诵读一下这两句。"风急"——要读得很凄寒，似乎在牙齿间颤抖着读出这两个字；"天高"——调子要很高并带拖腔，冲上去，描绘得很辽远，但内心很孤单渺小；"猿啸哀"——要有欲哭的调子；读"鸟飞回"——要想，我杜甫孤独漂泊，远离家乡，我多么想回家呀！我已是晚年了，我还有回到家的那一天吗？

语调、表情、动作都要配合上。"天高"——要仰视，清渚、沙白——要俯视，"鸟飞回"——要远望，向着家乡看。

诗歌传递的情感，教师故意设疑，引导学生深入思考，不断探索，最终在比较中认识到意象与诗人之间的内在联系，体现了迂回性的教学语言表达技巧。

对老师的示范,既要听,又要看。

(师生共读)

师:颔联,写了几种景物?

生:只有两种,落木、长江。

师:由"落木",我们想到什么?由树及人,还是要联系杜甫的此时此境来联想。

生:我想,杜甫看到落叶飘零,肯定想自己像树一样,已是晚年,已老了。

生:人已经到了生命晚秋。

师:生命怎么样?长久还是短暂?

生:生命短暂。

师:倏忽就是百年。杜甫生于712年,辛于770年,活了58岁,写这首诗时是767年,55岁,也就是去世前三年写的。

如果说"萧萧落木"是有生命短暂之感的话,那么,"不尽长江"呢?

生:应该是时间的无穷。

生:是历史长河的永不停息的感觉。"大江东去,浪淘尽,千古风流人物。"

师:能把这联上下两句的意思,联系起来总结一下吗?

生:我觉得似乎是互相对比着写的。

师:是对比,有没有衬托呢?

生:有。人的生命越短暂,历史和时间越显得悠久。

师:或者反过来说——

生:历史和时间越悠久,人的生命就越显得短暂。

师:"人的生命",指的是人类的生命,还是个人的生命?

生:是个人生命。历史和时间越悠久,个人生命就越显得短暂。

师:总结得很好。人生倏忽百年,江山万古长青。那么,这两句应该怎样朗诵?你就是杜甫,面对萧萧落木,你应该是什么心情?读这句你应该想什么?你心里的潜台词是什么?

生:我心里想——我老了;我怎么这么快就老了呢?(生试读,很沉郁。全体学生为之鼓掌)

师:第二句,面对滚滚不尽的历史长河,杜甫感到怎么样?

生:有些无可奈何。

师:有一些。还有呢?

生:老师,我不同意他的观点,我觉得这句更多的……是一种气势。

师:什么气势?

生:一种很宏大的气势。

师:对的,有无可奈何。但同时,作为一个现实主义诗人,一个有阔大的胸襟的知识分子来说,他仅仅是无可奈何吗?难道他对生命的短暂想不通吗?他是不是想违背自然规律而祈求长生不老呢?

生:不是,作为现实主义诗人,他知道人无论活到何时,都难免一死。这是一种必然规律。

> 师生此时都已沉浸在对诗意的探究中,双方在对话中深化了对诗人情感的体悟。这其中,教师的追问体现了语言的控制技巧,促使学生及时转换思路,表现出鲜明的变通性。

师:所以,他又感到豁达、坦荡、胸襟开阔。读的时候,大家应该把这种豁达、坦荡气魄读出来。应该读得昂扬一些。站在长江岸边面对汹涌的波涛,目光远望,音调略高。尤其"滚滚"二字应该读出磅礴的气势。待到这里,已经是第三句了,前三句一直低沉,此时应该高昂一些。

(全体读)

师:从画面上,首联和颔联有何不同?

生:首联是一个一个局部景的连缀,颔联就是一个整体的大景。

师:用电影镜头来比方一下。

生:首联是一系列镜头的组合,颔联就是江和树的一个大场景。

师:前者有镜头组接、切换,俯仰天地;后者是长镜头,大笔挥洒,一气呵成。如果说前两联是写景的话,那么后两联是什么?

生:抒情。

师:"万里悲秋常做客,百年多病独登台。"什么是"做客"?是否和现在的"做客"相同?

生:不同,这里的"做客"是客居他乡的意思。

师:是一般的那种客居他乡吗?比方说,有的同学也是在外求学,这也是客居他乡呀,有什么不同吗?

生：杜甫这里是漂泊他乡、流浪他乡的意思。

生：而且,杜甫此时是处在战乱的年代。

师：是短时间的吗?

生：是长久的,不断地。"常"做客。

师：杜甫从48岁开始,一直到58岁去世为止,11年中,一直在外飘零。写这首诗时已是第8个年头了。

师：什么叫登台呢? 能否根据过去学过的诗解释一下?

(生集体背王维的诗《九月九日忆山东兄弟》)

生：登台,是九九重阳节的一种习俗。

师：为什么登台? 是为了祈求长寿。而登台都是全家一起去。可是杜甫呢?

生：是独自一人。

师：登台的地点一般都是在自己的家乡,而杜甫呢?

生：是在离家万里的他乡。

师：什么(时间)季节呢?

生：悲凉的秋天。

师：做客并登台,已是两层"愁",是双倍的愁。想想看,再这样层层叠加上去已是几层了?

生：六层。

师：再往深处想,杜甫登台是在什么年纪?

生：百年，就是老年。

师：拖着什么样的身体？

生：多病的身体。

师：这样又是几层、几倍的愁苦了。

生：八层愁苦。

师：所以我们在读的时候，要努力传达出杜甫老人的那种沉郁顿挫的深层次的内心感情。首先心中要有具体实在的体验。如读"万里悲秋常做客"，要心中眷念着家乡，"万""悲""常"都要重读，如"万"，开口要大，腔调要拖长，以描绘迢遥万里之状；读"常做客"要倍感身世凄凉；"百年多病独登台"，要深感自己老病孤独，孤苦伶仃，形单影只，无所依傍。"百""多""独"都要重读，如"独"字要读得特别痛苦。跟老师一块读。

（生齐读、单读）

师：造成杜甫愁苦的最根本的原因是什么呢？

生：是国难，是连年的战乱。

师：是从哪联的哪句诗知道的？

生：从"艰难苦恨繁霜鬓"一句知道的。

师：这句诗怎么解释？

生：由于艰难痛苦和仇恨，使我两鬓斑白了。

师：苦，是什么意思？

生：痛苦。

师：这样解释大体上也讲得过去。

为了让学生体会到诗人情感的复杂性，教师引导学生层层剖析，结合诗人境遇，运用解读性教学语言技巧读懂杜甫丰富的内心世界，表现了恰当的教学深度。

不过,老师还有一种解释,在国势艰难的时候,我极度痛恨我已经老了,以致两鬓斑白了。苦,是极度的意思。咱们比较一下哪种解释更好?

生:老师的解释更好。因为,这样更能表现出杜甫的忧国忧民。

生:杜甫想为国家出力,平定战乱,但是由于年老多病而不能为国家出力了。

师:是一种什么心情?忧愁还是忧愤?

生:忧愤,心急如焚。

师:对,就是心急如焚,这个词用得好。心急如焚,才白发丛生,两鬓染霜。心有余而力不足。另外,从句法角度还能讲出些道理来吗?比方,前后两句是对偶的,句法的结构应该相同。

生:后一句是"潦倒新停浊酒杯","新停"与"浊酒杯"之间是动宾结构,是"刚刚停下浊酒杯"的意思。

师:也就是刚戒了酒。那么上句相应的词"苦恨"与"繁霜鬓"也应该是动宾结构,是"极度痛恨两鬓染霜"的意思。

句法结构对应,相应的词也两两相对。"新"与"苦"都是副词。大家应该为这位同学的认真思考精神鼓掌。

(生鼓掌)

师:同学们再认真想想,"艰难"仅仅指国家艰难吗?

生:我觉得更主要的还有个人艰难。

师生相互对话,交流各自的理解,和谐平等的氛围展现出融合性教学语言技巧。

因为杜甫此时已经是百年也就是晚年了,而且浑身是病,他估计自己恐怕也活不了多久,所以此时的杜甫老人想得更多的应该是自己艰难的不容易的一生。

师:有道理,颠沛流离,坎坎坷坷——几乎一直伴随着杜甫老人的一生。这里既有国家的艰难,又有个人的苦难,二者都有。他既忧国、忧民,又忧身。我特别强调杜甫的一个独特之处,就是古代许多知识分子常以"达则兼济天下,穷则独善其身"作为处世准则,而杜甫却是无论穷达,都是兼济天下。

杜甫这个人特别爱喝酒,我们学过的杜甫的诗中,这已经不是第一次写到喝酒了,还能举出些喝酒的例子来吗?

生:"白日放歌须纵酒,青春做伴好还乡。"

师:杜甫《九日》诗中有"重阳独酌杯中酒,抱病起登江上台。"杜甫喜也喝酒,忧也喝酒。咱们中国似乎唯有酒能够淋漓尽致地表达一个人喜或忧的感情。而且此时是重阳节呀,按习俗应该喝菊花酒。但是老人却不能喝酒了。因为——

生:因为他有肺病等多种疾病,他因病戒了酒。

生:而且因为穷困,他也不一定能够有酒喝。

师：同学们，借酒才能浇愁呀，至少能消散一些愁闷的情绪。可是却不能喝酒，这愁闷可怎么了却、怎么疏解呢？只能郁结在诗的结尾，郁结在杜甫老人的心头。我们读的时候，也应该把这种有愁不能解的深沉苦闷表达出来。"艰难"要读得稍慢、稍低；"苦恨"要快，要高，要特别重，从牙缝间吐出这两个字；"繁霜鬓"又要稍缓，但声音不能低；当读"新停浊酒杯"时，要把欲罢不能的情绪表达出来。（师生共读）

师：（深情地）同学们，这首诗大家已经背下来了。杜甫是我们民族的精神祖先，是我们每个人的精神先辈。让我们在音乐声中背诵这首诗，永远铭记这首诗，这是杜甫老人留给我们的一笔宝贵的精神遗产。

（课在深情的朗诵声中结束）

教师以"喝酒"为引，不但引领学生拓展了杜甫的其他诗歌，更揭示了中国文人的"酒情结"，一步步暗示学生纵深思维，充分领悟诗人有愁不得解的深沉苦闷。教学语言收放自如，纵横开阖，使得课堂始终充满张力。

二、《我应该感到自豪才对》教学语言评点[①]

师:同学们认识我吗?我姓薛。仔细看看我,有些什么特点?

生:你人长得很高,很瘦。

师:高好啊!站得高,看得远嘛!

生:你的头很小。

师:头小,智慧多。

生:你的牙齿有点凸出来。

生:眼睛小小的。

生:脖子很长。

师:脖子长好啊!天鹅的脖子多长,那是高雅!(众笑)

生:你有点驼背。

师:这是我向骆驼学习的结果。当然,我只能成为单峰骆驼。(众大笑)

生:你的字写得很漂亮。

师:(与学生握手)谢谢你,只有你夸奖我!要不然,我真的会感到很自卑的……

师:今天我们学习的课文是——

生:(齐读课题)我应该感到自豪才对。

师:假如有人问:谁应该感到自豪才对?哪个词要读重音?

生:(齐答)我。

师:一起读课题。

生:我应该感到自豪才对。("我"读

导入新颖独特,教学语言风趣幽默、新鲜活泼,令学生耳目一新。

薛老师与学生的语言交织、渗透,当学生说薛老师相貌上的缺陷时,薛教师用幽默风趣的话道出它的有用之处,为课文的学习埋下了伏笔。

一串充满人情味的师生对话,引发了阵阵笑声,使学生感受到真实、亲切,创设了轻松愉快的气氛和节奏。

老师一开始用简单的几句话为学生创设了一个说话的情境。

[①] 特级教师薛法根教学片断。

成重音)

师:假如有人问:我应该感到怎样才对?课题该怎么读?

生:我应该感到自豪才对。("自豪"读成重音)

师:假如有人怀疑:我感到自豪对不对?课题又该怎么读?

生:我应该感到自豪才对。("才对"读成重音)

师:(擦去自豪)假如不用这个词语,课题可以怎么说?

生:我应该感到骄傲才对。

师:"骄傲"在这里就是"自豪"的意思。假如换上"自豪"的反义词,课题又可以怎么说?

生:我应该感到不自卑才对。

师:这样说就不对了。(众笑)把"不"字放句子的前面点,再说一遍。

生:我不应该感到自卑才对。

师:这样说才对了。还可以怎么说?

生:我感到自卑是不对的。

生:我不会感到自卑才对。

师:你们这样说都是对的。一个句子,在不同的语言环境中,读法、说法就不一样。我们祖国的语言多么丰富多彩!看来,我们得好好学学这篇课文。

师:这篇课文中的生字、生词很多,

薛老师在教学过程中并没有凭借自身的学术素养"滔滔不绝",而是抓住了教学语言融合之美的交织性特点。此处以师生的对话为主线,引发学生们发自内心的"据理力争",有时是"抛砖引玉",有时是"火上浇油",有时是"理性点评",师与生、生与生的语言沟通是那么和谐、自然、愉悦,教学目标在师生共同研究、商量、交流的氛围中悄然达成。

比如这些词语你们不一定会读。(电脑出示第一组词语：镜子 委屈 告诉 疼爱 走一趟 贮存 养料 足够 多亏)

生：(纷纷举手)我会读，我会读。

师：(故意地)老师没有教，你们都会读啦？我不信！你来读。

(生读词语。将贮存养料的"贮存"读成了"储存")

师：老师还没有教，八个词语你已经读对七个，真了不起。哪一个没读对？老师不告诉你。请你仔细听其他同学读，看能不能自己发现。

(生读词语，全部读对了)

师：(与学生握手)你真了不起！介绍一下，怎么会读的？

生：我昨天预习过课文了。

师：你已经养成了预习的好习惯，祝贺你！如果人人都像你一样自觉就好了。

师：(问刚才没有全读对的学生)你发现了吗？

生：我把"贮存"读成了"储存"。

师：(高兴地)你能通过倾听别人的朗读发现自己的错误，真会学习！同学们，认真倾听别人的发言也是一种学习啊！

(众生马上坐得更端正，凝神静听。齐读词语)

师：(出示第二组词组：茫茫的大沙漠 无边无际的大沙漠 松散的沙子

这一段交流中，看似教师处于辅助地位，由学生自由发挥其创造力来解读文本，鼓励学生敢于质疑，但教师巧妙地加以肯定和引导，既让学生初步了解"一词多读""一词多义"的现象，又潜移默化地对孩子的学习方式产生影响。

老师在教学中多种语言风格同时交织呈现，引导学生开展对课文的阅读，坚持以读为主线，以语感训练为核心，使学生从读对、读懂逐步走向"读活"和读、用结合，从而实现了其"读出意思""读出内涵"和"读出智慧"的教学构想。

陷进沙子里 一阵风沙铺天盖地刮过来)这些词语你可能会读,但不一定读得好。谁能将这些词语的意思读出来?

(生读词组,将"一阵风沙铺天盖地刮过来"读成"一阵风沙铺天盖地地刮过来",多加了一个"地"字)

师:(指着"一阵风沙铺天盖地刮过来")请你再读一次。

(生仍然读成"一阵风沙铺天盖地地刮过来")

师:看仔细,再读一次。

(生终于读对了,但很不流利。不习惯少一个"地"字的读法)

师:哪个读法顺一些?

生:有个"地"字更顺一些。

师:是吗?

(生七嘴八舌地议论)

师:自己读读看?在这里,多一个"地"字也可以。你觉得怎么读顺就怎么读吧。

(生自由、快乐地朗读)

师:想想这些词语的意思,谁再来读读?

(生读词组。"茫茫的大沙漠 无边无际的大沙漠 一阵风沙铺天盖地刮过来"。读出了沙漠的气势)

师:听了他的朗读,你有什么感受?

生:好像看到了无边无际的沙漠一样。

生:感到沙漠很可怕。

创设与课文相匹配的情境,以情为基点,以师生的对话为主线,以感悟为手段,教师的语言与学生的语言相互交织、渗透,围绕"课文解读"层层展开,步步深入。

师：读词语，或者读词组，就是要将词语或词组的意思表现出来。（示范朗读，学生跟读。读得很投入）

师：谁发现这些词组有什么特点？

生：这些词组中都有一个"沙"字。

师：你看得真仔细。

生：这些词组都是描写沙漠的。

师：在你的印象中，沙漠是什么样的？有什么特点？

生：沙漠里都是沙子，没有水。

生：沙漠无边无际，很容易迷路。

生：沙漠里白天的温度很高，有时要达到60℃。晚上温度又很低，有时会达到零下十几度。

师：你的知识很丰富！沙漠温差大，气候恶劣。

生：沙漠里只长仙人掌，不长其他植物。

师：所以，一般的动物不能生活在沙漠里。

生：沙漠里风沙很大，会迷住人的眼睛的，沙堆也会移动的。

师：所以人会迷路，很危险。

生：沙漠里有海市蜃楼，也有绿洲的。

师：沙漠也有美丽的一面啊……

师：沙漠环境恶劣，谁能生活在沙漠里呢？让我们一起来读读课文。要读准字音，读通每一句话。

薛老师抓住课题本身，引导学生在多变的朗读中自己去揣摩和感受课题的意思和课题的内涵，体现了教学语言融合之美的包容性特点。

（生自由朗读课文）

师：同学们读得真专心！课文能读通吗？现在看谁读得好？怎样才能读好课文呢？老师有个经验，在朗读的时候把自己当成课文中的人物，像课文中的人物那样想、那样说。比如课文的第一自然段，老师是这么想、这么读的。（示范读课文第一自然段）"小骆驼在小溪边照'镜子'，小红马看见了，就喷着响鼻对小骆驼说……"（插话）"喷着响鼻"，你见过吗？

生：我见过。马会发出这样的声音。（生模仿马打响鼻，众大笑）马在看不起别人，或者认为别的动物不如自己的时候就会发出这样的响鼻。

师：你怎么知道的？

生：我在书上看到过的。

师：（赞叹地）老师都没有看到过。

师：（继续往下读）"你的脚掌又大又厚。"（插话，自言自语地）看看我小红马的脚掌，轻快灵巧，跑起来"得得得"，多好听！（继续读）"眼皮上长着两层眼毛。"（插话）那么长几层眼毛？两层眼毛好看吗？（继续读）"背上还有两个肉疙瘩，多难看哪！"（插话）你们背上有个肉疙瘩，会怎么样？

生：羞死人了！

师：这么一想，再这么一读。你是不

师生语言的融合之美伴随着故事的情节发展与小骆驼的情感变化的交织描写，相得益彰，耐人寻味。

此处较好地把握了融

是好像看到小骆驼与小红马了?你能像老师那样读吗?

(生模仿老师的语气,读得绘声绘色)

师:读书就是要这样读,把自己放到课文里去!现在谁愿意朗读自己喜欢的段落?

(生选择第二自然段朗读)

师:读得很流利,很投入。可是缺少了一点"妈妈"的温柔。

(生再读)

师:这次"温柔"了!虽然你是男的。(众笑)

(生分别读课文三、四、五自然段)

师:(生读第五自然段后)同学们读得很好。老师还能不看书读?信不信?

生:不信!

师:仔细听老师读。(范读课文第五自然段,故意漏掉"在沙漠里"三个字)

生:(纷纷举手)老师错了,错了!

师:(故意装糊涂)没错吧!

生:漏掉了"在沙漠里"。

师:刚才我允许你们多加一个"地"字,现在也宽容一下,行吗?

生:不行。因为漏掉了这几个字,意思就不一样了。

师:怎么不一样?

生:骆驼的驼峰、脚掌、眼毛在沙漠里才起作用,到了其他地方,比如草原

合之美的规律性特征,不仅训练了学生的说话能力和听话能力,而且训练了学生的读文能力。

在说话、听话的训练中巧妙地把书本语言的内化这一语文教学的重要任务"悄悄地"落实在其中,又把课文的表达技巧"默默地"迁移,变为学生自己的表达技巧,真可谓独具匠心。

上,就没有作用了。

生:离开了沙漠,骆驼的这些优点都变成缺点了。

师:看来这几个字真的很重要!我们一起来读一读,注意这几个字。

(生齐读)

师:沙漠旅行结束了,小骆驼默默地想:我们的驼峰、脚掌和眼毛在沙漠里有这么大的用处,我应该感到自豪才对呀!那么,小骆驼明白自己的驼峰、脚掌和眼毛到底有什么用处呢?小骆驼没有说,你能把小骆驼心里的话说出来吗?自己先准备准备。

生:(自己练习说话后)我明白了我们骆驼的脚掌又大又厚,在沙漠里行走的时候就不会陷进沙子里去;两层眼毛可以防止风沙刮进眼睛里;驼峰贮存着养料,能让我们在沙漠里维持生命。

生:骆驼又大又厚的脚掌能防止它陷进松散的沙子里;两层浓厚的眼毛能防止风沙刮进眼睛里;两个贮存养料的驼峰能防止它饿死。

师:你的回答很有条理,而且句子很整齐。现在,我们明白了小骆驼为什么感到自豪了。

师:这一天,小骆驼又在小溪边照"镜子",小红马看见了,又喷着响鼻对小骆驼说小骆驼难看。小骆驼会怎么

　　教师语言的引导让三年级的学生真正走进小骆驼的这个角色中,体会小骆驼的心路历程,通过这童趣横生、扣人心弦的故事,自然而然且比较到位地感悟文章赋予的深刻道理!

说、怎么做呢?同桌两个同学,一个演小红马、一个演小骆驼,看哪一组同学想象丰富,演得生动?

(生有的自己编故事,有的几人合作表演。教师巡视并做指导)

师:现在谁愿意来表演给大家看?

生:(讲故事)这一天,小骆驼又在小溪边照"镜子",小红马看见了,又喷着响鼻对小骆驼说:"上次跟你讲了,你这么难看,还不到美容店里做个美容?"(众大笑)小骆驼昂起头,神气地说:"谁说我长得难看了!人不可貌相,海水不可斗量。我的驼峰、脚掌、眼毛在沙漠里可都是宝贝哩!"小红马说:"别臭美了!"小骆驼说:"你不信的话,就和我到沙漠里走一走吧!"小红马就跟着小骆驼走进了大沙漠。太阳慢慢升高了,火辣辣的。小红马一不小心就陷进了沙子,烫得龇牙咧嘴,而小骆驼却安然无恙。小骆驼说:"瞧,我的脚掌又大又厚,就不怕烫,更不会陷进沙子里。"这时,一阵风沙铺天盖地地刮过来。小红马的眼睛里刮进了沙子,疼得直流眼泪。小骆驼呢,紧紧地闭上了眼睛,一点沙子都没有进。小红马羡慕地说:"你的两层眼毛可真管用。"沙漠的环境太恶劣了,小红马又饿又累,只好回去了。路上,小红马好奇地问小骆驼:"你怎么不饿

"情"是"文"的命脉,儿童情感的产生是与他们的认识紧密联系在一起的。此处教师引导学生把自己置身于课文里去,并根据小红马、小骆驼的动作、神态,把自己当作课文中的小动物来想象它俩的心理活动。

呢?"小骆驼骄傲地说:"瞧,我背上的那两个肉疙瘩就可以帮我解除饥饿!""原来是这样!"小红马恍然大悟,再也不对小骆驼打响鼻了。

师:同学们来评评看?

生:我觉得他讲得很好。

师:好在什么地方?能不能具体说说?

生:他把小红马和小骆驼到沙漠里走一趟的经过说得很清楚。

生:骆驼脚掌、眼毛、驼峰的作用也说得很清楚。

师:所以,小红马这回心服口服了。

生:小骆驼很聪明,他没有直接告诉小红马他的用处。

师:他身上哪些部分有用处?说清楚。

生:他没有直接告诉小红马脚掌、眼毛、驼峰的用处,而是让小红马到沙漠里去走一趟。

师:这叫"用事实说话",也叫"情景教育"。(众笑)

生:他编的故事也很曲折。

师:曲折才好听。谁还愿意讲故事?

生:(略)

师:有没有几个同学合作表演的?

(两个同学合作表演)甲:(演小红马):你这丑家伙,怎么还在这里喝水?乙:(演小骆驼)你不要门缝里看人,把人看扁了。我丑的地方可有用啦!甲:有

　　教学语言建立在师生感情相通的基础之上,教师循循善诱、适度点拨,孩子们实话实说、畅谈感受,他们抒发的感情真实细腻,完全融入了课文的角色当中,达到以少胜多、简处求丰的教学效果。

　　教学语言千变万化,没有固定模式,但是有规律可循,那就是做到"思想与思想的碰撞、情感与情

什么用?乙:我的脚掌又大又厚,就不会陷进沙子里去了;两层眼毛可以防止风沙刮进眼睛里;两个驼峰贮存着养料,能保证我们长途旅行不挨饿。甲:听说你们骆驼是害怕狼才逃到沙漠里的,你们很胆小吧?乙:你听说过一头骆驼将一只凶恶的狼引到沙漠里,那头狼活活地被累死的事情吗?甲:不知道。你怎么知道的?乙:那是我爸爸。(众大笑)甲:这么热的天,你还穿着那层厚厚的皮袄?乙:我说你不懂吧!那是我们的空调衣,夏天隔热,冬天防冷。甲:那你的鼻子呢?乙:我的鼻子可以自己闭起来,风沙就刮不进去了。而且,我的鼻子可以闻到几里外的水源。甲:我不信。乙:那我们就到沙漠里走一趟吧。甲:去就去。(甲乙表演到沙漠旅行的情景)

师:他们表演得怎么样?

生:很生动,很有趣。

师:具体地讲。

生:他们增加了许多课文中没有的内容。

师:丰富了故事内容。

生:在沙漠中的表演很好。

师:好在把骆驼各部分的作用形象地表演出来了。我们谢谢这两位同学的表演。同学们课后可以自由组合,将这个故事表演一番。

感的交融、心灵与心灵的接纳"。教师多方设法引导学生讨论、扮演、回顾、评价,使孩子们通过入境达到入情,通过入情达到更深地领悟小骆驼从委屈到自豪的心路历程。师生之间的心灵相通、情感共鸣,使学生个性飞扬、智慧尽现,课堂真正成为师生共同创造的舞台。

教师采用倾向性较强的辅助型教学语言,提升本课的主题,激励孩子说自己想说的话,由此及彼,由人及己,让学生由骆驼的自豪引发到自身的自师：其实，小骆驼值得自豪的地方还有很多。请看《沙漠之舟》这篇短文。（边读边画出骆驼值得自豪的地方。生专注地阅读起短文来）

师：现在，请同学们用"我感到自豪的是——"的句式，选择短文中的内容自由地说说骆驼值得自豪的地方。看谁说得又多又准确。

生：我感到自豪的是我们骆驼耐饥耐渴、性情温顺。

师：别看我们高大，其实我们很温柔。（众笑）

生：我感到自豪的是骆驼不畏风沙、善走沙漠，被世界公认为沙漠之舟。

生：我感到自豪的是骆驼的寿命可达三四十岁。

生：我感到自豪的是野生的骆驼被列为国家一级保护动物。

师：太珍贵了。其实都是你们人惹的祸。

生：我感到自豪的是骆驼有惊人的耐力，在气温50℃、失水达体重的30%时，还能20天不饮水；它还能负重200公斤并以每天75公里的速度连行4天。

生：我感到自豪的是我们骆驼的嗅觉特别灵敏，能在1.5公里内辨察和感觉到远处的水源。

生：我感到自豪的是初生的小骆驼

豪，从而树立起正确的人生观。

很快就能站起行走,随其父母漫步沙漠。

师:我们比你们人类强多了……

师:骆驼有骆驼值得自豪的地方,我们每个人都有值得自豪的地方。现在请你写几句话,用上"我感到自豪的是——"的句式。

生:我感到自豪的是我的绘画很出色,曾经在比赛中得过好几个一等奖。

师:我为你——未来的画家感到自豪。

生:我感到自豪的是我会弹钢琴,已经考过了五级。

生:我感到自豪的是我的学习成绩在班级里最好。

师:希望你永远学得更好。

生:我感到自豪的是我有一个温馨的家庭,有爱我的爸爸、妈妈。

师:多幸福啊!我为你的家庭感到自豪。

生:我感到自豪的是我能帮助爸爸、妈妈做家务。

师:我为你的爸爸、妈妈有你这样一个好女儿感到自豪。

生:我感到自豪的是今天能有特级教师给我们上课。

师:我为能给你们上课感到自豪。因为你们是祖国的希望,是未来的栋梁!

(下课)

教师与学生用"心"在交流,他们的语言交相融合,充分体现了语言艺术的交织性、包容性和规律性。我们看到的不是高高在上的"教师",而是平等中的"首席"。

在这种氛围中,由师生交流创造的语文学习资源已远远超出教材本身,师生所感受到的审美愉悦与生命欲望已远远超过文本的局限。这一课例留给学生的正是可以自由地展示个性、爱好、思想的广阔空间。

三、《吃西瓜》教学语言评点①

一、天热盼瓜

师：现在是什么季节？

众生：夏天。

师：你们发觉夏天有哪些变化呢？

生：夏天的西瓜摊太多了。

师：咳，你说话时满脸笑容。（众生笑）你为什么会那么高兴？

生：夏天西瓜很好吃。

师：还有呢？

生：夏天游泳场里的人很多的。

生：夏天，许多人戴太阳帽，防止紫外线对人皮肤的伤害。

师：同学们说得不错，请你们说一说为什么喜欢热？或者为什么讨厌热？

生：我喜欢夏天是因为夏天可以去游泳，可以吃冷饮，还可以吃上其他季节吃不到的水果。

生：我不喜欢夏天，因为夏天一到，苍蝇、蚊子全都出动了，到外面来咬人；还有夏天天气热，你到外面走走，就会浑身出汗，挺难受的。

生：我既喜欢夏天，又不喜欢夏天，因为夏天是一种自然现象，是不可避免的。

---

① 特级教师张化万作文教学片断。

师：停，刚才同学们都说出了自己真实的想法，咱们写文章说话都有一个基本要求，内容要具体，感情要真实。（师板书）请用5分钟时间写一段自己喜欢夏天或讨厌夏天的话。

师：（师巡视指导，5分钟后，学生基本已写完）写完的自己读一遍。读的时候你就会发现漏的字、写错的字，少点的标点，写得不通顺的句子。

（学生读后，师示意停下，并指名交流）

生：最近几天，天气真是热死了，不过我倒还是很喜欢夏天的。因为夏天可以穿上我喜欢的裙子，可以吃上美味可口的冷饮，而且还可以泡在冰凉的游泳池里，可以称得上是一种享受。人家都说夏天蚊子多，其实，我倒很喜欢夏天的晚上。对付蚊子最好，怎么打都可以。可是有许多蚊子很狡猾，老打不着。拿着拖鞋打蟑螂，趴在地上，看见蟑螂来了，你就迅速打过去。

师：你们听到后面，觉得是不是写喜欢夏天呀！不是的。后面变成打蚊子、打蟑螂了。请坐，谁愿意说。

（师请另一学生，并投影出示该学生的作文）

生：盼望已久的夏天终于来临了，这使我感到非常高兴，在游泳馆内自由自在地游泳，吃冰凉可口的冷饮，穿漂亮

在新课的起始阶段，张老师用富有激发性的语言，结合时令特点引出话题，引导学生回忆生活经验，调动学生表达的兴趣，说出夏天的变化。从西瓜摊到游泳的人数，再到对夏天的情感，自然地带着学生进入了课堂教学的情景。这样的表达技巧在后面的课堂教学进程中多次运用，每一次都较好地触发了学生的思维。教师组织学生围绕"为什么喜欢夏天""为什么不喜欢夏天"尝试口头和书面的双重表达，在学生畅所欲言、各抒己见的同时，引导着习作教学逐步推进。

的长裙子,吃红瓤黑籽的西瓜。人们美滋滋地沉浸在幸福温暖的夏天里。

师:非常恰当,他写的字好,句子不错,意思很完整。(示意入座)还有吗?或者说我觉得有一句话写得很好的,请大家听一听。

生:夏天正悄悄地走近我们的身旁。

生:哈哈!我可以泡在美味的冰淇淋世界里了。这是夏天多么美好的享受啊!

生:凉风吹到了我的身上,也吹进了我的心里。

> 简单一问,进一步扩大了交流面,激发了学生交流的积极性。

二、看瓜说瓜

师:写得真好。刚才同学们说天热我们傍晚吃什么?

众生:西瓜。

师:(教师手持一个西瓜,让学生观察西瓜)怎么样,让你们观察半分钟,我手里是一个怎么样的西瓜,然后请你说说这个西瓜的颜色、外形及你所知道的吃西瓜的那种感觉和好处?请你们四人小组讨论一下。同时你们要派一个人代表小组到上面来讲话,开始!

(学生四人小组热烈讨论。教师请出一学生代表)

生:瞧,这西瓜虽然不大,但圆滚滚的,活像一个胖娃娃。多可爱啊!在它浅绿色的瓜皮上还有一条条深绿色的花

> 此处稍作回顾,一下子从"夏天"这个大话题聚焦到"西瓜"上,由散到聚,对教学进程的控制收放自如。

> 几句话明确交代了观察的重点和交流的内容,体现了教师语言的领航技巧。

纹,再加上它头上一根瓜藤,这就更有意思了。看着,看着,我仿佛尝到了它那甜津津的汁水,有沙沙的味道。真好吃。一口咬下去,满嘴都是汁水,真甜啊!

师:谁第二个说?

生:大家可别小看这个西瓜,这西瓜可是宁波的品牌西瓜。瞧,胖墩墩的身子,穿着花衣裳,它上面还有一根绿色的小辫子,十分可爱。这种西瓜皮薄肉厚,谁都喜欢吃,越吃越爱吃。一口咬下去,满口生甜,夏天的时候,只要吃一口冰西瓜,别提有多舒服了。这种西瓜可不贵,一元钱一斤,谁都能买来吃,物美价廉。

师:两位同学都说得很好,让张老师打分,都是5分五角星。说的内容具体,而且流畅。

三、分瓜品瓜

师:(关切地问)想吃吗?

众生:想。

师:请同学们闭上眼睛。(教师揭开布盖,手提切好的西瓜,学生欢叫)说说你现在的心情。

生:我已经口水都流出来了,张老师你别磨蹭了,赶快分给我们吃吧!

生:肚子里的虫在叫,垂涎欲滴了。

生:快乐得不能再快乐了。

教师把课堂展示的空间让给了学生,针对学生的表达进行的点评非常简洁,但却十分精当,体现了对学生的积极支持。

师:好,现在开始分发西瓜。(实验小学的老师帮助分发西瓜)

师:吃呀,快吃呀!别不好意思。吃得最快的第一个奖励。(教师拿一块奖励给第一个吃完的学生)第二名、第三名也有奖励。(教师同样拿西瓜奖励学生)

师:下面第二个奖励的项目,奖励吃西瓜特别干净的同学。(一学生拿一块舔干净的西瓜皮递上)你也能得到奖励。(教师递上一块西瓜)

师:请你仔细看看别人是怎样吃西瓜的?

师:最后张老师还想奖励一批同学。请特别想吃西瓜的同学到我这儿来拿。(学生蜂拥而上,争抢西瓜)

师:吃瓜的感觉怎么样?

众生:爽!

师:抢瓜是英雄,希望我们等会儿说瓜、写瓜也是英雄。刚才我们女孩中只有一个非常勇敢地抢到了一块西瓜。我向你表示祝贺,能够跟男生较量,最后取得了胜利。全班50个人,40个没抢到瓜。没抢到瓜是什么感觉,我想问一下。

生:真倒霉,我没抢到。

生:虽然没抢到,但在品尝第一块的时候,我是慢慢品尝,尝到了西瓜的美味。

(教师板书:天热盼瓜 看瓜说瓜

实物呈现的方式本就增强了学生学习的趣味性。"说说你现在的心情"更引导学生即兴表达,使课堂生动、活泼,语言的激发作用由此可见一斑。

从教师拿出切好的西瓜分发,到巧立奖励名目,鼓励多吃瓜,乃至抢瓜,教师领着学生层层深入,不知不觉中创设了真实、生动的教学情境,提供了趣味盎然的生活素材。教师的语言科学有序,且幽默诙谐,亲切随和,一次又一次地激发了学生的参与热情,创设了轻松自在、融洽平等的教学氛围。

分瓜吃瓜 抢瓜赞瓜）

师：(小结)你看，张老师跟你们见了面后，先是从天热想西瓜说起的，然后请两个小组"看瓜、说瓜"，对吗？刚才我们做的是"分瓜、品瓜"，最后是"抢瓜、赞瓜"。

四、写瓜赞瓜

师：咱们就不再说了，就下笔去写。(手指向黑板的板书)每个人一大段，由你自己挑其中的一段或者几段写出来。为了帮助大家写，张老师把大家刚才吃瓜、抢瓜、品瓜的情景给拍摄下来了。同学们可以先看录像。请注意观察别人的神情，写好自己的心情。

（师生一起观看录像。学生心情愉悦，不时指指点点，发出爽朗的笑声）

（学生20分钟写作，教师巡视指导，写后交流）

生：(走上讲台，把作文放在投影仪上)老师让我们闭上眼睛，像变魔术似的变出很多西瓜，大家高兴极了，真恨不得马上拿起一块西瓜品尝起来。过了一会儿，老师把西瓜分发给我们，只见西瓜三角形的一块，红瓤黑籽。下面是青绿色和深绿色的瓜皮，香甜可口的汁水从西瓜上往下滴。开始吃西瓜，张老师一声令下，同学们一个个如饿狼扑食

在这个环节的教学中，教师运用了现代信息技术，提供了让学生经历过后马上回味的时间和空间，简单的话语和手段掀

般拼命地啃起西瓜来。我小心翼翼地咬了一口,一股香甜可口的汁水流入我的口中,使我顿时感到清新舒畅。我开始大口大口地啃起西瓜来……

师:好,你就不是饿狼扑食,挺文气的,一小口一小口吃的,还有谁愿意上来说的?

(再指名一女学生上来)

生:(把作文放投影上)张老师说:"想吃西瓜的同学到我这儿来拿",同学们一听立即一拥而上。我也放开手脚,跟他们一起去抢瓜。真想一下子把西瓜全部抢过来。你瞧,毛立新大叫着:"给我一块,我要吃。"李军元双手真是迅速,一下子就拿到了一块西瓜。被李军元拿到的这块西瓜,还没有来得及咬上一口,就被"横行霸道"的毛立新一把抢过去了。(众生大笑)毛立新毫不客气地拿着两块西瓜,真太不讲理了。这时张老师说:"西瓜分完了。"我虽然没有抢到西瓜,可是回味刚才那块红瓤黑籽的西瓜,味道跟平时不一样,真是吃到嘴里,甜在心里呀!

师:你写得真好,叫什么名字呀?还有谁觉得我有一句、两句写的好的,像刚才一样,自信地说自己的话。

生:那西瓜真好,张老师说:"还有特别想吃瓜的可以上来拿"。同学们一

起了课堂的又一轮波澜,学生们借助摄像机——"眼睛"和录音机——"耳朵",记录下了课堂生活中发生的点点滴滴,习作怎么可能不具体、不精彩呢!教师就像一位高明的导演,用直白的语言为学生领航,在不知不觉中实现了教学目标。

听到这句话,就像饿虎扑食似的。

生:因为大家一拥而上,我差一点被绊倒,摔了一跤,但是我不懈气,继续抢。我想拿一块给殷小红。我见西瓜被毛立新抢过去,非常愤怒。我挤进人群,里面人太多,害得我透不过气来。我想,一定要抢到一块。我就像愤怒的狮子一样,拨开人群,虽然差点绊了一跤,但终于抢到了一块。真棒!我咬了一口,满嘴生蜜。哈哈!这西瓜真好吃呀!但我又一想,觉得有点不对,这不过是吃瓜而已,何必这么大惊小怪呢!

师:好吗?

众生:好!

师:(带着学生鼓掌,掌声热烈)他很真实,怎么想就怎么写,写得挺好的。咱们写文章第一是真实,写出真实的事情。这个道理明白吗?

众生:明白。

师:好,每个人请你找自己一处或二处修改一下,也改得像他们一样具体。给你们5分钟修改。行不行?

众生:行。(学生修改自己的作文)

师:谁第一个读自己修改的文句?

生:张老师发令:"大家可以吃瓜了。"同学们手舞足蹈,因为我们等的就是这句话。

生:同学们看着张老师手里的西瓜,

一个个眼睛都直勾勾地。他们等的就是这句话,拿起西瓜,一口气把西瓜吃了一大半。

五、拟题延伸

师:啊!真好。时间不多了,今天回家,把你的草稿写成一篇完整的作文,题目由你自己选。哪些题目呢?

生:《天热盼瓜》、《想瓜看瓜》、《吃瓜赞瓜》……

师:这些都是题目,他马上用黑板上的,可以,但没有你个人的特点。

生:《一节特别的作文课》。

生:《抢瓜的美味》。

师:《抢瓜的美味》,《抢西瓜真爽》。会写吗?还有《一堂特殊的作文课》,你感觉到张老师特殊,本来讲是英俊潇洒的,原来是个胖墩墩的老头。给你们上了一堂特殊的作文课,感觉怎么样?

众生:好!

师:回去把我们这堂作文课在家长面前"热炒"一下。好吗?

众生:好!

教师在教学中依次揭示了五个教学环节:天热盼瓜—看瓜说瓜—分瓜品瓜—写瓜赞瓜—拟题延伸,每一个环节的过渡语都简洁明了,体现了语言组合的有序性。

四、《面积与面积单位》教学语言评点[①]

师：这是一块长方形的大黑板，我在上面画一个小正方形。我请两位小朋友来分别涂满色。谁愿意来？

生：我涂小正方形。

师：你挺会讨巧！那么大长方形就请这位同学来涂吧。

师：开始。

师：停。（此时小正方形已涂好了）你们发现了什么？

生：大的涂起来慢，小的涂起来快。

师：面有大小之分。

师：请你们摸一摸课桌的面和练习簿的面。比较这两个面有什么不同？

生：练习簿的面小，课桌的面大。

师：摸一摸文具盒的面。你摸到了几个面？

生：6个。

师：是按怎样的顺序摸的？和老师一样吗？老师是怎样摸的？

生：老师摸了两个相对的面就喘口气。

生：老师是一对一对摸的，每次摸的两个面的大小一样。

师：是啊，物体的表面或平面图形的大小可以比较。

教师一上来就创设情境，用一个"涂面"的竞赛抓住了孩子们的心，隐含问题富有思考价值，自然顺畅地使学生真切地感受到面有大小之分，及什么是物体的表面，为顺利得出"面积的意义"铺好了道路，较好地体现了教师语言的制导性。

师生语言交织，教师及时点拨，变换角度，再予引导。

[①] 特级教师吴正宪教学片断。

师：黑板面和数学课本的封面，谁的面积大？

生：黑板面的面积大。

师：大家通过观察就能比出它们面积的大小。

师：这两张长方形纸的面积谁大？（学生中出现不一致的意见）

生：我认为红色长方形面积大。

生：我认为黄色长方形面积大。

生：我认为两个长方形面积一样大。

师：怎么比的？

生：（生走到讲台上比画）我把两个长方形这样对齐，用剪刀把多出来的两部分剪下来，再比就知道了。

师：这的确是一个办法，如果不剪，有没有办法比出哪个长方形的面积大呢？

生：数方格法。

师：我们可以在两个长方形上画上格子。

师：下面我们一起来做个游戏。女生先闭上眼睛，男生看。反过来，男生闭上眼睛，女生看。（做两张卡片，一张上画了12个方格，另一张上画了6个方格。其实两张卡片一样大，但学生不知道）

师：女同学们请闭上美丽的眼睛，男同学们看仔细了，（12个方格的卡片）记住你们看到的方格的数目。

师：好，现在女同学们睁开眼睛，请

　　老师不断创设实际的、有用的、富有挑战性的问题情境或数学活动，一步步唤起学生对数学学习的需要，激发了他们的学习动机，学生的学习都是一个个"再创造"的过程。在这里，教师辅助型的包容性语言形成了师生互动的纽带，成为课堂发展的原动力。

男同学全体起立,向后转!女生请看有方格的卡片。(6个方格)先猜一猜,男女同学,谁看到的图形的面积大?

生:男生看到的纸大。

生:女生看到的纸大。

生:一样大。

师:请同桌的男女生交流一下,再判断谁看到的图形的面积大?

生:男生的大,女生的小,因为男生的有12个格,女生的只有6个格。

师:请仔细观察!(老师把这两张卡片同时拿出来,并重合)

生:(齐)哇!男生上当了!

师:两个图一样大,只是分格不同,为什么?说明了什么?

生:在同样大的纸上画的格数不同,格子不一样大。

生:(女)老师你偏心!

师:怎么偏心了?

生:男生的格子小,我们的格子大。你为什么不画一样大的格子呢?

师:你为什么要让老师一定得画一样大的格子呢?

生:一样大的格子,有个标准,好数呀。

师:你提了一个很有价值的问题,人们正是在生活、生产中发现测量面积大小的时候,需要用一样大的格子来进行测量,一样大的格子是什么?这就是我

    教师设计了一个独特的游戏,很自然地把学生引入到"面积单位"的教学上,使学生产生神秘感、好奇心。

    此处的设问,意在引向纵深。

    必要的追问,使讨论又深入一步,引发学生深层次的思考。

们下面要学习的"面积单位"。(板书)

师:边长为1分米的正方形的面积是1平方分米。(师拿出一张1平方分米大的纸片)请你们拿出1平方分米的纸片。你们在哪儿见过这么大的面?

生:跟我家里的小闹钟的面差不多大……

师:请你拿着这张纸去和这位摄像师傅的手掌比。(生跑过去比画)哇,跟大人的手掌差不多大!

师:下面我们拿着这张纸去测量小桌子的面、椅子的面、黑板的面,瞧瞧这些面的面积。

(测量桌子面的时候,有一组早就测量完了,可有个学生还没量完)

师:有的小组已经完成任务了,你们派个代表去取取经,他们为什么动作这么快?

生:我们一行摆6个,摆了4行,正好24平方分米。

生:我也是这么摆的,可刚摆了一行零两个,为什么你们就摆完了呢?

生:你和谁一起做的?

生:我一个人啊。

生:我们6个人一起干,所以就快了。(他一吐舌头回到座位上)

师:看来,团结起来力量大,有时可以把6个1平方分米合在一起作为新

老师在这里打破了教材编排的顺序(由小及大),进行了重组,无疑这种安排是合理的、有效的。

通过列举生活中的事物、跟手掌比大小,使学生形成"1平方分米"数感。通过全员参与测量身边的物体表面面积,完善加深数感的认知过程。

吴老师非常注重语言的艺术魅力,不仅简洁、明快,而且极具"煽情"性。

教师非常懂得保护学生,对学生的评价给予恰当的表扬与激励,让每一个学生都能体验到成功或参与的喜悦。

单位来测量面的大小，每次是6平分方米。

师：同学们刚才测量了文具盒、课桌及黑板的面积，老师想测量一下整个舞台的面积，应选取哪个测量单位，怎样测量？

生：用1平方分米为单位。

师：好，愿意的同学请到前面来，帮老师测量。有问题的可以向老师求助。开始！

（大部分同学站起来，开始测量。只有几个学生坐在座位上没有动身。吴老师走到这几个学生面前，轻声和他们交流）

师：为什么不去？

生：这么大的舞台，这么小的纸片，怎么量？量不完就该下课了。

（有三个学生下台搬桌子）

师：你们干什么？

生：把桌子反过来能测量，桌子比纸片大，可以量得快一些。

（接着又回来两个学生）

生：老师，有没有可以测量的大东西。

师：（故意表示遗憾的样子）我不知你们要的大东西是什么，也不知其他同学是否也需要。（不一会儿，陆续有几位同学停止测量，想走回座位）

师：怎么不量了？

生：纸片太小，舞台太大了。（台下笑声一片）

通过全员参与测量舞台面积，使学生产生进一步学习的需要，衔接流畅。

提问加深思考。

教师运用变换语气等技巧，唤起学生的想象，既富启发性，又有感染力。

生:老师,有没有平方万万万万分米?

师:我也不知道哪儿有这个平方万万万万分米呀?

生:老师,你有平方米吗?

师:这个我真的有。你怎么想起来的?

生:有分米,就有米了。有平方分米,就该有平方米。

师:你太了不起了!快把同学们请回来,我给你们一块介绍。

(吴老师请他们回到座位,其他同学见状纷纷站起来,回到座位,还有几个学生在台上,或弯腰或蹲着测量)

师:你们都累得满头大汗了。你们愿意量下去吗?

生:愿意。

师:好,那你们就继续吧。什么时候不愿意了,就自己回座位吧。(转向已回到座位的学生。台下笑声一片,掌声一片。吴老师开始讲新的面积单位——平方米)

师:刚才我留意到有几个同学没有去测量舞台的面积,他们说舞台面积太大了,而1平方分米单位太小了,所以他们不愿意去量。你们中途停下来,是不是这个原因啊?

生:是。

师:面积单位太小,怎么办呢?

生:找更大一点的面积单位。

吴老师营造的这种生动活泼的像玩耍一般的学习情境不仅改变了学生对数学课的认识,而且也改变了到场教师对数学课的认识。

诙谐的打趣,诱发学生的认知冲突,使课堂再度充满笑声。

师：同学们，你们自己发现了，要测量大点的面积就要用到大的面积单位。下面介绍一个大一点的单位。有了平方分米，你们猜猜还会有什么大一点的单位？

生：平方米。

师：为什么？

生：有了分米就有米，有了平方分米就有平方米。

师：你挺会顺竿爬呀！

生：平方千米。

生：我要发明一个平方万米。

师：哇！你真了不起。

师：（把两位还在测量的同学叫来）你们测量出来了吗？

生：没有。

师：你们也累了，下去先休息一会儿吧。

师：1平方米有多大呢？比画比画。1米有多长？比画比画。

师：怎么看着都一样呀！

师：我们一起来比画。1米：一根很细的线；1平方米：1米长，1米宽，封上口。摸一摸，有什么感觉？

师：你们4个人手拉手，你拿着粉笔到那边。请你们分别表示1平方米。

师：喔，原来1平方米有这么大！

师：猜猜看，这1平方米里能站多少个人？

老师因势利导巧妙地利用学生的回答引发新的问题。吴老师的做法的确高明。

教师在教学过程中以平等的身份、合作者的身份和学生积极互动、共同进步、和谐发展。吴老师并非仅仅把教会这些知识作为唯一的目的，而是利用多种语言表述技巧，使教学重心转移到促进学生学习方法的掌握和学习能力的培养上，真正达到"教是为了不教"的境界。

教师的要求富于变化，学生的体验多维丰富。

生:(七嘴八舌)10个;8个;15个……

师:站在上面感受一下。哇,连我刚好15个呢!

师:要是测量小一点的面积怎么办呢?……

生:我知道有平方厘米。

师:好厉害噢,怎么想到的?是啊,我们在测量小一点的面积时可以用1平方厘米,每个人迅速拿出一个来,这就是1平方厘米。

师:谁能试着说说什么样的图形,它的面积是1平方厘米。

生:边长1厘米的正方形,面积是1平方厘米。

师:那它的边长是不是1厘米?请大家用尺子量一量。

师:用手摸一摸它的面。谁能边比画边把自己看到的说一说?(学生边指边说)

师:他说得很完整,比画得也很准确。还有谁说一说?(学生边指边说)

师:找找看,生活中哪些物体表面的面积是1平方厘米?

生:手指甲盖!

师:拿1平方厘米的学具在你的指甲盖上比比,看哪一个指甲最接近1平方厘米?这枚邮票的面积大约是几平方厘米?

引导学生找到最恰当的表达。

教师评价学生是真诚的,发自内心的,而且语言丰富,感情真挚。给学生一个赞扬的评价,对其他学生也是一个激励,说不定还会说出更好的方法。

学生通过多种活动,感知面积单位并初步形成表象,为学生的估测提供支架。学生在估测活动中,一次次修正、深化三个面积单位,逐步建立正确表象,发展空间观念。

生：我估计有8平方厘米吧？

生：6平方厘米。

生：10平方厘米。

师：估得怎么样呢？我们利用手中的学具来量一量。

师：停下来。哪个小组测量出了结果？

生：这枚邮票的面积大约是6平方厘米。

师：在邮票的表面大约摆了几个1平方厘米，这张邮票的面积就是几平方厘米。闭上眼睛想象，1平方厘米、1平方分米、1平方米各有多大？

师：能再估一估，教室这扇门表面的面积大约是多少平方米吗？

师：同学们学得真不错，运用今天学习的知识，能否帮老师来解决一些问题呢？

师：根据老师给出的物体，直接判断出选用哪个面积单位最合适。

生：我家的住房面积，用平方米！

生：量橡皮表面，用平方厘米！

生：量笔记本表面，用平方分米！

师：屏幕上有3幅图，老师的信封中也有这些图片，请一名同学来抽一张，根据图片上的物体说出测量时要使用的单位，其他同学猜猜看，他抽到的是哪幅图？

生：(抽到旗杆图)测量它要用"米"

老师把学生带入与面积单位相关的问题情境，使学生产生了求知的欲望。两个练习不仅是对本节课新知巩固深化的过程，更是将新知运用于实践、消化理解的过程。练习由浅入深，逐步开放，使学生在学会运用恰当面积单位测量的同时，将学生的空间观念进一步提升，三个维度的教学目标在课堂上整体落实。

吴正宪老师正是通过美丽、丰富、极具表现力的教学语言展现"以情促知—学而生乐—乐而需学—学而生爱"这样师:猜到的同学用手势表示。(众生出示)为什么?

生:只有第二幅图用"米"合适。

师:咱们今天学了面积单位,怎么测量旗杆不用"平方米"呢?

生:(抢着说)老师,要量旗杆的高度,那是长度,要用长度单位呀!

师:噢,明白了,继续。

生:(抽到数学书封面图)这个物体表面的面积用"平方分米"作单位。(众生手势表示)

师:还有一个,说说该用哪个面积单位?

生:(齐声说)平方厘米。

师:这节课我们不仅体验到了选用面积单位要有统一的标准,还认识了3个常见的面积单位。那么除了在物体表面或封闭图形上拼摆面积单位,可以得出它们面积的大小以外,还有没有其他更简单的方法呢?

我们下节课再来学习。

一个循环来实现学生的知、情和谐发展的。

五、《比热容》教学语言评点[①]

师：(大屏幕投影一幅漫画)炎热的夏天傍晚，有两个小胖子在海边游玩，为了纳凉问题两人发生了激烈争执，甲主张划船到海中去，乙则认为在岸上散步更凉爽，你认为谁的意见对？

(学生思考、猜想、讨论后发表自己的观点)

生：在岸上散步凉爽，因为沙石温度低。

生：划船到海中更凉爽，因为水温较低。

生：一样凉爽，因为气温是一样的。

师：同学们有这么多猜想，到底谁的想法正确呢？学习本节知识后你自然会明白。

(板书课题：比热容)

师：同学们在生活中一定烧过水，一壶水容易烧开还是半壶水容易烧开？

生：半壶水容易烧开。

师：将一壶水烧开与烧热，哪个需要时间长？

生：一壶水烧开需要时间长。

师：烧水时，水吸收的热量可能与哪些因素有关？有什么关系？请同学们

　　教师通过对一幅漫画的描述引入新课，用寥寥数语创设了生活情境，激发了学生的学习兴趣，且明确指出了本课研究的方向，具有主导性。紧接一个问句，制造问题悬念，让学生的思维无拘无束地发散，诱发学生强烈的探索欲望。

　　这一串问答，形式上具有鲜明的片断性，师生语言相互穿插，但实质上教学语言连贯成一体，逐步从水的多少、水温升高的多少等因素，引导学生猜想、讨论，环环相扣、步步推进。

[①]特级教师慕晓丽教学片断。

猜想一下。

生：与水的质量有关，水的质量越大吸收热量越多。

生：与水温升高多少有关，水温升高越多吸收热量越多。

生：与水的质量、水温升高多少都有关，质量越大、水温升高越多吸收热量越多。

（在学生讨论回答的基础上，教师板书结论）

师：（继续提问）对于不同的物质，例如，水、沙子、煤油，如果它们的质量相同，温度升高的度数也一样，它们吸收的热量是否相同？

（学生思考，小组讨论后回答）

生：吸收热量不相同，夏天到海边洗澡时，会感觉沙子烫脚，而海水却比较凉；水吸收的热量多，说明水的吸热本领大。

生：吸收热量相同，因为它们受同样的太阳光照射。

师：（总结说明）吸收热量多少、或温度变化多少，都反映了物质吸热能力的大小。怎样比较不同物质的吸热能力？请同学们参看桌上的实验器材，边讨论边合作设计实验方案。

（教师让学生分小组合作讨论并设计方案。然后，让学生用实物投影仪展

教师提出问题，用具有启发性、诱导力的语言，引导学生互相交流、反驳，培养学生的发散思维。对回答不完善的地方可补充完善，共同讨论、归纳、得出结论。

教师紧扣学生的讨论，自然承转，引导学生大胆思考、猜想，并设计方案去验证。通过承转而达到主导目的，不仅取得了良好的教学效果，而且培养了学生良好的学习能力。

示自己的设计方案,并口头表述自己的设计思路,教师适时点拨)

生:用相同质量的水和沙子,加热相同时间,比较它们温度升高的多少。温度升高越小,说明吸热能力越强。

生:用相同质量的水和煤油,温度升高相同时,比较它们加热时间的长短。加热时间越长,说明吸热能力越强。

(教师将实验设计中相同或相似方案的学生重新分组后,学生开始按自己的设计方案做实验。教师在学生进行实验之前,先把实验中可能遇到的问题提出来讨论)

师:请同学们先思考以下问题:

1.怎样获得质量相同的水和沙子?(或水和煤油)

2.怎样测出它们的温度?

3.怎样确定它们吸收了相同的热量?

(学生思考、讨论,并逐一回答)

师:请做完实验的同学将数据填到黑板上的表格中。(学生进行实验,填表)

表1 质量相同、加热时间相同时

	水	沙子(煤油)
升高的温度/℃		

表2 质量相同、升高相同温度时

	水	煤油(沙子)
升高的温度/℃		

教师引导学生进行高效率的交流,并适时加以点拨,在此环节中语言的控制性和发散性统一,使学生既发挥了创造性,又从别人的方案中得到有益的启发。

语言简洁、明确,主导性明显,让学生清晰地了解实验的目的和要求。

师：请同学们从这些数据中，总结出不同物质的吸热能力。

（学生自由讨论，并归纳结论）

师：怎样表示各种物质的这种性质的差异呢？物理学中引入了"比热容"这个物理量。（板书：比热容概念）

师：不同物质的比热容不同，比热容是物质的一种属性。请同学们了解"几种物质的比热容"。（屏幕投影）

几种物质的比热容

水	4.2×10^3	铝	0.88×10^3
酒精	2.4×10^3	干泥土	0.84×10^3
煤油	2.1×10^3	铁、钢	0.46×10^3
冰	2.1×10^3	铜	0.39×10^3
蓖麻油	1.8×10^3	水银	0.14×10^3
沙石	0.92×10^3	铅	0.13×10^3

（师生共同分析：从表中我们了解到，水的比热容最大，说明水的吸热能力最强。水的比热容是沙石的4.5倍，因此，白天在同样阳光照射下，水的温度变化比沙石小得多。这是沿海气温温差较小的原因。夜晚，水和沙石同样放热，水温比沙石温度高，因此，晚上在岸上散步更凉爽）

师：下面我们来讨论解决几个问题：

1.在日常生活中，哪些地方利用了水的这一属性？

此环节中教师将话语权交给学生，鼓励学生充分发挥，使学生的表达能力在争辩中得到提高。

教学语言呈现出在发散性基础上的控制性。在学生充分的发散讨论后，教师用主导性强烈的语言总结归纳，得到明确的概念和结论，学生真正明白了小胖子乙的想法是正确的，真正体验从生活走向物理，从物理走向生活的认知态度，达到学以致用的目的。同时，教学语言具有理科特点——简练、精准、明确。

2.在自然现象中,有哪些现象可用水的这一属性解释?

生:冬天暖气用水做"热源",因水储藏的热多。

生:司机师傅用水做"冷却剂"冷却汽车发动机。

生:夏天到海滨去避暑。因海滨比内陆凉爽。

(教师不失时机地对学生精彩举例加以鼓励)

师:请同学们完成下列巩固练习。(出示反馈练习一)

1.为比较不同物质的_____能力,引入了比热。水的比热是_____。

2.判断:一桶水的比热比一杯水的大。( )

3.铝的比热是 $0.88×10^3 J·(kg·℃)^{-1}$,这说明 1kg 的铝_____。

师:请同学们思考,2kg 铝温度从 30℃ 加热到 100℃,怎样计算铝块吸收的热量?(屏幕显示)

(学生小组合作讨论,做出解答。师生共同分析归纳,总结出热量计算公式:$Q=cm\Delta t$)

(出示反馈练习二)

1.质量为 2kg 的水,温度升高 50℃ 吸收的热量是多少?

2.质量为 5kg 的热水,从 100℃ 降

教师提出问题,引导学生讨论,师生语言交融,控制性与发散性和谐统一。

到80℃放出的热量是多少?

（学生计算并作答）

师：请同学们阅读课本的"STS"，思考讨论：

1.为什么沿海气温不像内陆气温变化显著？

2.热污染的主要来源包括哪些？

3.同学们作为21世纪的建设者，为保护我们共同的家园，提出你对热污染问题的解决设想。

师：同学们在本节课中都有哪些收获？

（学生讨论之后进行知识小结）

师：本节课不仅仅要了解比热容的有关知识，更重要的是让同学们掌握科学探究的方法，培养探究问题的能力。

这是一个练习巩固的环节，从形式上看，教学语言的片断性十分突出，但前后关联，内在联系，逐步强化，保证了教学的连贯性，使学生加深了对热量公式的理解，并进一步培养了学生运用物理知识解决生活中实际问题的能力。

主要参考文献

王希杰.修辞学通论.南京大学出版社.1996.
袁晖、李熙宗主编.汉语语体概论.商务印书馆.2005.
郑荣馨.语言交际艺术.山西人民出版社.2007.
郭启明、赵林森.教师语言艺术.语文出版社.2002.
黎运汉.公关语言学.暨南大学出版社.2008.
易匠翘.教学口才.湖南人民出版社.2001.
杨九俊.语文教学艺术.江苏教育出版社.1994.
宋其蕤、冯显灿.教学言语学.广东教育出版社.1999.
郑晓舜.教师实用语言艺术.华文出版社.2000.
张先亮.语言交际艺术.科学出版社.2000.
钱梦龙.导读的艺术.人民教育出版社.2000.
刘显国.开讲的艺术.中国林业出版社.2000.
刘显国.课堂提问艺术.中国林业出版社.2000.
汪缚天.中学教师教学用语研究.开明出版社.1998.
傅惠钧.教师口语艺术.浙江教育出版社.1999.
杨吉星.语言表达技能训练指导.中国林业出版社.2001.
杨国全.课堂教学技能训练指导.中国林业出版社.2001.
《语文学习》编辑部.课堂教学艺术.上海教育出版社.2000.

后 记

1996年我到锡师附小工作,为了了解教师、熟悉小学教育,听了很多课。这些课给了我一个非常深刻的印象:教师的教学语言太丰富多彩了。有一次,我和特级教师郑荣馨老师同去江阴参加无锡市语言学会的年会,和他聊起了我对小学课堂教学的一些认识。他鼓励我多做些观察和研究,并用他的亲身体会告诫我:教育科研要认准一条路一直往前走。要注意搜集第一手资料,加强理论的学习和指导,要特别重视从大量的教学案例中进行归纳整理,只要持之以恒,总会有所收获的。可以这样说,从那以后,我走上了教师教学语言的研究之路。

我阅读了大量有关教师教学语言的著作和论文,总感到,这些研究往往是从学科领域、从经验感性层面去进行的,存在着缺乏规律性和系统性的问题。我想,我的研究必须在这些方面有所进步或者突破。在研究中,我运用了语言修辞学、美学、辩证法的一些基本观点,紧密联系教学实际,最初撰写并发表了《论教学语言的辩证性质》、《论教学语言的层次性》等文章,初尝了有所收获的喜悦,得到了同行的肯定,也激发了我继续深入研究的信心。基础教育课程改革启动以后,我开始关注教师课堂教学的变化。我发现,教学语言的研究不能只关注教师,还要关注学生,要关注师生之间在语言上的融合,这是符合课改理念的。我通过一段时间的观察和研究,撰写并发表了《论教学语言的融合之美》、《论教学语言的创新之美》等文章。我还对教学语言的表达技巧、风格、评价等进行了比较深入的研究，先后发表了《论教学语言技巧的基本类型》《论教学语言的风格》、《论教学语言的简练之美》、《论教学语言的修辞艺术》、《论教学语言的评价标准》等文章。在近10年的时间里，我先后发表了教师教学语言研究系列论文20多篇，初步形成了我的教师教学语言研究的理论体系。这项研究旨在促进教学语言理论的深化，帮助教师提升教学语言的质量，促进课堂教学质量的提高。

当我的教师教学语言研究有了一些成果后，自然萌发了成书的想法。我把这些论文进行了梳理、调整、提炼和充实，形成了这本《教学语言艺术》书稿。在这本书的写作过程中，郑荣馨老师又给了我诸多指导和鼓励，并撰写了序言。事实上，在我的研究过程中始终得到了他的帮助，真的！前辈奖掖后进的精神常让我感动。我校应用语言研究所、小学教育研究所的老师也给了我很多的帮助，在此，一并表达我真诚的谢意。

无锡高等师范学校把我的这本书列为出版资助项目。这体现了学校对教育科研的高度重视，体现了学校在高等教育化上迈开了步伐。作为一个提倡者和实践者发自内心地向学校表达我的感激之情。在本书的写作中，引用了一些成果，有的未能注明，在此，向这些专家和学者一并致谢。

由于本人水平有限，书中肯定有很多疏漏和不足，恳请专家和读者批评指正。

陈之芥
2009年深秋于锡师钟楼